供应链人才软实力建设与职业技能提升系列教材

供应链运营实务

李建萍　王燕凌　主　编
　　　　陈静漪　副主编

电子工业出版社
Publishing House of Electronics Industry
北京·BEIJING

内 容 简 介

本教材以供应链运作参考模型 SCOR（Supply Chain Operations Reference）为指导思想，开展教材整体框架的设计和内容的组织。以易木供应链时代实战平台为工具，组织开展供应链运营实践教学。全书由运营准备、运营计划、运营执行和运营总结四部分组成，以供应商、生产商、客户为供应链的主要功能主体，以物流服务商和金融服务商为供应链的服务主体。在信息流的支持下，开展计划、采购、生产、配送等业务，对供应链中的商流、物流、资金流、业务流、信息流，以及供应链伙伴关系等进行计划、组织、协调和控制的一体化运营管理，实现供应链运营协同，体现了供应链运营理论、方法和工具的综合应用。

本教材既可作为应用型本科、高职高专、中职院校供应链相关课程的教材，也可作为在职人员的供应链管理职业技能提升培训、企业供应链管理内部培训的教材。

与本教材配套的 PPT、课程视频资源会同步发布在华信教育资源网上，为广大师生打造理论与实践相结合的立体化教学资源。

未经许可，不得以任何方式复制或抄袭本书之部分或全部内容。
版权所有，侵权必究。

图书在版编目（CIP）数据

供应链运营实务／李建萍，王燕凌主编．— 北京：电子工业出版社，2021.9
ISBN 978-7-121-41846-4
Ⅰ.①供⋯ Ⅱ.①李⋯②王⋯ Ⅲ.①企业管理–供应链管理–教材 Ⅳ.①F274
中国版本图书馆 CIP 数据核字（2021）第 171248 号

责任编辑：孟 宇
印　　刷：涿州市般润文化传播有限公司
装　　订：涿州市般润文化传播有限公司
出版发行：电子工业出版社
　　　　　北京市海淀区万寿路 173 信箱　邮编：100036
开　　本：787×1092　1/16　印张：11.5　字数：294.4 千字
版　　次：2021 年 9 月第 1 版
印　　次：2025 年 8 月第 7 次印刷
定　　价：39.80 元

凡所购买电子工业出版社图书有缺损问题，请向购买书店调换。若书店售缺，请与本社发行部联系，联系及邮购电话：(010)88254888，88258888。
质量投诉请发邮件至 zlts@phei.com.cn，盗版侵权举报请发邮件至 dbqq@phei.com.cn。
本书咨询联系方式：(010)88254527。

《国务院办公厅关于积极推进供应链创新与应用的指导意见》（国办发〔2017〕84号）把"加快培养多层次供应链人才。支持高等院校和职业学校设置供应链相关专业和课程，培养供应链专业人才。鼓励相关企业和专业机构加强供应链人才培训"作为推进供应链创新与应用的保障措施之一。为响应国家号召，从2017年至2019年，新增供应链管理专业备案的院校累计达到25所。2020年，供应链管理专业正式列入教育部本科专业目录。许多高职院校也在积极筹备和申报供应链管理本科专业。2021年1月22日，中央电视台2套"开局'十四五'"供应链专题中采访中国物流与采购联合会副会长、全国物流职业教育教学指导委员会主任任豪祥，任会长在采访中指出，今后三年我国供应链人才需求数大概有430万的缺口，目前我们的供应链人才培养还处于启动阶段，需要发挥社会各方的力量来尽快解决我国供应链人才短缺的问题。可见，供应链人才培养迫在眉睫！

供应链管理具有多环节、流程型的特点。在传统纯理论教学模式中，供应链抽象的理论和模型，对于大多数应用型本科、职业院校、技师院校的学生来说是巨大的挑战，而学生到各类企业实习，只能在某个局部环节进行岗位实习，短期内无法实现供应链管理的多环节、全流程实践。这就导致学生普遍难以建立供应链思维，即使到具体岗位工作也无法开展供应链协作等工作。

高质量人才的培养离不开高质量的教学资源的保障。而当前高质量教学资源的匮乏难以支撑高质量供应链人才培养的需求。基于对这个问题的洞察和现实需要，我们计划开发供应链人才软实力建设与职业技能提升系列教材，力求使我们的教学既能促进学员对供应链理论知识的认识和深化，也能锻炼和提升学员的供应链运营能力和技能，使学员学有所用，学有所长，术有专攻。

本教材以"易木供应链时代实战平台"的实际供应链运营案例为背景，通过理论要点讲解和业务分析，试图构建"现场实践"的"真实存在"的学习情景。每个模块均包括了完成任务所需的知识、技能和工具，以及所需时间和质量标准要求，具有可操作、可观察、可评价的特点。学员通过理论指导实践，通过行动来学习，进一步深化对供应链理论知识的理解和运用，并通过"资讯、计划、决策、实施、检查和评估"这六大环节实现学习目标。本书目的是培养既具有供应链理论知识和供应链思维方式，又具备供应链软实力和职业技能的应用型供应链人才。

  本教材由广州铁路职业技术学院的李建萍老师、广州市川流信息科技有限公司的王燕凌总经理、深圳鹏城技师学院的陈静漪老师联合编写。其中，模块一由王燕凌主笔，模块二和模块四由李建萍主笔，模块三由陈静漪主笔，全文由卓志供应链服务集团有限公司的李辉副总裁主审。

  本教材的编写得到广州市川流信息科技有限公司、厦门易木科技有限公司的大力支持。广州市川流信息科技有限公司的运营总监梁碧云、项目经理李虹，广州大学的莫杰老师等参与了本教材配套资源的开发；厦门易木科技有限公司的吴建忠先生、第四届"思念杯"全国供应链创新设计大赛全国一等奖得主杨联鑫先生，以及2017年全国供应链运营管理创新大赛网赛二等奖得主林益隆先生为本教材编写给予了大力支持和帮助。在此对他们表示特别感谢，并感谢为我们的工作提供帮助，以及关心供应链人才培养并付出辛勤劳动的广大师生和朋友。

  由于写作时间仓促和作者水平有限，书中难免出现偏颇和遗漏之处，恳请读者不吝批评指正。

编者
2021年4月18日

目录 Contents

模块一　运营准备 …… 1
学习要求 …… 1
考核评价 …… 1
1.1　项目概述 …… 2
1.1.1　项目组织 …… 2
1.1.2　基础知识 …… 2
1.1.3　运营内容 …… 5
1.1.4　运营角色 …… 5
1.1.5　基础数据 …… 6
1.2　运营规则 …… 16
1.2.1　破产规则 …… 16
1.2.2　招标规则 …… 16
1.2.3　贷款规则 …… 18
1.2.4　采购规则 …… 23
1.2.5　生产规则 …… 26
1.2.6　违约规则 …… 27
1.2.7　折旧规则 …… 27
1.2.8　配送规则 …… 27
1.2.9　计费规则 …… 28
1.2.10　成绩评定规则 …… 29
1.3　运营流程 …… 29
1.3.1　供应链运营中的五流 …… 29
1.3.2　拉式供应链运营流程 …… 32
1.3.3　推式供应链运营流程 …… 33
1.3.4　推拉结合供应链运营流程 …… 34

学习小结 …… 36

模块二　运营计划 …… 40
学习要求 …… 40
考核评价 …… 40
2.1　运营管理内容 …… 41
2.1.1　管理层次视角的运营内容 …… 42
2.1.2　管理职能视角的运营内容 …… 42
2.2　运营基本情况 …… 43
2.2.1　运营背景 …… 43
2.2.2　物料清单 …… 44
2.2.3　工厂信息 …… 44
2.2.4　项目分析 …… 45
2.3　运营前的规划 …… 45
2.3.1　选择目标市场 …… 46
2.3.2　工厂选址 …… 47
2.3.3　产能规划 …… 51
2.3.4　选择目标客户 …… 52
2.3.5　制订投标策略 …… 53
2.3.6　选择供应商 …… 55
2.3.7　制订库存策略 …… 56
2.3.8　制订采购策略 …… 58
2.3.9　制订物流策略 …… 61
2.3.10　制订现金流计划 …… 61
2.3.11　制订融资计划 …… 63
2.4　运营中的计划 …… 63
2.4.1　升级或新建工厂 …… 64

2.4.2　制订日产量计划 …………… 64
　　2.4.3　制订培训计划 ……………… 64
　　2.4.4　签订采购协议 ……………… 65
　　2.4.5　制订采购计划 ……………… 65
　　2.4.6　制订投标计划 ……………… 65
　　2.4.7　制订仓库建设计划 ………… 65
　　2.4.8　制订物流配送计划 ………… 66
　　2.4.9　制订现金流和融资计划
　　　　　　………………………………… 66
　学习小结 ……………………………… 67

模块三　运营执行 …………………… 68
　学习要求 ……………………………… 68
　考核评价 ……………………………… 68
　3.1　工厂选址与建设 ………………… 70
　3.2　下达生产指令 …………………… 73
　3.3　选择供应商 ……………………… 74
　3.4　签订采购协议 …………………… 75
　3.5　查询/续签采购协议 …………… 76
　3.6　查询生产计划和原料库存 ……… 77
　3.7　下达采购订单 …………………… 78
　3.8　查询招标公告 …………………… 80
　3.9　投标 ……………………………… 81
　3.10　查询已投标信息 ………………… 81
　3.11　查询中标待配送信息 …………… 82
　3.12　安排供货 ………………………… 82
　3.13　规划运输线路 …………………… 83
　3.14　选择承运商 ……………………… 86
　3.15　删除承运商 ……………………… 87
　3.16　下达工厂到客户的运输计划
　　　　　………………………………… 88
　3.17　查询供货中订单进度 …………… 88
　3.18　添加运输计划 …………………… 90
　3.19　查询采购应付款 ………………… 92
　3.20　申请付款 ………………………… 92
　3.21　查询账户资金 …………………… 93
　3.22　查询运营收支 …………………… 93
　3.23　查询固定资产与货值 …………… 94
　3.24　融资 ……………………………… 95
　3.25　升级工厂 ………………………… 96
　3.26　调整日产量 ……………………… 96
　3.27　查询原料订单到货进度 ………… 97

　3.28　查询贷款情况 …………………… 98
　3.29　还贷 ……………………………… 98
　3.30　停产 ……………………………… 99
　3.31　提升生产合格率 ………………… 99
　3.32　设置订单最优先发货 ………… 100
　3.33　仓库选址与建设 ……………… 101
　3.34　下达工厂到仓库的运输计划
　　　　………………………………… 102
　3.35　下达仓库到客户的运输计划
　　　　………………………………… 103
　学习小结 …………………………… 106

模块四　运营总结 ………………… 110
　学习要求 …………………………… 110
　考核评价 …………………………… 110
　4.1　运营绩效分析 ………………… 111
　　4.1.1　净资产 …………………… 111
　　4.1.2　市场占有率 ……………… 113
　　4.1.3　平均库存和库存周转率
　　　　　………………………………… 114
　　4.1.4　准时交货率 ……………… 116
　4.2　运营数据分析 ………………… 118
　　4.2.1　市场分析 ………………… 118
　　4.2.2　成本分析 ………………… 120
　　4.2.3　流通分析 ………………… 122
　4.3　运营报表分析 ………………… 123
　　4.3.1　收入支出分析 …………… 123
　　4.3.2　市场营销分析 …………… 128
　　4.3.3　生产采购分析 …………… 131
　　4.3.4　仓储配送分析 …………… 134
　4.4　运营趋势分析 ………………… 136
　　4.4.1　运营绩效排名 …………… 136
　　4.4.2　净资产分析 ……………… 137
　　4.4.3　现金流分析 ……………… 137
　　4.4.4　市场占有率分析 ………… 138
　　4.4.5　准时交货率分析 ………… 139
　　4.4.6　库存周转率分析 ………… 139
　　4.4.7　30天库存周转率分析
　　　　　………………………………… 140
　　4.4.8　产销比分析 ……………… 140
　　4.4.9　平均库存分析 …………… 141
　　4.4.10　中标单价分析 ………… 141

4.4.11　流通成本分析 ……… 142
　　4.4.12　信用评分分析 ……… 142
4.5　团队分析 …………………… 143
　　4.5.1　我的历程 …………… 143
　　4.5.2　SCOR 分析 ………… 143
　　4.5.3　订单分析 …………… 146
　　4.5.4　配送路径 …………… 147
4.6　运营分析与总结 …………… 147
　　4.6.1　成绩排名分析与总结
　　　　　…………………………… 149
　　4.6.2　运营绩效分析与总结
　　　　　…………………………… 150
　　4.6.3　运营数据分析与总结
　　　　　…………………………… 151
　　4.6.4　运营报表分析与总结
　　　　　…………………………… 152

　　4.6.5　运营计划分析与总结
　　　　　…………………………… 154
　　4.6.6　运营执行分析与总结
　　　　　…………………………… 155
　　4.6.7　SCOR 分析与总结
　　　　　…………………………… 156
　　4.6.8　团队合作分析与总结
　　　　　…………………………… 161
　　4.6.9　学习成长分析与总结
　　　　　…………………………… 162
　　4.6.10　撰写运营分析与总结报告
　　　　　 ……………………………163
　学习小结 ……………………… 164
附录1　术语词典 ……………… 170
附录2　计算公式 ……………… 173

模块一 运营准备

 ## 学习要求

学习要求	说明
学习目标	1. 了解供应链的知识和术语，认识供应链的基本框架。 2. 熟悉运营角色及其工作职责。 3. 理解运营基础数据及其作用，包括市场需求分布、城市列表、客户资料和供应商资料。 4. 理解运营规则，包括破产、招标、贷款、采购、生产、违约、折旧、配送和计费规则。 5. 理解供应链中的五流，包括商流、物流、资金流、业务流和信息流。
教学方式	讲授，学员跟随教师指导操作。
学时	4学时。
时长	4学时×45分钟/学时＝180分钟。

 ## 考核评价

考核指标	说明	分值
基础知识	能简要说出基本术语的含义： 1. 供应链及其活动、工业供应链、零售供应链、智慧供应链； 2. 供应链管理的内容； 3. SCOR模型及其六大环节的内容。	20分
运营内容	能简要说出项目运营的内容。	10分
运营角色	能简要说出项目运营角色与职责。	10分
基础数据	能简要说出运营基础数据的作用。	20分
运营规则	能理解供应链运营规则。	20分
运营流程	1. 能简要描述供应链运营中的"五流"； 2. 能画出拉式和推式供应链运营流程图，并能简要说明它们的区别。	20分
总分		100分

1.1 项目概述

1.1.1 项目组织

随着5G时代的到来，移动、联通、电信等通信运营商正在进行着基础建设，他们的目标是首先在全国各大省会城市布局5G网络，逐步覆盖到三四线城市。运营商（客户）需要采购5G设备，他们以招标的方式向通信基础设备制造商采购5G设备。制造商以客户为中心，开展项目运营的各项工作，包括工厂选址、建设厂房、规划产能、投标、采购原料、生产产品，最后按照订单要求把产品配送到客户手中。制造商通过为客户提供所需产品，实现企业盈利。

在这条供应链中，项目组织由如下四类功能主体构成。

（1）供应商：供应原料、零部件给其下游的制造商；
（2）制造商：从供应商采购原料和零部件，生产5G设备；
（3）客户：通信运营商，他们是制造商的客户；
（4）供应链服务提供商：在本项目中，为供应链提供服务的主体是物流服务商和金融服务商，他们由系统扮演并完成相关工作职能。

他们之间的业务关系如图1-1所示。

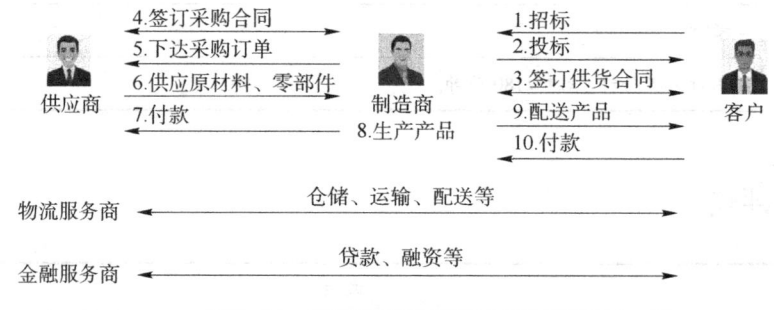

图1-1 供应链主体间的业务关系

【项目和项目组织】

项目（Project）是指在规定时间内必须完成的，有明确目标的一系列相关活动或任务。一个项目的可交付成果既可以是物质产品，如手机、洗衣机等，又可以是服务，如技术支持服务、物流服务和金融服务等。项目具有目的性、生命周期性、独特性、资源冲突性和项目间的相互依赖性等特点。

项目组织是指为了完成特定项目任务而由不同部门、不同专业人员所组成的一个特别工作组。

1.1.2 基础知识

在进入项目实训前，需要简要了解供应链的相关知识，以便更好地理解将要学习的内容。

1. 供应链

国务院办公厅的国办发【2017】84号文定义供应链为：供应链是以客户需求为导向，

以提高质量和效率为目标，以整合资源为手段，实现产品设计、采购、生产、销售、服务等全过程高效协同的组织形态。

《中华人民共和国国家标准物流术语》（2007版）将供应链定义为生产与流通过程中所涉及将产品或服务提供给最终用户的上游与下游企业所形成的网链结构。它是一个范围更广的企业结构模式，包含所有与之有关的上下游节点企业，从原料供应开始，经过链中不同企业的制造加工、组装、分销、零售等过程直到产品流向最终用户。从实物产品在供应链各环节的流转，可以把供应链分为上游工业供应链和下游零售供应链两个部分，具体如图1-2所示。智慧供应链是供应链发展的方向。

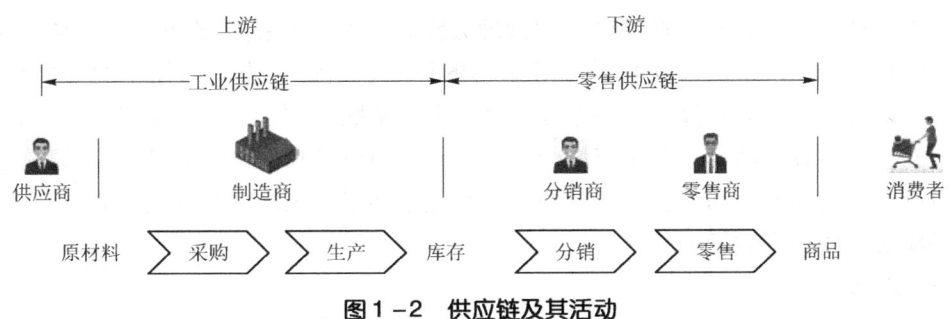

图1-2 供应链及其活动

2. 工业供应链

工业主要是指原料采集与产品加工制造的产业或工程。工业供应链侧重于生产制造，以提高工厂生产效率和产量、降低成本、提高产品价值为目标，包括原料采购与供应、产品研发与设计、加工组装与制造等，与生产运行紧密联系的、产生价值增值的过程。在全球化的大趋势下，制造企业需要与上游供应商、下游分销商、物流服务商及最终用户，建立更加紧密的供应链协作关系，参与供应链与供应链的竞争，才有可能在激烈的市场竞争中保持不败。因此，制造企业越来越关注供应链协同和管理，及其信息化在供应链中的应用，以实现企业内部供应链、企业与上下游企业形成供应链的协同与优化，从而更好地响应客户需求的波动和市场的不确定性，提高供应链竞争力。

3. 零售供应链

零售供应链以客户为中心，其运营与市场紧密相连，包括产品储运、市场营销、产品配送和售后服务等产生价值增值的过程。

4. 智慧供应链

随着信息技术的发展，供应链发展到与互联网、物联网深度融合的智慧供应链新阶段。智慧供应链是结合物联网技术和现代供应链管理的理论、方法和技术，在企业中和企业间构建的，实现供应链的智能化、网络化和自动化的技术与管理综合集成系统。

随着传统供应链的发展，以及技术的渗透性日益增强，很多供应链已经倾向于具备或已经具备了信息化、数字化、网络化、集成化、智能化、柔性化、敏捷化、可视化、自动化等先进技术特征。在此基础上，智慧供应链将技术和管理进行综合集成，系统化地论述技术和管理的综合集成理论、方法和技术，从而系统性地指导现代供应链管理与运营的实践。

智慧供应链与传统供应链相比，具备以下特点：

（1）智慧供应链与传统供应链相比，技术的渗透性更强。在智慧供应链的语境下，供应链管理者和运营者会系统地主动吸收包括物联网、互联网、人工智能等在内的各种现代技术，主动使管理过程适应引入新技术带来的变化。

（2）智慧供应链与传统供应链相比，可视化、移动化特征更加明显。智慧供应链更倾向于使用可视化的手段来表现数据，采用移动化的手段来访问数据。

（3）智慧供应链与传统供应链相比，更人性化。在主动吸收物联网、互联网、人工智能等技术的同时，智慧供应链更加系统地考虑问题，考虑人机系统的协调性，实现人性化的技术和管理系统。

5. 供应链管理

供应链管理是一种集成的管理思想和管理方法，是对供应链中的商流、物流、资金流、业务流、信息流，以及供应链伙伴关系等进行的计划、组织、协调和控制的一体化管理职能。在这种环境下，企业不仅要协调企业内部计划、采购、制造、销售的各个环节，还要与上游供应商、下游分销商等企业紧密配合。它要求供应链各功能环节企业能从战略的高度来认识供应链管理的必要性和重要性，并通过信息互通共享、风险共担实现利益共存，从而真正实现供应链系统的有效管理。

6. SCOR 模型

SCOR（Supply Chain Operations Reference）供应链运作参考模型是由美国供应链协会发布的跨行业标准供应链参考模型和供应链诊断工具。SCOR 定义的供应链涵盖了供应商的供应商到客户的客户，包括了计划、采购、生产、配送和退货五大环节。SCOR 模型如图 1-3 所示。SCOR 涵盖的范围在如下三方面。

第一，所有与客户之间的往来，从订单输入到货款支付。

第二，所有产品（物理实体和服务）的传送，从你的供应商的供应商到你的客户的客户，对设备、原料、配件、产品、软件等的传送。

第三，所有与市场之间的相互影响，从对累计总需求的理解到每项订单的完成。

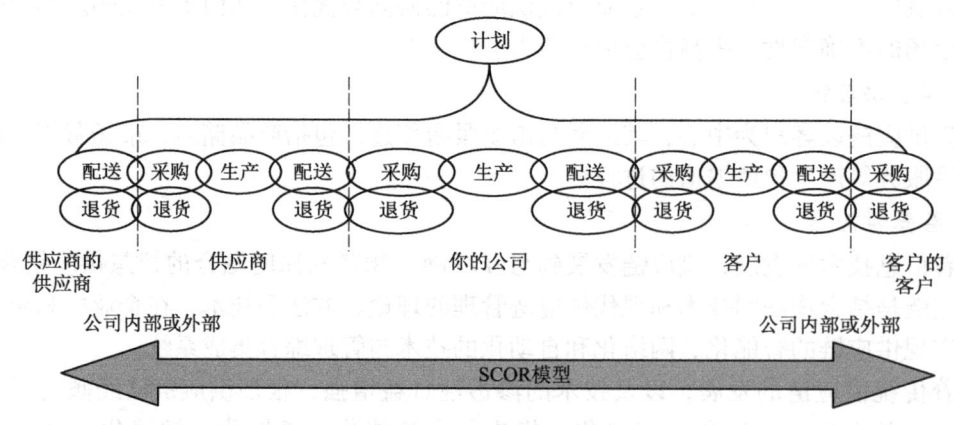

图 1-3 SCOR 模型

（1）计划。计划包括三方面的内容。

第一，需求/供应计划。评估企业整体生产能力、总体需求计划及针对产品分销渠道进行库存计划、分销计划、生产计划、原料及生产能力的计划。

第二，制造或采购决策的制订、供应链结构设计、长期生产能力与资源规划、企业计划、产品生命周期的决定、生产正常运营的过渡期管理、产品衰退期的管理与产品线的管理等。

第三，预算计划。供应链运营不同阶段的收入与费用——即现金流预算计划。

（2）采购。采购包括四方面的内容。

第一，寻找供应商/原料收取。获得、接收、检验、拒收与发送原料。供应商评估、采购运输管理、采购品质管理、采购合约管理、进货运费条管理、采购零部件的规格管理。

第二，原料仓库管理。

第三，原料运送和安装管理。运输管理、付款条管理及安装进度管理。

第四，采购支持业务。采购业务规则管理、原料存货管理。

（3）生产。生产包括两方面的内容。

第一，生产运作。①申请及领取原料、产品制造和测试、包装出货等。②工程变更、生产状况掌握、产品质量管理、现场生产进度制订、短期生产能力计划与现场设备管理。③在制品运输。

第二，生产支持业务。制造业务规格管理、在制品库存管理。

（4）配送。配送采购包括四方面的内容。

第一，订单管理。订单输入、报价、客户资料维护、订单分配、产品价格资料维护、应收账款管理、授信、收款与开立发票等。

第二，产品库存管理。存储、拣货、按包装明细将产品装入箱、制作客户特殊要求的包装与标签、整理确认订单、运送货物。

第三，产品运输安装管理。运输方式安排、出货运费调教管理、货品安装进度安排、进行安装与产品试运行。

第四，配送支持业务。配送渠道的决策制订、配送存货管理、配送品质的掌握和产品的进出口业务。

（5）退货。退货包括两方面的内容。

第一，原料退回。退还原料给供应商：包括与商业伙伴的沟通，同时准备好资料、原料实体的返还及运送。

第二，产品退回。接收并处理从客户处返回的产品：包括与商业伙伴的沟通，同时准备好资料、原料实体的返还及接收和处理。

1.1.3 运营内容

本项目运营的内容以 SCOR 模型为基础，为便于学员学习和理解项目运营，我们对该模型的业务进行了简化，保留了主流程部分。

制造商根据客户的需求参与投标，中标后，根据订单数量制订生产计划和采购计划，下达原料采购订单、产品生产和产成品配送等一系列运营的计划、执行、控制等工作。具体流程回顾图 1-1 的描述。

1.1.4 运营角色

制造商项目组的核心成员由四人组成，分别担任销售经理、采购经理、生产经理和物流经理的角色，并负责具体的业务运营工作。项目组成员共同商议，从四人中推选一人兼任供应链总监职务。

供应链总监负责供应链运营的总策划、协调与控制，包括组织团队制订业务策略、全面预算管理、指挥协调团队成员的工作，召集队员分析竞争格局并及时调整业务策略，项目运营结束后，召集会议分析运营绩效。

制造商项目组的核心成员角色与工作职责如表1-1所示。除了如表1-1所示的角色，市场、客户、物流服务商和金融服务商角色均由系统扮演。

表1-1 制造商项目组的核心成员角色与工作职责

供应链总监（兼任）	销售经理	采购经理	生产经理	物流经理
• 制订总体战略规划 • 运营指标分析 • 竞争对手分析 • 融资策略分析 • 信用评价分析 • 成本控制分析 • 现金流控制与融资计划 • 运营协调与控制	• 市场分析与选择 • 客户需求分析 • 客户选择 • 跟踪招标信息发布 • 投标 • 跟踪订单执行	• 供应商市场分析 • 供应商选择 • 采购策略制订 • 采购协议签署 • 生产需求了解 • 采购计划编制 • 采购订单下达 • 保障原料供应 • 采购款项支付	• 工厂选址、规模选择和建设 • 产能计划 • 生产计划编制 • 生产排程 • 产品生产 • 产能扩容、扩产 • 工人培训 • 产成品库存管理	• 配送计划编制 • 物流线路规划 • 物流供应商选择 • 物流配送实施 • 物流成本分析

1.1.5 基础数据

1. 运营参数配置

【操作】：依次单击【案例首页】→【个人练习】选项。

图1-4所示的是运营参数设置界面，该界面是系统默认设置。

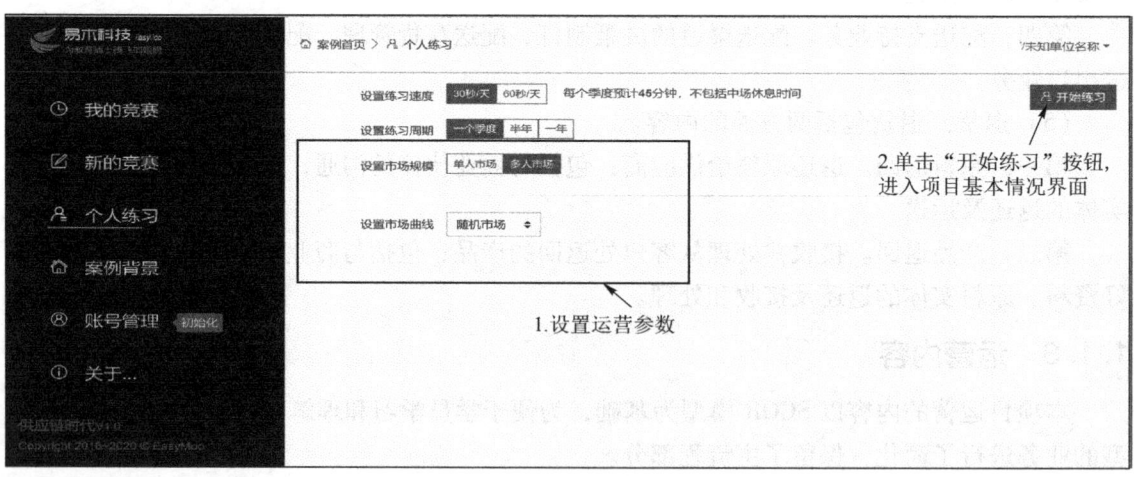

图1-4 运营参数设置界面

【练习速度】30秒/天。表示系统用"30秒/天"的周期模拟现实企业"1天"的业务。

【练习周期】一个季度。如果以30秒/天为单位进行计算，1个季度（90天）需要系统运行30秒/天×90天=2700秒，折合45分钟，也就是说系统运行45分钟相当于模拟现实企业1个季度的业务。依此类推，系统运行90分钟相当于模拟现实企业2个季度的业务。系统运行180分钟相当于模拟现实企业1年的业务。

【市场规模】
- 单人市场。表示该市场对产品的需求量比较少，即市场规模小。
- 多人市场。表示该市场对产品的需求量比较大，其市场规模比单人市场的市场规模大。

从规模经济角度看，制造商在一定的产量范围内，随着产量的增加，平均成本不断降低，即扩大经营规模可以降低平均成本，从而提高利润水平。因此，多人市场有较大的市场需求，对于制造商的经济成长性是有益的，这是因为生产规模增大能带来经济效益的提高。

【市场曲线】市场曲线也称为需求曲线，表示在每个价格下，市场需求的商品数量。在本项目中，是指市场在一定时间周期内（如1季度、半年、1年）每个月的需求量的分布。学员可选择以下三种设置方式的其中一种进行学习。

第一种，随机市场：是由系统随机产生的市场需求。

第二种，自定义市场：是由学员自己定义的市场需求。

第三种，系统定义的三种市场曲线：爆发型、周期型、波动型。表1-2是三种市场曲线的具体说明。学员可选其中一种进行练习。

表1-2 三种市场曲线的具体说明

市场曲线	说明	图示
爆发型	也称为S型，特点是市场需求开始增长比较缓慢，在达到一个临界点之后，会呈现爆发式增长的趋势，而后又逐渐下降趋于平缓。	（爆发型曲线图：1月1105、2月1170、3月1303、4月1251、5月1413、6月1642、7月1445、8月1303、9月1303、10月1182、11月1127、12月1109）
周期型	表示在一定时间范围内，按照一定的时间间隔，需求有规律的起伏波动。	（周期型曲线图：1月1118、2月1321、3月1531、4月1218、5月1088、6月1258、7月1571、8月1197、9月1054、10月1309、11月1543、12月1177）
波动型	表示在一定时间范围内，需求没有规律的起伏波动。	（波动型曲线图：1月1291、2月1340、3月1122、4月1347、5月1516、6月1264、7月1258、8月1216、9月1109、10月1347、11月1300、12月1180）

2. 市场需求分布

如图1-5、图1-6、图1-7和图1-8所示的均是市场需求分布，这类图是一种以特殊高亮的形式显示各区域对产品的需求量分布的情况。该界面显示的是本项目的运营周期内（1个季度），各个区域的市场需求分布，若红色越深，则表示该区域的需求量越大。制造商要根据市场需求数据，分析在哪个城市建造工厂最有利。

【注】市场需求分布是由系统随机生成的，在实战中，每个学员的市场需求都不相同。

【市场需求分布显示选项】

- 单月显示。市场需求分布显示的是某个月某些区域的需求分布，月份右边的柱状图表示每个月的市场需求。图1-5、图1-6、图1-7所示的分别是1、2、3月份市场需求分布。可用鼠标单击某个月份的市场需求柱状图，从而显示其对应的市场需求分布。
- 累加显示。市场需求分布显示所有月份累加后的总需求分布情况。图1-8所示的是1~3月累计市场需求分布。
- 显示供应商。在地图上标注出每个供应商所在的区域。

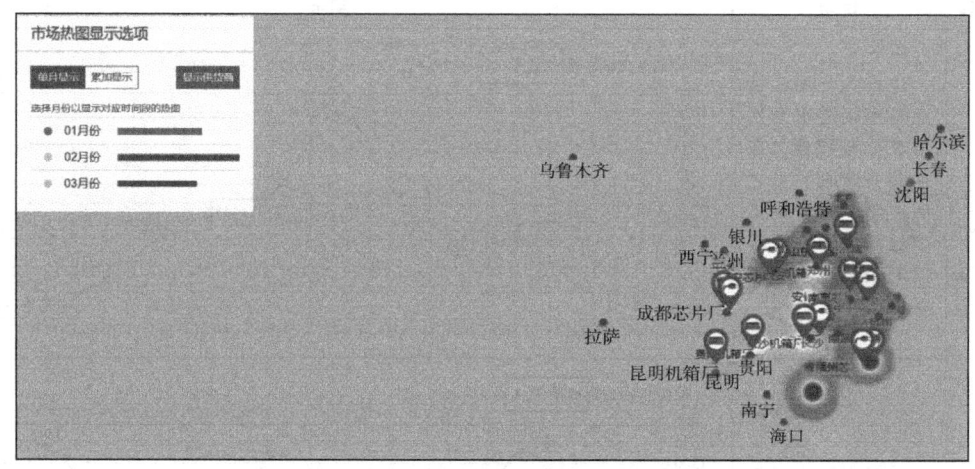

图1-5　1月份市场需求分布

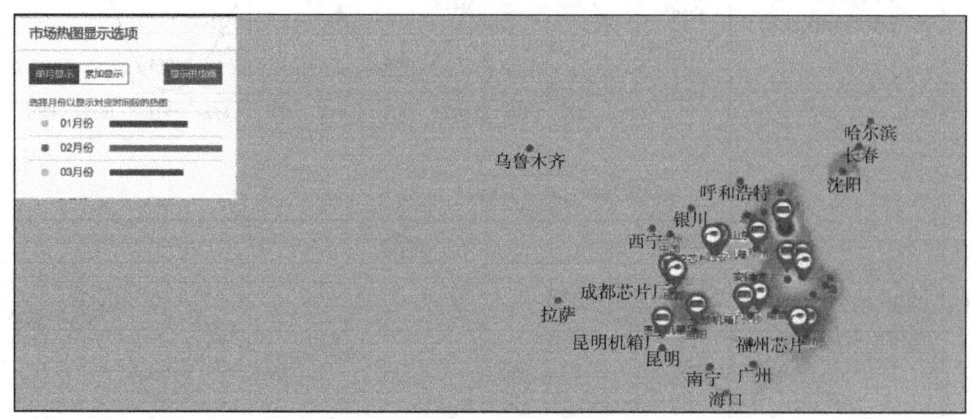

图1-6　2月份市场需求分布

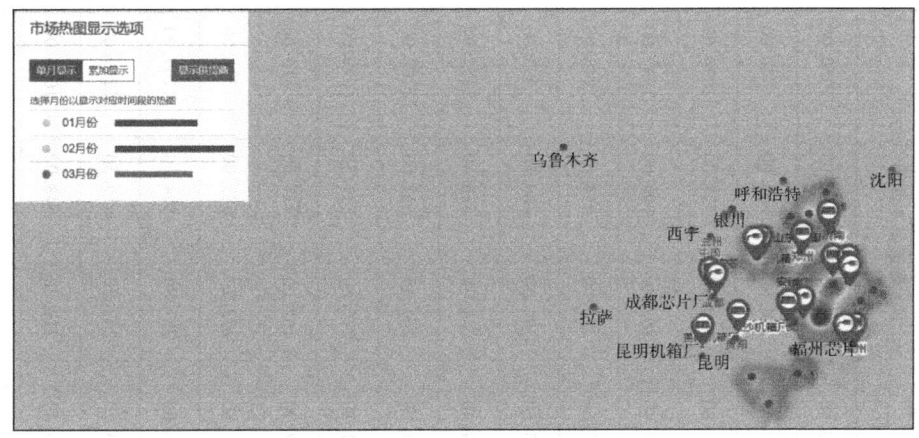

图1-7 3月份市场需求分布

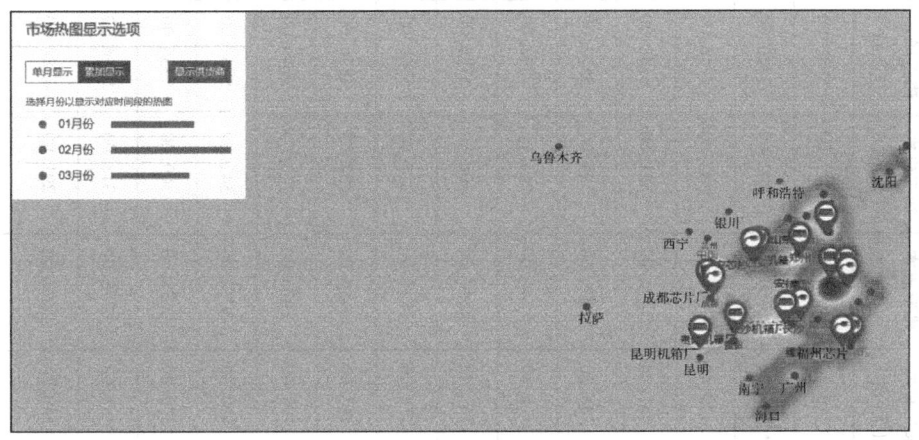

图1-8 1~3月累计市场需求分布

3. 城市列表

图1-9是供应链实战系统中的城市列表示例。为便于阅读，我们把城市列表中的信息以表1-3的形式展示，列出了31个城市的开放时间、地价、劳动力状况、工厂建造成本、产品加工成本、仓库建造成本。制造商利用该数据计算建造厂房和仓库的成本。

【注】在城市列表中，每个城市的开放时间是由系统随机生成的。

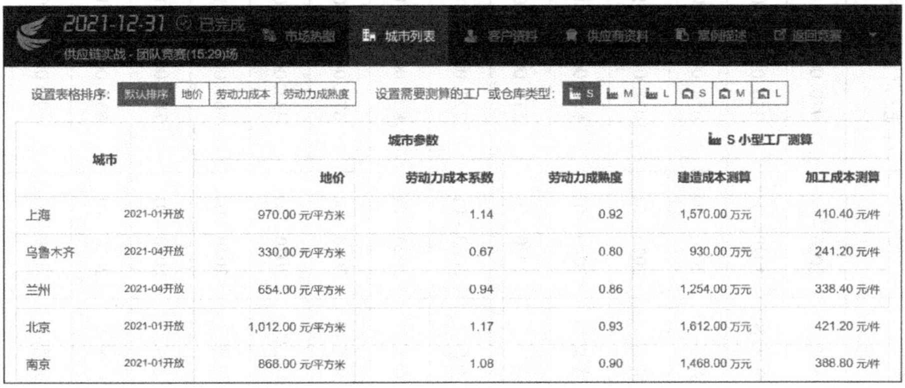

图1-9 供应链实战系统中的城市列表示例

表1-3 城市信息

城市	开放时间	地价/(元/m²)	劳动力成本系数	劳动力成熟度	S小型工厂测算 建造成本/万元	S小型工厂测算 加工成本/(元/件)	M中型工厂测算 建造成本/万元	M中型工厂测算 加工成本/(元/件)	L大型工厂测算 建造成本/万元	L大型工厂测算 加工成本/(元/件)	建造成本测算/万元 S小型仓库	建造成本测算/万元 M中型仓库	建造成本测算/万元 L大型仓库
上海	2020-01	970.00	1.14	0.92	1570.00	410.40	3040.00	342.00	5980.00	250.80	274.00	685.00	1350.00
乌鲁木齐	2020-04	330.00	0.67	0.80	930.00	241.20	1760.00	201.00	3420.00	147.40	146.00	365.00	710.00
兰州	2020-04	654.00	0.94	0.86	1254.00	338.40	2408.00	282.00	4716.00	206.80	210.80	527.00	1034.00
北京	2020-01	1012.00	1.17	0.93	1612.00	421.20	3124.00	351.00	6148.00	257.40	282.40	706.00	1392.00
南京	2020-01	868.00	1.08	0.90	1468.00	388.80	2836.00	324.00	5572.00	237.60	253.60	634.00	1248.00
南宁	2020-01	573.00	0.88	0.84	1173.00	316.80	2246.00	264.00	4392.00	193.60	194.60	486.50	953.00
南昌	2020-01	772.00	1.02	0.88	1372.00	367.20	2644.00	306.00	5188.00	224.40	234.40	586.00	1152.00
合肥	2020-01	822.00	1.05	0.89	1422.00	378.00	2744.00	315.00	5388.00	231.00	244.40	611.00	1202.00
呼和浩特	2020-04	679.00	0.96	0.86	1279.00	345.60	2458.00	288.00	4816.00	211.20	215.80	539.50	1059.00
哈尔滨	2020-04	435.00	0.76	0.82	1035.00	273.60	1970.00	228.00	3840.00	167.20	167.00	417.50	815.00
天津	2020-01	966.00	1.14	0.92	1566.00	410.40	3032.00	342.00	5964.00	250.80	273.20	683.00	1346.00
太原	2020-01	789.00	1.03	0.88	1389.00	370.80	2678.00	309.00	5256.00	226.60	237.80	594.50	1169.00
广州	2020-01	839.00	1.06	0.89	1439.00	381.60	2778.00	318.00	5456.00	233.20	247.80	619.50	1219.00
成都	2020-01	696.00	0.97	0.86	1296.00	349.20	2492.00	291.00	4884.00	213.40	219.20	548.00	1076.00
拉萨	2020-04	380.00	0.71	0.81	980	255.60	1860.00	213.00	3620.00	156.20	156.00	390.00	760.00
昆明	2020-01	532.00	0.85	0.83	1132.00	306.00	2164.00	255.00	4228.00	187.00	186.40	466.00	912.00

续表

城市	开放时间	地价/(元/m²)	劳动力成本系数	劳动力成熟度	S小型工厂测算 建造成本/万元	S小型工厂测算 加工成本/(元/件)	M中型工厂测算 建造成本/万元	M中型工厂测算 加工成本/(元/件)	L大型工厂测算 建造成本/万元	L大型工厂测算 加工成本/(元/件)	S小型仓库 建造成本测算/万元	M中型仓库 建造成本测算/万元	L大型仓库 建造成本测算/万元
杭州	2020-01	953.00	1.13	0.92	1553.00	406.80	3006.00	339.00	5912.00	248.60	270.60	676.50	1333.00
武汉	2020-01	823.00	1.05	0.89	1423.00	378.00	2746.00	315.00	5392.00	231.00	244.60	611.50	1203.00
沈阳	2020-01	550.00	0.86	0.84	1150.00	309.60	2200.00	258.00	4300.00	189.20	190.00	475.00	930.00
济南	2020-01	796.00	1.03	0.88	1396.00	370.80	2692.00	309.00	5284.00	226.60	239.20	598.00	1176.00
海口	2020-01	512.00	0.83	0.83	1112.00	298.80	2124.00	249.00	4148.00	182.60	182.40	456.00	892.00
石家庄	2020-01	785.00	1.03	0.88	1385.00	370.80	2670.00	309.00	5240.00	226.60	237.00	592.50	1165.00
福州	2020-01	632.00	0.92	0.85	1232.00	331.20	2364.00	276.00	4628.00	202.40	206.40	516.00	1012.00
西宁	2020-04	597.00	0.90	0.85	1197.00	324.00	2294.00	270.00	4488.00	198.00	199.40	498.50	977.00
西安	2020-01	807.00	1.04	0.89	1407.00	374.40	2714.00	312.00	5328.00	228.80	241.40	603.50	1187.00
贵阳	2020-01	653.00	0.94	0.86	1253.00	338.40	2406.00	282.00	4712.00	206.80	210.60	526.50	1033.00
郑州	2020-01	861.00	1.08	0.90	1461.00	388.80	2822.00	324.00	5544.00	237.60	252.20	630.50	1241.00
重庆	2020-01	720.00	0.98	0.87	1320.00	352.80	2540.00	294.00	4980.00	215.60	224.00	560.00	1100.00
银川	2020-01	659.00	0.94	0.86	1259.00	338.40	2418.00	282.00	4736.00	206.80	211.80	529.50	1039.00
长春	2020-04	480.00	0.80	0.82	1080.00	288.00	2060.00	240.00	4020.00	176.00	176.00	440.00	860.00
长沙	2020-01	776.00	1.02	0.88	1376.00	367.20	2652.00	306.00	5204.00	224.40	235.20	588.00	1156.00

【城市数据】
- 开放时间。表示该市场在开放时间内有招标需求。
- 地价。每平方米的土地价格,一般来说,经济越发达的城市,地价越高。地价直接影响工厂和仓库建设的成本。
- 劳动力成本系数。劳动力成本是生产或服务成本的重要组成部分。劳动力成本系数是反映劳动力成本变动情况的指标,该系数越大,人工成本越高。
- 劳动力成熟度。在一个成熟组织内,专业人员能力与组织的经营绩效密切相关。该参数影响产成品的合格率。也就是说劳动力成熟度越低,原料的损耗越大,合格率越低。

我们可以分别按地价、劳动力成本系数和劳动力成熟度的大小对城市进行排序。

【工厂、仓库数据】
- 建造成本。是指建造一个厂房或仓库的成本。

$$建造成本 = 土地使用成本(建筑物面积 \times 地价) + 建筑成本$$

【例】以上海为例,计算在该城市建造不同类型的厂房和仓库的建造成本,计算结果如表1-4所示。

表1-4 厂房和仓库的建造成本

厂房建造成本计算(以上海为例)					
类型	建筑物面积 /m²	地价 /(元/m²)	土地使用成本 /(万元/m²)	建筑成本 /万元	建造成本 /万元
小型	10000	970.00	970.00	600.00	1570.00
中型	20000	970.00	1940.00	1100.00	3040.00
大型	40000	970.00	3880.00	2100.00	5980.00
仓库建造成本计算(以上海为例)					
类型	建筑物面积 /m²	地价 /(元/m²)	土地使用成本 /(万元/m²)	建筑成本 /万元	建造成本 /万元
小型	2000	970.00	194.00	80.00	274.00
中型	5000	970.00	485.00	200.00	685.00
大型	10000	970.00	970.00	380.00	1350.00

- 加工成本。是指利用当地劳动力,生产一个产品的劳动力成本。

$$加工成本 = 初始加工成本 \times 劳动力成本系数$$

初始加工成本与工厂的最大产能相关,而不同类型的工厂,其最大产能不同。每类工厂的初始加工成本见表2-3。

【例】以表1-3中的上海为例,它的劳动力成本系数是1.14,因此,在上海建设一个小型工厂的加工成本 = 360元/件 × 1.14 = 410.4(元/件)。

我们可以选择不同规模的工厂和仓库,分别了解它们的建造成本和加工成本。

4. 客户资料

客户资料信息是制造商做市场分析的重要依据,包括客户名称、客户需求、招标评分标准。供应链实战系统中的客户资料示例如图1-10所示,为便于阅读,我们把客户资料以表1-5的形式展示。

图1-10 供应链实战系统中的客户资料示例

这里采用的是综合评标法，俗称"打分法"，把涉及的投标人的各种资质、技术、商务及服务的条款，都折算成一定的分数值，总分为100分。评标时，对投标人的每项指标都进行符合性审查、核对并给出分数值，最后汇总比较，取分数值最高者为中标人。

在本项目中，招标评分标准有四个指标，分别是交付能力分、合作经验分、信用水平分和价格分，如表1-5所示，其中价格分比重最高，说明客户对招标产品的价格最敏感。制造商根据这些信息，可预先制订后续的销售策略及招标策略。

【注】这里的"客户"是指电信运营商，也就是招标人；投标人是指5G设备制造商。

表1-5 客户资料

客户名称	需求预测	包含城市	招标评分标准			
			交付能力分	合作经验分	信用水平分	价格分
上海基建	≈15千件	上海	15%	15%	5%	65%
北京基建	≈20千件	北京	15%	15%	10%	60%
南京基建	≈19千件	南京	20%	20%	10%	50%
南宁基建	≈9千件	南宁	10%	15%	5%	70%
南昌基建	≈16千件	南昌	15%	15%	10%	60%
合肥基建	≈36千件	合肥	10%	10%	5%	75%
天津基建	≈13千件	天津	20%	15%	10%	55%
太原基建	≈8千件	太原	20%	20%	10%	50%
广州基建	≈29千件	广州	20%	20%	10%	50%
昆明基建	≈3千件	昆明	20%	20%	10%	50%
杭州基建	≈12千件	杭州	20%	15%	10%	55%
武汉基建	≈12千件	武汉	15%	15%	10%	60%
沈阳基建	≈16千件	沈阳	20%	10%	5%	65%
济南基建	≈30千件	济南	15%	15%	10%	60%
海口基建	≈17千件	海口	10%	10%	5%	75%

续表

客户名称	需求预测	包含城市	招标评分标准			
			交付能力分	合作经验分	信用水平分	价格分
石家庄基建	≈24千件	石家庄	15%	15%	10%	60%
福州基建	≈27千件	福州	20%	20%	10%	50%
西安基建	≈18千件	西安	20%	20%	10%	50%
贵阳基建	≈3千件	贵阳	15%	15%	5%	65%
重庆基建	≈10千件	重庆	20%	20%	10%	50%

【客户资料】

● 需求预测。是指客户对产品的需求估算量。该数量可作为制造商开展工厂选址、产能规划和生产计划等工作的依据。

【招标评分标准】

招标评分标准的各项指标以百分比形式说明该指标的分值占总分的权重，比重越高对总分的影响越大。

● 交付能力分。是指制造商按合同要求交货的能力。

● 合作经验分。是指制造商与客户是否有成功合作的案例。

● 信用水平分。一般指企业基本经营状况分析评级。例如，对获利能力、资产价值、收入的安全性和稳定性以及企业的管理水平和企业前景等所做的统计分析，并加以相应的符号代表其等级。这里是指制造商的信用水平。

● 价格分。是指企业销售产品的价格。在招标评分标准中，价格分一般占比50%以上，说明客户对产品价格最敏感。

可以按需求量或价格敏感度对客户进行排序，对重点客户设置重要标识，以便对客户进行分类管理。

5. 供应商资料

供应商资料是制造商选择供应商的依据，供应链实战系统中的供应商资料示例如图1-11所示，为便于阅读，我们把供应商资料整理成表1-6的形式。

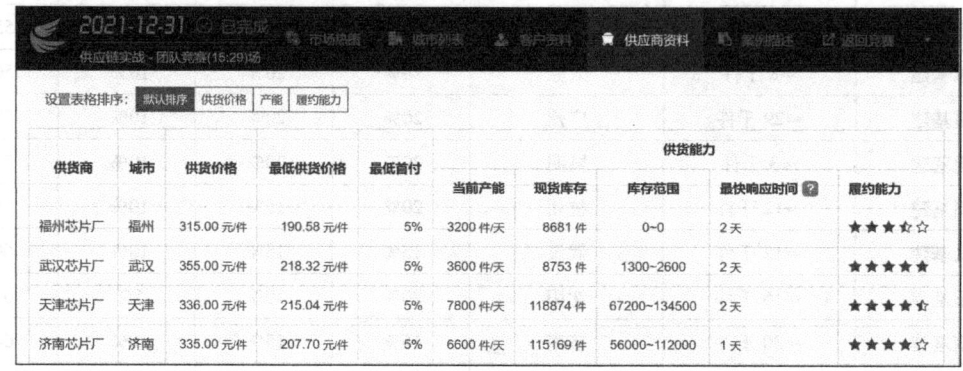

图1-11 供应链实战系统中的供应商资料示例

表1-6　供应商资料

供应商	城市	供货价格/(元/件)	最低供货价格/(元/件)	最低首付	供货能力				
					当前产能/(件/天)	现货库存/件	库存范围/件	最快响应时间/天	履约能力
福州芯片厂	福州	315	190.58	5%	890	18 944	10 000~20 000	2	★★★☆☆
西安芯片厂	西安	305	190.62	5%	690	18 900	15 000~30 000	2	★★★☆☆
安徽芯片厂	合肥	330	202.95	5%	1 239	16 750	11 000~22 000	1	★★★★☆
南京芯片厂	南京	342	208.62	10%	1 600	14 000	11 200~24 000	1	★★★★☆
成都芯片厂	成都	326	207.01	10%	1 200	10 000	6 000~13 200	1	★★★☆☆
长沙机箱厂	长沙	157	98.91	5%	800	8 000	5 600~11 200	2	★★★☆☆
山东机箱厂	济南	150	98.25	5%	820	9 800	8 000~18 000	2	★★☆☆☆
贵阳机箱厂	贵阳	148	91.76	5%	700	7 900	7 000~16 000	1	★★★★★
昆明机箱厂	昆明	167	103.54	5%	890	18 990	8 900~18 000	2	★★★★☆
郑州机箱厂	郑州	165	103.12	10%	900	14 900	7 200~14 400	1	★★★★☆
长沙电源厂	长沙	98	64.19	5%	2 100	14 530	8 000~16 000	2	★★★★★
西安电源厂	西安	83	54.36	5%	1 200	21 620	10 800~21 600	1	★★★★☆
四川电源厂	成都	89	57.4	5%	2 100	23 000	12 000~24 000	1	★★★★★
福建电源厂	福州	76	43.7	10%	1 000	16 400	8 000~16 000	1	★★★★☆
南京电源厂	南京	89	56.07	5%	690	12 788	7 000~14 000	2	★★★★☆

【供应商资料】

- 城市。是指供应商的发货地点。发货地点与制造商目的地工厂的距离决定运输配送时间。
- 最低供货价格。是指制造商在与供应商签署原料、零部件采购协议时，双方约定的供货价格条款。不同的条款有不同的折扣，此处为基准价格与最低总折扣计算所得。
- 最低首付。制造商采购原料、零部件后，向供应商分期付款，供应商可接受的最低首付比例。
- 当前产能。供应商生产原料、零部件的当前日生产量。
- 现货库存。供应商的仓库中原料、零部件的现有存货量。
- 库存范围。供应商的原料、零部件的最低和最高库存量警戒线。最高库存量又称"最高储备定额"，是企业为控制物资库存量而规定的上限标准。最低库存量是指存货在仓库中应储存的最小数量，低于此数量就有可能造成存货短缺，进而影响企业的正常生产。

【例】表1-6第一行的福州芯片厂的库存范围是10 000~20 000件，是指存货的最低库存量警戒线不低于10 000件，最高库存量警戒线不高于20 000件。

- 最快响应时间。也称为订货提前期，即从制造商下达订单的时间开始计算，供应商最快能响应订单并发货的时间。

【例】假设制造商在1月1日下达采购订单，若供应商的最快响应时间是2天，则最快响应时间和最快能发货时间均是1月3日。

- 履约能力。主要指履行经济合同的实际能力。履约能力主要包括支付能力和生产能力两方面的内容。在审查支付能力时，主要审查对方当事人的注册资本、资金来源、银行存款、交款能力等情况;在审查生产能力时,主要审查对方当事人的生产能力、生产规模、技术水平、产品质量、交货能力等情况。审查履约能力的目的是提高经济合同的真实性和可行性。

在本项目中,履约能力指的是供应商的生产能力。履约能力指标标注的黑色五角星越多,表示供应商的履约能力越强,反映了其产能调节能力越强,按最快响应时间交货的概率越大。可分别按供货价格、产能和履约能力对供应商进行排序。

1.2 运营规则

制造商需要按照如下运营规则开展项目运营的各项工作。

1.2.1 破产规则

现金流是指投资项目在其整个生命期内所发生的现金流出和现金流入的全部资金收付数量。现金流是企业生存的根本,关系到企业的生存与发展,是提高企业市场竞争力的重要保障。现金流断裂也就意味着企业的破产消亡,在运营过程中要密切注意现金的变化情况!

企业初始账户资金2000万元,当账户资金小于0时,立即破产,如图1-12所示。破产后的公司将无法继续经营(比赛)。破产后的所有操作均会被系统判定为无效操作,但可继续查看自身的运营数据和其他企业的运营情况,以分析破产原因。

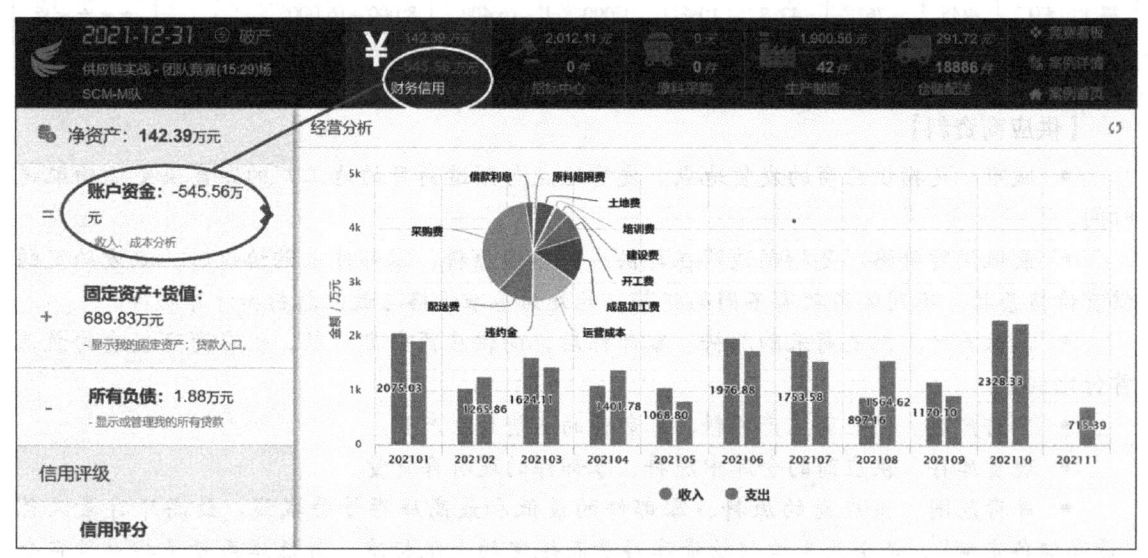

图1-12 破产——账户资金为负

1.2.2 招标规则

企业运营的根本目的是获取最大利润,但是投标不能只看价格,不要以为价格低就一定能中标,而是要综合考虑。因此,制造商需结合招标公告的要求,以及对竞争对手投标动向的关注与推测,制定合理的投标价格显得格外重要!

【招标、投标】

招标、投标是一种商品交易方式和行为,简称为招投标。其中招标是指招标人对所要采购的货物、服务或工程(以下简称"项目"),通过发布招标公告或者向特定供应商、承包商发出招标邀请，并按照规定程序，组织经济、技术和法律等方面的专家对投标人的投标进行综合评审，从中择优选定项目中标人的行为过程，进而达到获得物美价廉项目的目标。

投标是指对招标项目有交易意向的投标人，响应招标公告的要求，参加投标竞争的行为。

招标公告是招标人对所采购项目的各方面进行描述的一种文书。主要包括三方面的内容：一是项目名称及其性质和数量，质量和技术要求，交付期、竣工期或提供服务的时间；二是对投标人的资质要求条件；三是招标评分标准。

在本项目中，招标人是5G通信网络运营商，投标人是制造商。供应链实战系统中的招标中心的招标公告示例如图1-13所示。制造商的投标价格必须在客户制定的最低价和最高价范围内。每次投标后，系统自动从其现金账户中扣减10万元作为保证金，开标后返还，若开标前撤标，则不退还保证金。

图1-13 供应链实战系统中的招标中心的招标公告示例

1. 评标规则：（总分100分，分四项指标打分）
（1）交付能力分。交付能力分的计分办法如表1-7所示。

表1-7 交付能力分的计分办法

条件	交付能力分的计分办法
当前没有工厂	= -40分
待配送货量 <= 库存量	= 满分
待配送货量 > 库存量 并且（待配送货量 - 库存量）<= （工厂日产能总和×30）	= 分值×（工厂日产能×30 + 库存量 - 待配送货量）/（工厂日产能×30）
（待配送货量 - 库存量）>（工厂日产能×30）	= -20×[（待配送量 - 库存量 - 工厂日产能总和×30）/（工厂日产能总和×30）]^2，最低分不低于 -40分

（2）信用水平分 = 分值×（企业信用分值/100）。
（3）合作经验分 = 分值×（客户合作经验值/100）。
（4）价格分：

分值是指招标评分标准中，交付能力分、合作经验分、信用水平分、价格分的占比，每个客户给出的分值可能不同，详见表1-5客户资料的内容。

- 最低价：分值 - (投标价格 - 最低投标价) × 0.04。
- 平均价：分值 - |投标价格 - 投标均价| × 0.08。
- 投标人得分 = 交付能力分 + 信用水平分 + 合作经验分 + 价格分。
- 客户均价是指该客户的中标平均价格。

【例】客户 E 已开标两次，其中，A 队中标数量为 10 000 件，中标价格为 1100 元；B 队中标数量为 13 000 件，中标价格为 1 000 元，则客户 E 接下来所显示的客户均价 = (10 000 × 1100 + 13 000 × 1 000)/(10 000 + 13 000)。

2. 中标规则

（1）每个客户都是基于以上四个分项计算得分的，不同客户每个分项的权重不同，最终以最高分者中标，如得分相同，则先投标者中标。

（2）每个客户的中标首付款会有所不同，制造商中标后，能先获得首付款，余下尾款，在每次送货到客户处时，根据到货量支付。

- 首付款 = 投标总价 × 该客户的中标首付比例。
- 尾款 = 投标总价 - 预付款。

【例】假设制造商的投标总价为 100 万元，标的首付比例是 10%。

首付款 = 100 × 10% = 10 万元。

若制造商分三次送货，每次货值均为 30 万元，则每次货品送达后，客户结算货款 30 万元给制造商，三次共支付 90 万元。

1.2.3 贷款规则

现金是企业的"血液"，只有流动起来，才能产生效益，并推动企业的发展。现金流是保障企业正常运转的必要因素，如果企业入不敷出，流动资金匮乏，则必然会导致现金流断裂，危及企业生存。为了维持企业的正常运营，向金融机构申请贷款是企业融资的主要方式。贷款是有成本支出的，需要考虑贷款资金的利用能否带来合理的收益。

【融资】

融资是指一个企业资金筹集的行为与过程。融资方式主要有债权和股权两种，债权融资就是有抵押品的融资。银行贷款需要当事人出具抵押物，根据抵押物价值来决定放款金额。股权融资是以融资人放弃企业一部分股权来换得融资的一种方式。

在本项目中，有两种融资途径可以获得额外现金：一是现金流断裂，系统自动放贷；二是固定资产、产品融资贷款。

1. 现金流断裂，系统自动放贷

制造商在运营过程中，当现金流断裂并且现金缺口不超过 500 万元时，系统会提供借款机会，每次最多可借款 500 万元，借款时会计算相应利息，还款期限为 1 个月，如超过 1 个月仍未还款，系统不会自动扣款，但会重新计算利息。系统有相应的指标对制造商的现金流进行管理。制造商每次获得该借款时，系统对该项指标的分数进行相应的扣减，直到扣完 20 分为止。

【例】如图 1-14 所示，某制造商的【财务信用】中显示，其有一笔一期的现金流断裂自动放贷，贷款金额为 500.00 万元，这笔贷款还有 25 天到期，到期还本付息共 551.00 万元。同时，通过查询该制造商在【我的历程】中的记录，得知其现金流断裂的日期是运营开始的第 85 天（这里省略记录截图）。计算其现金流管理分值。

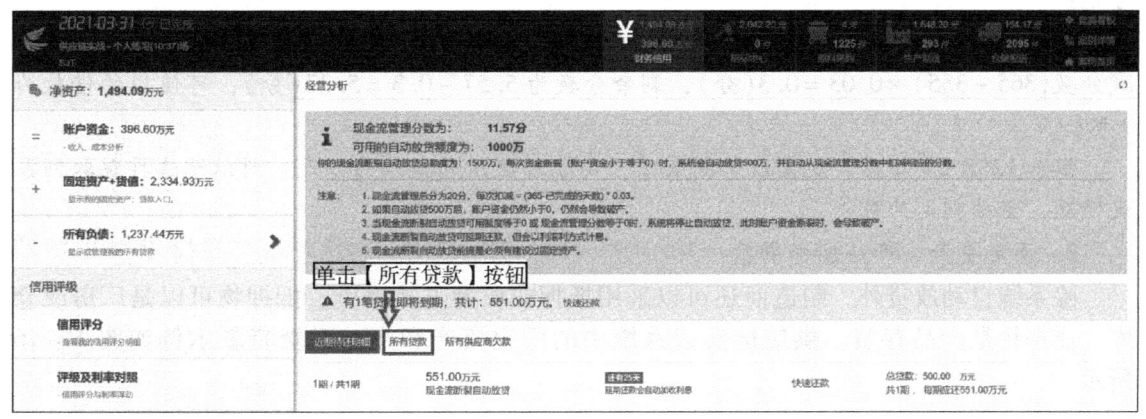

图 1-14　某制造商获得系统借款的明细

现金流管理扣分值 = (365 - 已完成的天数) × 0.03 = (365 - 84) × 0.03 = 8.43（分）

现金流管理分值 = 20 - 8.43 = 11.57（分）

项目运营时间轴如图 1-15 所示，已完成的天数是指项目从第 1 天运营开始，到第 85 天现金流断裂之间的天数，即已完成的天数为 84 天。

图 1-15　项目运营时间轴

【系统自动借款的使用限制】

运营过程中当现金流断裂，并且现金缺口不超过 500 万元时，系统会提供自动借款机会，每次最多可借款 500 万元，借款时会计算相应利息，还款期限为 1 个月，如超过 1 个月仍未还款，系统不会自动扣款，但会重新计算利息。对于现金流管理系统有相应的指标进行考核，每次获得该借款时，该项指标的分数都会进行相应的扣减，扣减公式：(365 - 现金流断裂时系统所运行天数) × 0.03。系统不能提供自动的借款有以下 4 种：

（1）该项指标分数为 0 时（该项最低为 0 分）；

（2）获得的系统借款累加到 1 500 万元未还；

（3）现金缺口超过 500 万元；

（4）从未建造过工厂或仓库。

【例】 1 月 6 日，现金流断裂（-310 万元），获取到一笔系统借款（500 万元），此时系统会扣减分数 (365 - 5) × 0.03 = 10.8 分，在期限内还清了 500 万元借款，此时，可使用的借款仍是 1 500 万元，而可用于扣减的分数只有 9.2 分；

10 月 12 日，现金流又断裂一次，此时会再次扣减的分数为 (365 - 284) × 0.03 = 2.43（分），剩余分数为 9.2 - 2.43 = 6.77（分），可使用的借款为 1 000 万元；

11 月 22 日，现金流又断裂一次，10 月获取到的 500 万元未还，此时会再次扣减的分数为 (365 - 325) × 0.03 = 1.2（分），剩余分数为 6.77 - 1.2 = 5.57（分），可使用的借款为 500

万元；

12月22日，现金流又断裂一次，10月及11月获取到的500万元未还，此时会再次扣减分数$(365-355)\times 0.03=0.3$（分），剩余分数为$5.57-0.3=5.27$（分），可使用的借款为0元；

假如12月22日后，现金流又断裂了，由于可使用的借款为0元，所以无法再获取到系统借款，会被判定为破产。

2. 固定资产、产品融资贷款

除系统自动放贷外，制造商还可以采用抵押或质押方式融资，抵押物可以是厂房或仓库，质押物是产品存货。供应链实战系统中的固定资产和产品融资贷款示例如图1-16所示。

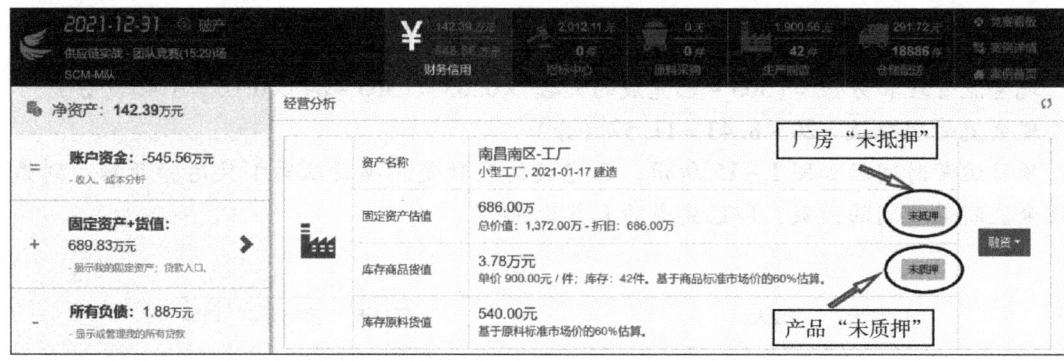

图1-16 供应链实战系统中的固定资产和产品融资贷款示例

贷款利率的高低取决于制造商贷款时的信用级别，信用级别越高，利率越低。基准利率如表1-8所示，基于信用评级的利率浮动如表1-9所示，影响信用评级的因素如表1-10所示。

表1-8 基准利率

30天	90天	180天
1.70%	1.90%	2.10%

表1-9 基于信用评级的利率浮动

A1：特优 (90~100)	A2：优质 (75~90)	B1：良好 (60~75)	B2：一般 (50~60)	C1：较差 (30~50)	C2：很差 (0~30)
↓30.00%	↓10.00%	0.00%	↑20.00%	↑50.00%	↑150.00%

【注】箭头向下，表示利率向下浮动；箭头向上，表示利率向上浮动。

表1-10 影响信用评级的因素

评分项	权重		规则
负债比例	10%	<=30%	70~100分，每减少一个百分点加1分
		30%~70%	50~70分，每增加一个百分点减0.5分
		>=70%	每增加一个百分点减1分，直到0分

续表

评分项	权重	规则	
营运资金	15%	<=500万元	0分
		>500万元	每增加50万元加1分,直至100分
净资产	15%	<3 000万元	0分
		>=3 000万元	每增加100万元加1分,直至100分
库存周转率	10%	<=0	0分
		0~25	呈指数上升,直至100分
		>=25	100分
市场占有率	10%	平均值	60分,注:平均值=1/团队数
		>平均值	呈指数上升,直至100分
		<平均值	呈指数下降,直至0分
贷款历史	10%	初始	60分,最低0分,最高100分
		最近6次还款记录	每超期一次减10分,每准时还款一次加20/3分
		任意违约(超期15天)一次	得0分
交货违约	10%	初始	60分,初始表示无交货记录
		最近6次交货记录	每超期1单减10分,每准时1单加20/3分。最低0分,最高100分 注:订单不重复统计
市场信用	10%	初始	60分,初始表示无投标记录
		最近6次投标记录	每撤标一次减10分,每正常投标一次加20/3分。最低0分,最高100分
队伍素质	10%		满分100分。队伍场外的表现均为满分

【固定资产】

《企业会计准则第4号——固定资产》对固定资产做了如下确认。第三条 固定资产,是指同时具有下列特征的有形资产:

(一)为生产商品、提供劳务、出租或经营管理而持有的;

(二)使用寿命超过一个会计年度。

使用寿命,是指企业使用固定资产的预计期间,或者该固定资产所能生产产品或提供劳务的数量。

第四条 固定资产同时满足下列条件的,才能予以确认:

(一)与该固定资产有关的经济利益很可能流入企业;

(二)该固定资产的成本能够可靠地计量。

厂房、办公楼等建筑物，机器、生产线等设备是常见的固定资产。

【流动资产】

是指企业可以在一年或者超过一年的一个营业周期内变现或者运用的资产。流动资产包括货币资金、短期投资、应收票据、应收账款和存货等。

【抵押和质押】

《中华人民共和国民法典》

第十七章　抵押权

第一节　一般抵押权

第三百九十四条　为担保债务的履行，债务人或者第三人不转移财产的占有，将该财产抵押给债权人的，债务人不履行到期债务或者发生当事人约定的实现抵押权的情形，债权人有权就该财产优先受偿。

前款规定的债务人或者第三人为抵押人，债权人为抵押权人，提供担保的财产为抵押财产。

第三百九十五条　债务人或者第三人有权处分的下列财产可以抵押：

（一）建筑物和其他土地附着物；

（二）建设用地使用权；

（三）海域使用权；

（四）生产设备、原材料、半成品、产品；

（五）正在建造的建筑物、船舶、航空器；

（六）交通运输工具；

（七）法律、行政法规未禁止抵押的其他财产。

抵押人可以将前款所列财产一并抵押。

第三百九十六条　企业、个体工商户、农业生产经营者可以将现有的以及将有的生产设备、原材料、半成品、产品抵押，债务人不履行到期债务或者发生当事人约定的实现抵押权的情形，债权人有权就抵押财产确定时的动产优先受偿。

第三百九十七条　以建筑物抵押的，该建筑物占用范围内的建设用地使用权一并抵押。以建设用地使用权抵押的，该土地上的建筑物一并抵押。

《中华人民共和国民法典》

第十八章　质权

第一节　动产质权

第四百二十五条　为担保债务的履行，债务人或者第三人将其动产出质给债权人占有的，债务人不履行到期债务或者发生当事人约定的实现质权的情形，债权人有权就该动产优先受偿。

前款规定的债务人或者第三人为出质人，债权人为质权人，交付的动产为质押财产。

第四百二十六条　法律、行政法规禁止转让的动产不得出质。

第四百四十条　债务人或者第三人有权处分的下列权利可以出质：

（一）汇票、本票、支票；

（二）债券、存款单；

（三）仓单、提单；

（四）可以转让的基金份额、股权；

（五）可以转让的注册商标专用权、专利权、著作权等知识产权中的财产权；

（六）现有的以及将有的应收账款；

（七）法律、行政法规规定可以出质的其他财产权利。

【基准利率和浮动利率】

基准利率是金融市场上具有普遍参照作用的利率，其他利率水平或金融资产价格均可根据这一基准利率水平来确定。

浮动利率是在借贷期内可定期调整的利率，常采用基本利率加成计算。

【负债、营运资金】

我国《企业会计准则》的定义为：财政部令第76号《企业会计准则》

第二十三条　负债是指企业过去的交易或者事项形成的、预期会导致经济利益流出企业的现时义务。

现时义务是指企业在现行条件下已承担的义务。未来发生的交易或者事项形成的义务，不属于现时义务，不应当确认为负债。

第二十四条　符合本准则第二十三条规定的负债定义的义务，在同时满足以下条件时，确认为负债：

（一）与该义务有关的经济利益很可能流出企业；

（二）未来流出的经济利益的金额能够可靠地计量。

【提升信用水平分的办法】

信用提升由多个因素组成，包含负债比例、营运资金、净资产、库存周转率、市场占有率、贷款历史、交货违约、市场信用、队伍素质，如要提升信用分数，需要从以上几项入手。

1.2.4　采购规则

原料供应商分布在全国各地，每场竞赛会随机为每种原料分配五家供应商，每家供应商的市场报价及可达到的最低供货价格均有所不同。

原料供应商和企业之间是相互选择的，如何做好采购策略，在保障生产的前提下，如何选择供应商并且签订合适的采购协议使得成本降到最低，将是采购规划中的重点工作。

本项目中，采购分为协议采购和临时采购两种方式。

1. 协议采购

采购原料前，首先需要与各个原料的供应商签署合同，采购协议示例如图1-17所示。合同中有多项条款，不同条款享受的折扣比率不同。同一个供应商可与多个团队签署协议，如果某团队与供应商签署的是独家供货合同，则在该合同有效期内，不能与其他相同原料的供应商再次签署合同。

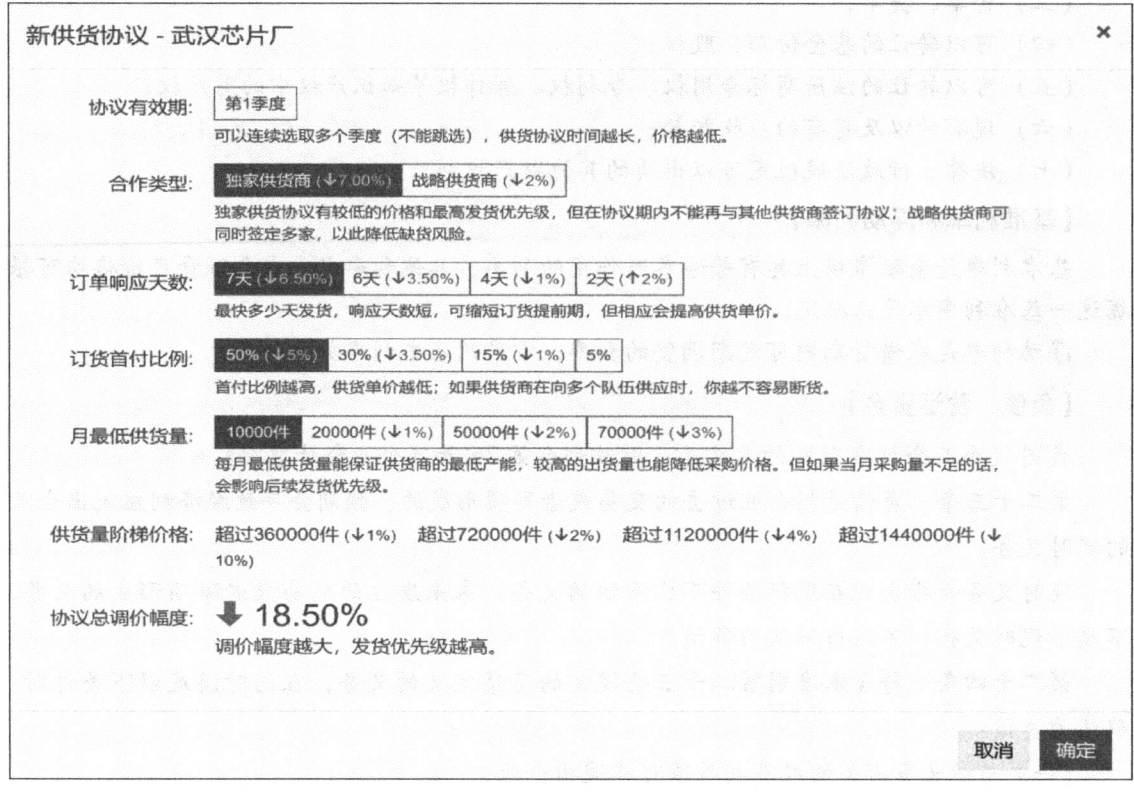

图 1-17 采购协议示例

【采购协议】

采购协议是企业（供方）与分供方，经过双方谈判协商一致同意而签订的"供需关系"的法律性文件。采购协议是经济合同，双方受《中华人民共和国经济合同法》保护并需要承担相应责任。一般应包括如下条款。

- 供方与分供方的全名、法人代表，以及双方用于通讯联系的电话、电报、电传等；
- 采购货品的名称、型号和规格，以及采购的数量；
- 价格和交货日期；
- 交付方式和交货地点；
- 质量要求和验收方法，以及对不合格品的处理，当另签订质量协议时，则在采购协议中写明见"质量协议"；
- 违约的责任。

（1）采购首款支付规则。制造商下达采购订单时，会根据供货合同的首付比例向供应商支付采购首付款。如图 1-18 所示，每个供应商都给出了最低首付比例。

采购尾款支付规则如下。

- 最大欠款额：制造商的欠款额度与自身信用、供应商相关。不同的供应商给出的最大欠款额不同，并且每周自动调整一次。如果制造商欠某家供应商的货款超过了该供应商规定的欠款额度，则无法向该供应商下达采购订单。

- 账期：原料到货后系统会自动产生采购尾款，采购尾款产生后的30天内，制造商需支付完毕。如果存在一笔超期的采购尾款未支付，则制造商被禁止向所有供应商下达采购订单。

图 1-18 供应商的最低首付比例示例

- 支付申请：制造商需要手动申请支付采购尾款，通过选择要支付的费用提交申请。系统会根据账户资金判断能否进行支付。如果账户资金不足，则支付申请失败，需重新提交支付申请。

（2）采购订单发货优先级评定。如果当前供应商向多个工厂供货，则会根据各订单的优先级安排发货和配送，优先级的评定规则有以下几项。

- 等待天数：当前采购订单等待时间越长，越优先发货。如果当前订单使用的是独家供货协议，则会将其等待天数加上5天，使该订单获得较高优先权。如果当前采购协议存在某个月的采购量小于最低采购量的情况，则每出现一次这种情况就会在等待天数上减1天。
- 折扣比例：协议签署时，供应商给制造商的折扣越高，越优先发货。
- 信用分数：当前制造商的信用分数越高，越优先发货。
- 下单时间：制造商越早下订单，越优先发货。

以上各项规则按判断的先后顺序排列，如果按前一项规则就可以对订单排序，则不再根据后面的规则排序。如果因为供应商原料库存不足，无法对优先级较高的订单供货，则不再向后面所有的订单供货，只有当优先级高的订单供货完成后，才继续为后续订单供货。

（3）供应商的产能调整规则。每个供应商的产能每周日调整一次，调整规则如下。

- 近30天的平均订单量，如果有多个团队同时向该供应商采购，则使用所有团队的总订单量的平均值。
- 与该供应商签署的协议中的每月最低采购量/30。
- 以上两者取其大。
- 最终供应商会将以上得出的平均值作为方向进行调整，即平均订单量越大，产能就会调整得越高,而每个供应商的履约能力则会影响产能的调整速度,履约能力越强,就能在越短的周期内调整至目标产能。

2. 临时采购

如果协议供应商的供货速度无法满足生产所需,则可通过临时采购作为应急措施。临时采购的优缺点如下。

- 优点:

供货比较容易保障,可同时选择多个供应商一起发货。

能按时送达,临时供应商不会出现库存不足的情况,都可以准时将货送到工厂。

- 缺点:

价格高,为原始单价的120%。

资金占用高,下单后,需立即全额支付货款。

1.2.5 生产规则

1. 工厂建设及升级

工厂建设及升级的周期均为7天,例如,1月1日开始建设或升级,1月7日完成,1月8日可用于生产。系统会根据账户资金的多少来判断是否能够建造工厂或升级,如果账户资金不足,则建造或升级任务将失败,需重新提交申请。如图1-19所示。

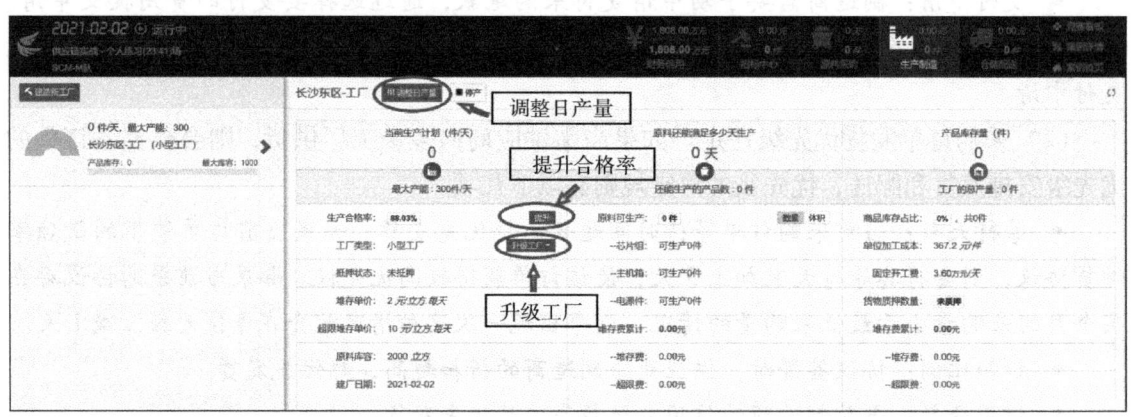

图1-19 升级工厂、调整日产量和提升合格率示例

2. 调整日产量

工厂最大产量、原料及产品的库存容量、开工费用随工厂的规模变大而变大。工厂产量可根据实际销售情况调整,如图1-19所示。注意,每次产量调整后需要经过7天才能再次调量产量。

3. 提升合格率

合格率作用于原料的消耗比率(原料消耗量=生产计划×原料配比值/合格率),当产量固定时,不同的合格率对原料消耗的量是不同的,因此提升合格率可以有效节约原料成本,提升产品合格率在生产过程中是成本控制的重要手段,如图1-19所示。提升合格率需支出相应的培训成本,当前合格率越高或工厂规模越大,所需支出的培训成本越高,需要考虑花费多大的代价来提升产品合格率才能获得最佳收益。

4. 运营成本

工厂及仓库的运作需要管理成本，工厂及仓库的规模越大，数量越多，运营成本就越高。计算规则如下。

- 小型工厂：$5\,000 \times 1.1^{(n-1)}$ 元/天。
- 中型工厂：$11\,000 \times 1.1^{(n-1)}$ 元/天。
- 大型工厂：$25\,000 \times 1.1^{(n-1)}$ 元/天。
- 小型仓库：$2\,000 \times 1.1^{(n-1)}$ 元/天。
- 中型仓库：$4\,500 \times 1.1^{(n-1)}$ 元/天。
- 大型仓库：$10\,000 \times 1.1^{(n-1)}$ 元/天。

随着工厂和仓库的数量越来越多，每日的管理成本也越高，以上公式中的 n 为工厂或仓库的数量。

1.2.6 违约规则

合同的履约非常重要，每个招标都规定了送货期限，逾期未完成订单的，则根据订单剩余未到达货量的1%按日收取违约金，同时将影响当前制造商的信用评分，而信用评分又间接影响到投标的信用分数及贷款的利率，同时还影响客户合作经验分和准时交货率的得分。

【例】假设订单的货物金额为500万元，其中未完成交货货物的货值为100万元，则违约的第一天，违约金额 = $100 \times 1\%$ = 1（万元）。如果这批货物连续违约3天，则按每天的违约金为1万元计算，3天合计3万元。

1.2.7 折旧规则

固定资产是企业投资的重要组成部分，折旧是指在固定资产的有效使用期内对固定资产成本进行系统合理分配的过程。固定资产在建设投产后随着时间的推移会不断地折旧，因此务必注意投资回报率。固定资产（包括工厂、仓库）均采用按月折旧方式，每月1日计算折旧，每月折旧率为固定资产投资金额的5%。固定资产价值计算规则如下：

（1）从开始建设的次月开始计算；

（2）若有扩建（升级），则扩建（升级）部分按开始升级的次月开始计算。

【例】假设1月份投资1 000万元建设工厂，则从2月1日开始折旧。

2月1日折旧，折旧金额 = $1\,000 \times 5\%$ = 50（万元），折旧后工厂净值 = 1 000 - 50 = 950（万元）。

3月1日折旧，折旧金额 = $1\,000 \times 5\%$ = 50（万元），折旧后工厂净值 = 950 - 50 = 900（万元）。

1.2.8 配送规则

物流配送是供应链运营过程中的关键组成部分，制造商需要合理地安排物流计划，选择合适的物流承运商以节约物流成本，提高库存周转率。配送是指配送产品给客户，配送费由制造商支付给物流承运商。

运输配送任务主要分为以下几类：

（1）工厂→客户，产品从制造商工厂运输配送到客户；

（2）工厂→仓库，产品从制造商工厂运输配送到制造商仓库；

（3）仓库→客户，产品从制造商仓库运输配送到客户。

以上几项运输配送任务中，工厂给客户发货的优先级最高。只有给客户发货后，余量充足，才会给仓库补货。

如果同一个供货源向不同收货方供货，则以运输计划创建时间排序，越早创建的运输计划，越优先配送。如果需要调整运输计划的优先级，则可通过【设置订单最优先发货】按钮实现。

1.2.9 计费规则

制造商按照如表 1-11 所示的计费规则来计算各项收入和支出。

表 1-11 计费规则

费用项	计算公式	计费	收入	支出
初始资金	项目启动时，每个制造商的初始资金为 2000 万元	1 次	√	
销售收入	首款：投标数量×投标单价×10%	每次	√	
	尾款：运抵数量×投标单价×90%	每趟	√	
投标保证金	投标保证金为 10 万元，每次投标支付	每次		√
	开标当日全额退回（如中途撤标保证金不退）		√	
原料堆存费	工厂的原料堆存费	每日		√
原料超限费	若工厂的原料超过库存限定范围后，其堆存费则按原料堆存费 5 倍计算	每日		√
固定资产	每次建设或升级工厂、仓库时产生	每次	√	
	固定资产折旧费用，每月第 1 天计算，按固定资产价值的 5% 计算	每月		√
	使用固定资产融资贷款后，由于未及时还款而被罚没时产生	每次		√
建设费	建造或升级固定资产时，根据建设类型计算（大型、中型、小型）	每次		√
土地费	建造或升级当前区域的地价×建设面积	每次		√
运营成本	固定运营费＋根据固定资产数量和建设类型（大型、中型、小型）累加计算的运营费用	每日		√
培训费	为工厂的人员进行培训产生，根据工厂规模、劳动力成熟度、单件产品成本等计算	每次		√
堆存费	工厂的产品堆存费	每日		√
超限费	工厂的产品超过库存限定范围后，其堆存费按原料堆存费 5 倍计算	每日		√
采购费	首款：总采购量×采购单价×协议首付比例＋每次下达采购订单的固定支出	每次		√
	尾款：出运数量×采购单价×（1－协议首付比例），需手工支付	每月		√

续表

费用项	计算公式	计费	收入	支出
开工费	根据工厂类型计费（大型、中型、小型），只要工厂未停产都需收取	每日		√
成品加工费	当日实际产量×单位生产成本（每日计算）	每日		√
贷款	向银行抵押固定资产或质押货物时产生	每次	√	
	偿还贷款时产生	每月		√
配送费	单趟运量×单位运费（若单趟配送费小于最低收费，则按最低收费收取相关配送费）	每趟		√
违约金	未运抵数量×投标单价×1%	每日		√

1.2.10 成绩评定规则

成绩评定规则如表1-12所示。

表1-12 成绩评定规则

成绩计算项	评估项计算公式	分值
净资产	净资产最高者得满分 其余企业得分＝单项分数×企业的净资产值/max{本场比赛净资产值}	30分
市场占有率	市场占有率最高者得满分 其余团队得分＝单项分数×企业的市场占有率/max{本场比赛市场占有率}	20分
库存周转率	库存周转率最高者得满分 其余团队得分＝单项分数×企业的库存周转率/max{本场比赛库存周转率}	15分
准时交货率	准时交货率＝准时交货量/中标总货量 小于0.60（含0.60）得0分 大于0.60，得分＝(准时交货率－0.60)/0.4×15	15分
现金流管理	现金流每断裂一次扣减相应分数 现金流管理分＝20－(365－现金流断裂时企业已运行天数)×0.03	20分
	总分	100分

- 排名规则：按总分由高到低进行排名，破产企业按破产时间先后进行排名，注意，破产早的排名靠后。

1.3 运营流程

1.3.1 供应链运营中的五流

在供应链运营中，有"五流"，分别是商流、资金流、物流、业务流和信息流，图1-20显示了资金流、物流和信息流，商流和资金流分别如图1-21和图1-22所示。

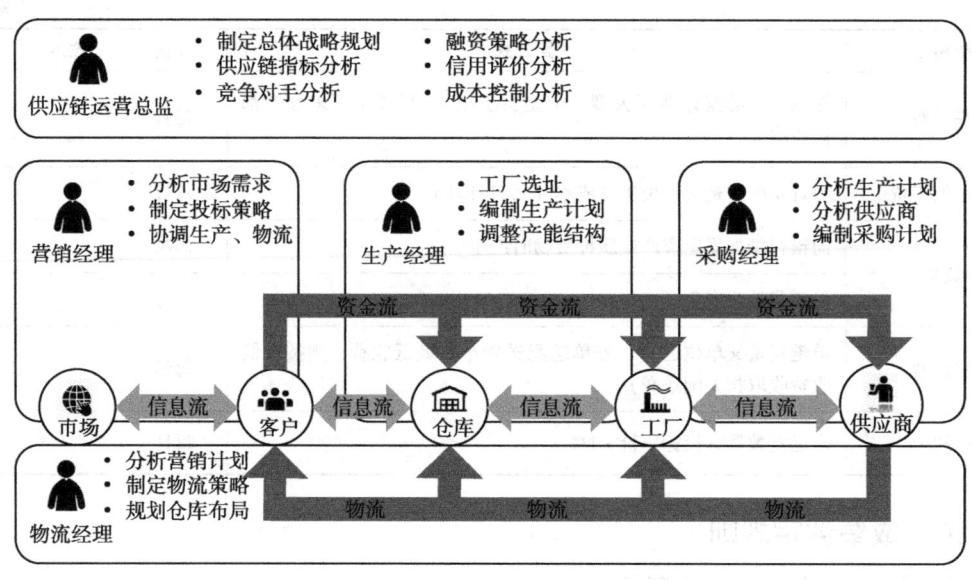

图1-20 供应链运营流程示意图

1. 商流

商流指商品价值的运动。具体是指物品在流通中发生形态变化的过程，即由货币形态转化为商品形态，以及由商品形态转化为货币形态的过程，随着买卖关系的发生，商品所有权发生转移。也可以理解为商流是指在实体经济中，由商品所有权转移引起的所有商务交易活动。

在本项目中，商流活动如图1-21所示，包括：

（1）制造商调查产品的市场需求信息，了解客户信息和招标信息，选择客户，招投标并与客户签订产品销售合同；

（2）制造商调查原料的市场供给信息，了解供应商信息，选择供应商，并与其签订原料采购协议；

（3）制造商调查物流的市场供给信息，选择物流供应商，并与其签订物流采购协议；

（4）制造商对资金有需求，则需调查融资市场信息，选择金融机构，并与其签订融资协议。

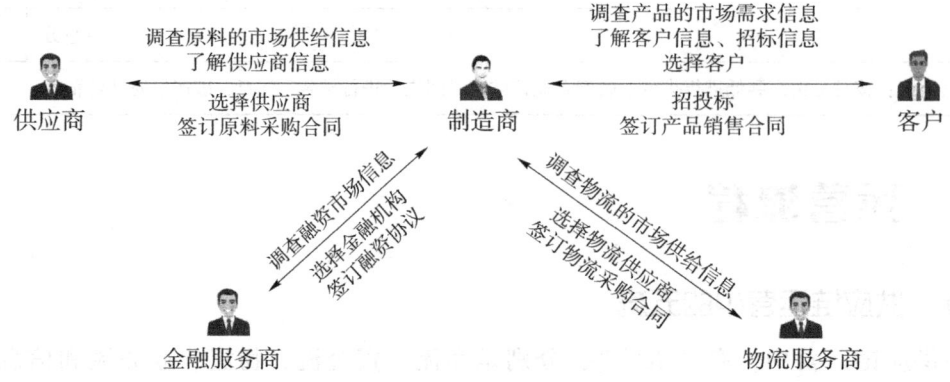

图1-21 商流活动

2. 资金流

在本项目中,供应链主体间的资金流,是指随着产品、原料和服务所有权的转移而发生的资金往来过程,包括资金在客户、制造商、供应商、物流服务商及金融服务商之间的流动。

制造商除了与上述供应链主体间有资金往来,在其他方面也产生资金流,如支付厂房和仓库的建设费用、产品加工费、培训费、违约罚款和其他运营费用等。资金流活动如图1-22所示。

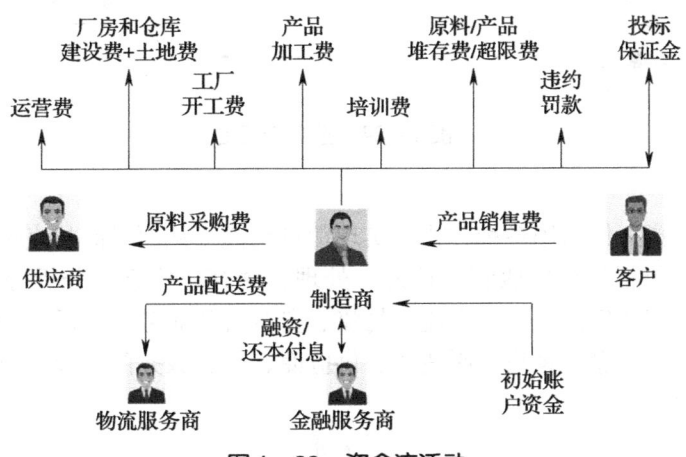

图1-22 资金流活动

3. 物流

物流是供应链活动的一部分。是指物品从供应地向接收地的实体流动过程中,根据实际需要,将运输、储存、装卸搬运、包装、流通加工、配送、信息处理等功能有机结合起来,实现用户要求的过程。从物流的方向来看,有正向物流和逆向物流之分。正向物流是指物品从上游供应商到下游客户的物流过程。逆向物流正好相反。在本项目中仅涉及正向物流。物流活动如图1-23所示。

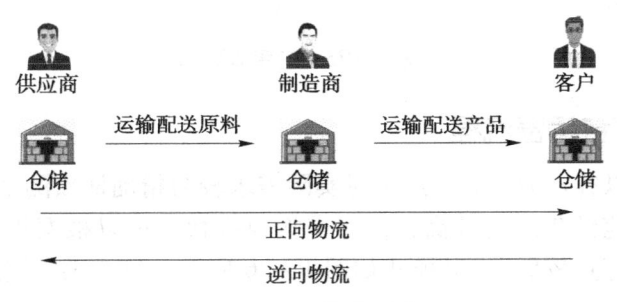

图1-23 物流活动

4. 业务流

业务流是指为达到特定的价值目标而由不同的人或组织分工合作而完成的一系列活动。活动之间不仅有严格的先后顺序限定,而且活动的内容、方式、责任等也都必须有明确的安排和界定,以使不同活动在不同岗位角色之间进行转手交接成为可能。一般来说,主业务流由采购、生产、销售、物流等活动构成。辅助业务流是为主业务流提供服务的,一般包括管理、后勤保障、财务等活动。业务流活动如图1-24所示。

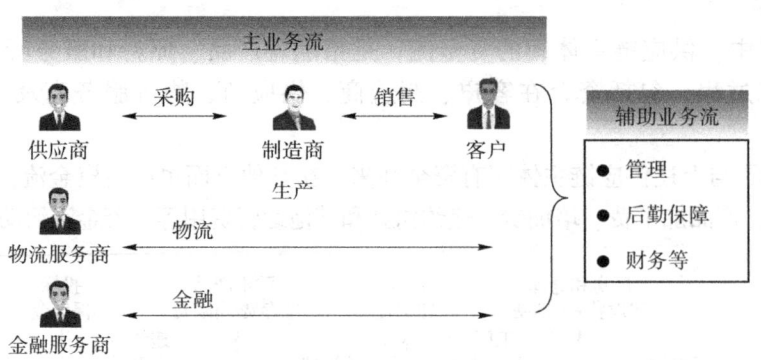

图1-24　业务流活动

5. 信息流

信息流一般是指人们采用各种方式来实现信息交流，从面对面的直接交谈到采用各种现代化的传递媒介，包括信息的收集、传递、处理、储存、检索、分析等渠道和过程。可以说，信息流是指在实体经济中，由商流、物流、资金流和业务流的活动而引起的相关信息的交互。在本项目中，信息、客户、制造商、供应商、物流服务商、金融服务商之间交互，具体如图1-25所示。

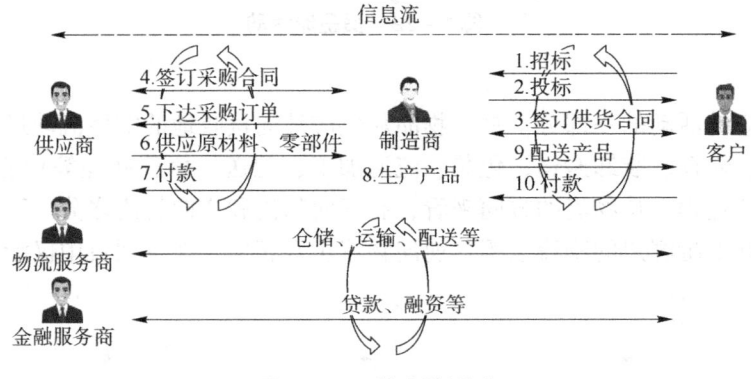

图1-25　信息流活动

1.3.2　拉式供应链运营流程

拉式供应链是以客户为中心，通过对实际需求较为精确地预测来拉动产品生产和服务的供应链。这种供应链集成度较高，信息交换速度快，可以根据用户需求实现定制化服务，供应链系统库存量较低[①]，其模式如图1-26所示。拉式供应链运营流程见图1-26。

图1-26　拉式供应链的模式

---

① 陆雄文. 管理学大辞典[M]，上海：上海辞书出版社，2013年.

对于拉式供应链中的制造商而言，其生产组织类型是订货型生产（Make to Order, MTO）。它以客户订单为依据，按客户特定的要求进行生产。一般以合同的形式确认需要生产的产品品种、型号规格、性能、数量和交货期，产品一旦生产出来，就可以直接交给客户，通常不需持有成品库存，也不必经过分销渠道销售。如飞机、船舶等产品生产属于订货型生产，这些产品的专用性强，大都是非标准的，满足客户个性化需求程度高。

订货型生产的订单、生产计划与库存的关系如图1-27(1)所示[①]。

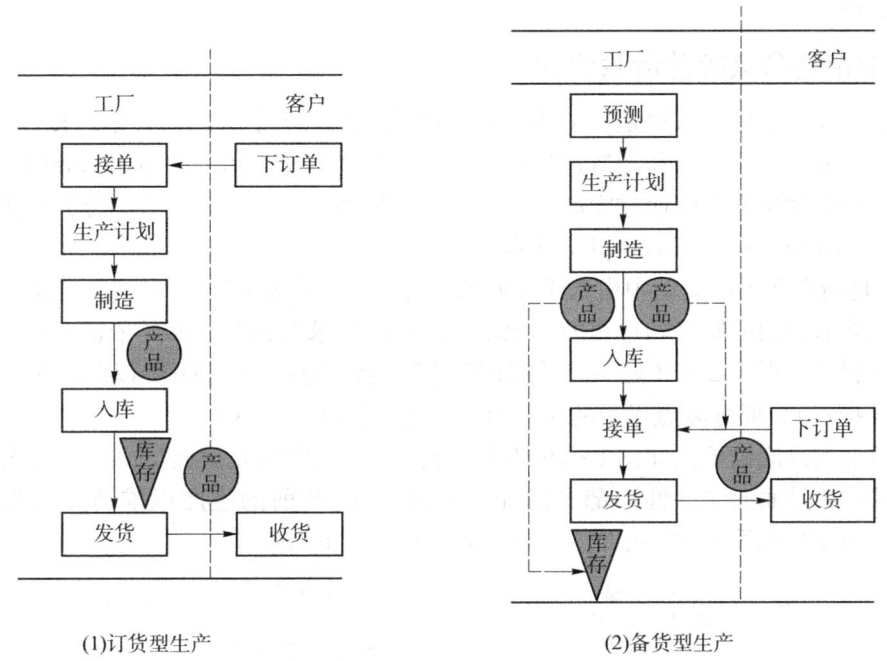

图1-27 两种生产方式的订单、生产计划与库存的关系

1.3.3 推式供应链运营流程

推式供应链以制造商为中心，以需求预测为基础，并在客户订货前进行产品生产运作，产品出厂后通过分销商逐级推向终端需求客户。由于产品的生产供给或库存水平一般较高，使这种模式对需求变动的响应速度和柔性变得相对较差，其模式如图1-28所示。

图1-28 推式供应链的模式

对于推式供应链中的制造商而言，其生产组织类型是备货型生产MTS（Make to Store）。它是由预测驱动的，指在没有接到客户订单时，经过市场预测按已有的标准或产品系列进行的生产，生产的直接目的是补充成品库存，通过维持一定量的成品库存来即时满足客户的需

[①] 李建萍. 运营管理实务［M］，广州：广东高教出版社，2018.

求。备货型生产的订单、生产计划与库存的关系如图 1-27(2) 所示。属于备货型生产的代表性产品有：食品、日化用品（如洗发水、沐浴液、洗衣粉）、家电（如电饭煲、洗衣机、电视机）等消费品的大部分。这些产品的通用性强，标准化程度高，购买者是一般消费者，满足客户个性化需求程度低。

实践中，随着供应链整合程度的逐步提高及其节点成员整合能力的增强，其运作模式也逐步由"推式"向"拉式"演变，由此体现企业经营观念的转变和供应链逐渐重视客户需求的发展趋势。

1.3.4 推拉结合供应链运营流程

推拉结合模式的理论依据是：虽然最终客户的需求千差万别，但所有需求中可能存在着通用的部分，通过产品结构和制造过程的重组，可以使定制产品中的通用部分以大规模生产方式生产，而个性化部分则通过定制化方式生产。推动阶段和拉动阶段的分界点称为客户订单分离点（Customer Order Decoupling Point，CODP）。

CODP 是指企业生产活动中由基于预测的库存生产转向响应客户需求的定制生产的转换点。在该点处对计划的制订和过程的优化不再依据对需求的预测，而是依据客户订单和企业自身资源配置等情况。CODP 是 MTS 与 MTO 的转换分离点，在 CODP 以前的生产主要依据预测生产（推式），而分离点以后的生产由客户需求拉动（拉式）。

推拉结合的供应链模式如图 1-29 所示。通常在 CODP 前是面向"共性"部分的加工过程，在 CODP 后是面向"个性"部分的加工过程。CODP 前的生产以推动方式为主组织生产，CODP 后的生产面向个性化部分，以拉动方式为主组织生产。

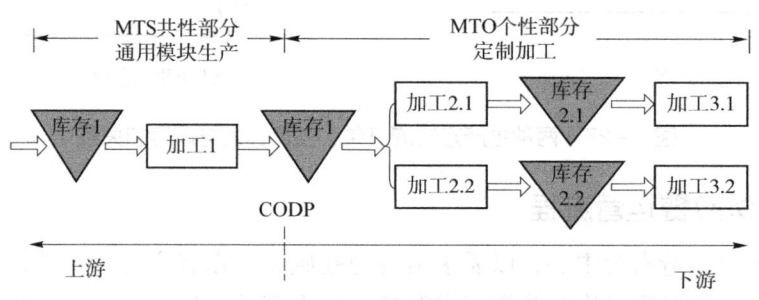

图 1-29 推拉结合的供应链模式

不同商品的 CODP 是不同的，如戴尔将该点设置在装配点，家具制造商则将该点设置在生产点。戴尔公司的供应链上没有分销商和零售商环节，直接面向客户。在采购环节，戴尔使用推式战略，大规模购买原料，以及各个零部件的生产，在收到客户订单后，根据客户需求将各个零部件进行组装，以满足个性化需求，具有较高的服务水平。在家具行业中，产品体积较大，产品种类、型号多，客户的需求多样化。同样地，在采购环节采用推式战略，家具产品的特点决定企业必须根据客户的个性化需求进行生产，为客户量身打造，以提高竞争力。[①]

推拉结合的供应链具有以下优点。

（1）降低成本和库存水平。在推动阶段，制造商根据预测，进行大规模采购，实现规

---

① 肖嘉贞. 小议推拉结合式供应链 [J]. 技术与市场，2008 (08)：100.

模生产和运输，降低生产成本和运输成本，拉式环节可以降低需求的不确定性，企业持有较少的库存就能保证经营的顺利进行。同时，市场响应速度的加快，使整个供应链上的库存也相应减少，加速了资金的周转率。

（2）提高服务水平。推动策略降低了物流成本，客户可用较之以前低的价格获得产品，进而提高客户满意度。拉式战略既可缩短订货提前期，又可以满足客户的个性化需求，收到订单立即快速、高效地进行差异化生产，并以较快的速度将产品送到客户手中，提高了反应速度。

（3）降低风险。库存水平的下降在一定程度上避免了需求消失所带来的库存过时现象，降低存货的资金占有率，并且大大降低企业的风险。

 学习小结

1.1 项目概述

基础知识

项目运营的功能主体
- 供应商：供应原材料、零部件给其下游的制造商
- 制造商：从供应商采购原材料和零部件，生产产品
- 客户：指通信运营商，是制造商的客户
- 物流服务商
- 金融服务商：为供应链提供服务

基础知识
- 供应链：供应链是以客户需求为导向，以提高质量和效率为目标，以整合资源为手段，实现产品设计、采购、生产、销售、服务等全过程高效协同的组织形态
- 工业供应链：侧重于生产制造，包括原材料采购与供应，产品研发与设计，加工组装与制造等，是与生产运行紧密联系的、使价值增值的过程
- 零售供应链：以客户为中心，其运营与市场紧密相连，包括产品储运、市场组营销、产品配送和售后服务等产生价值增值的过程
- 智慧供应链：供应链与互联网、物联网深度融合的智慧供应链新阶段
- 供应链管理：是一种集成的管理思想和方法，是对供应链中的商流、物流、资金流、业务流、信息流，以及供应链伙伴关系等进行的计划、组织、协调和控制的一体化管理职能
- SCOR模型：由SCOR定义的供应链涵盖了供应商的供应商到客户的客户，包括计划、采购、生产、配送、退货和流程支持系统六大环节

运营角色
- 供应链总监：制定总体战略规划，运营协调与控制，现金流控制与融资计划，运营分析
- 销售经理：市场分析与选择、客户需求分析、客户选择、跟踪招标信息发布、投标、跟踪订单执行
- 生产经理：工厂选址、规模选择和建设、产能计划、生产计划编制、产品生产、产能扩容、扩产、工人培训、产成品库存管理
- 采购经理：供应商市场分析，供应商选择，采购策略制定，采购合同签署，生产需求了解采购计划编制，采购订单下达，保障物料供应，采购款项支付
- 物流经理：配送计划编制，物流线路规划，物流供应商选择，物流配送实施，物流成本分析

基础数据
- 运营参数配置：运营速度、运营周期、市场规模、市场曲线
- 城市热图：单月需求、累计需求、供应商标识
- 城市列表：城市名称与开放时间、地价、劳动力状况、工厂建造成本、产品加工成本、仓库建造成本
- 客户资料：客户名称，客户需求，招标评分标准：交付能力分、合作经验分、信用水平分和价格分
- 供应商资料：供应商名称，供货价格，最低供货价格，最低首付比例，供货能力：当天产能、现货库存、库存服务、最快响应时间、覆约能力

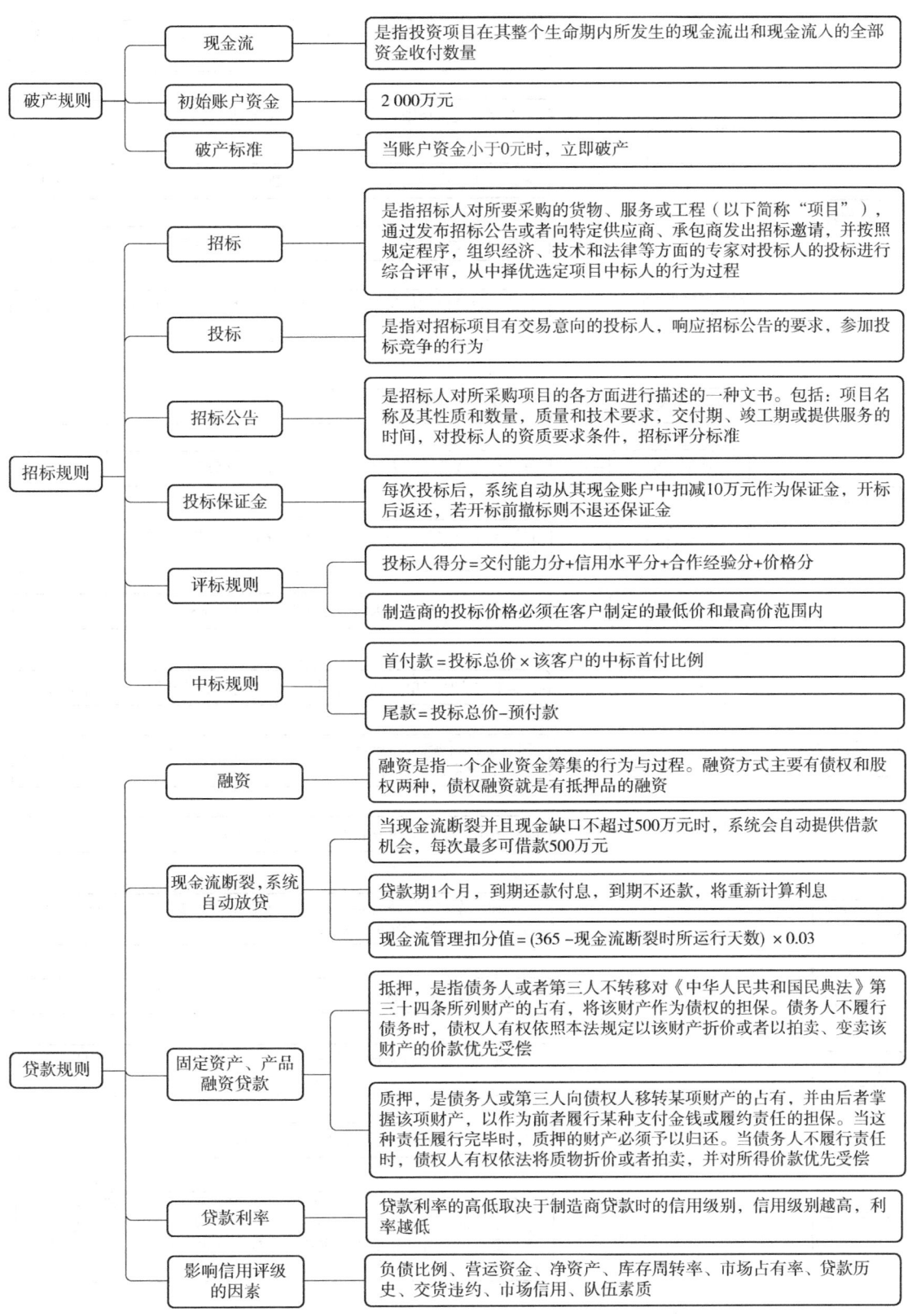

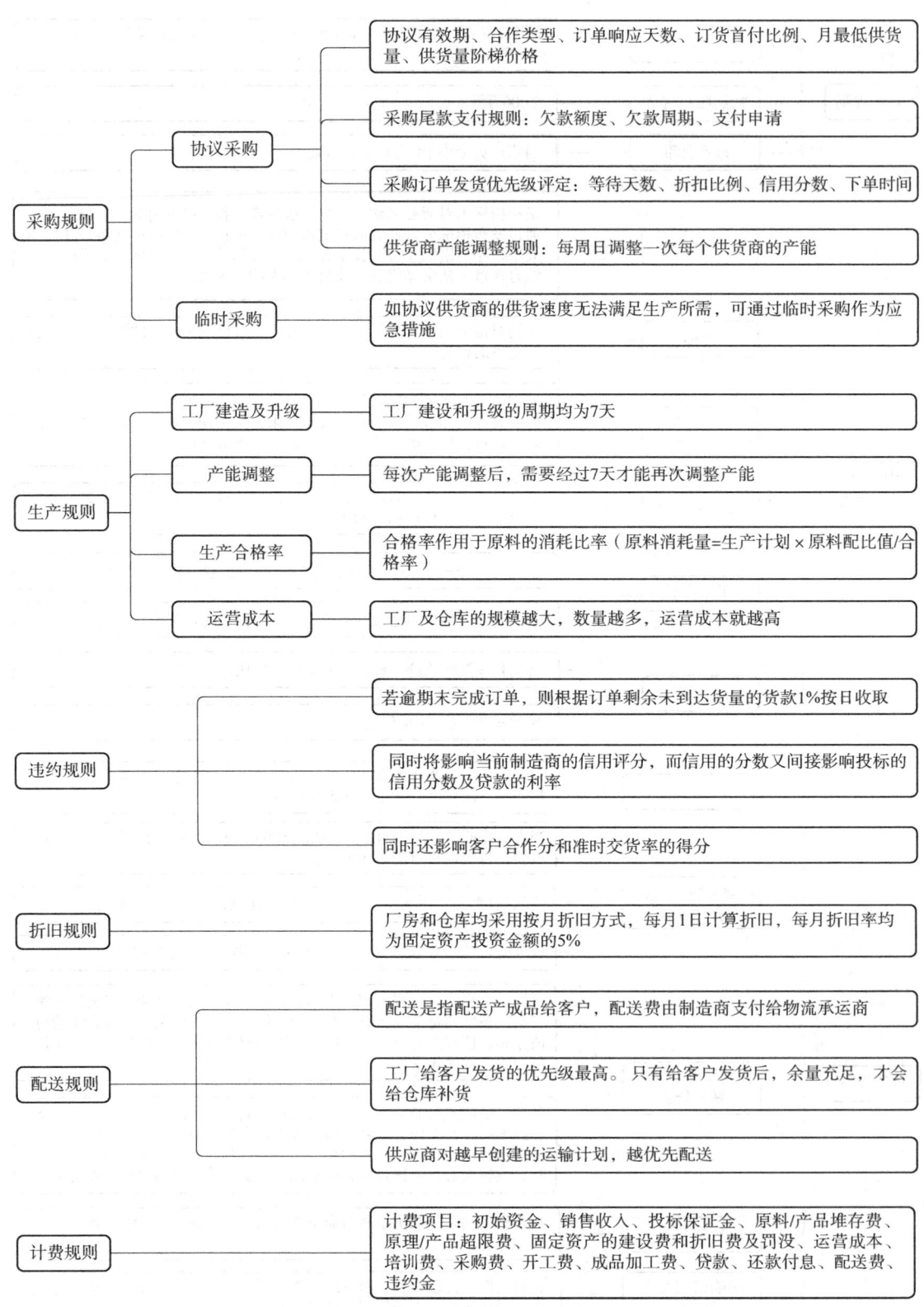

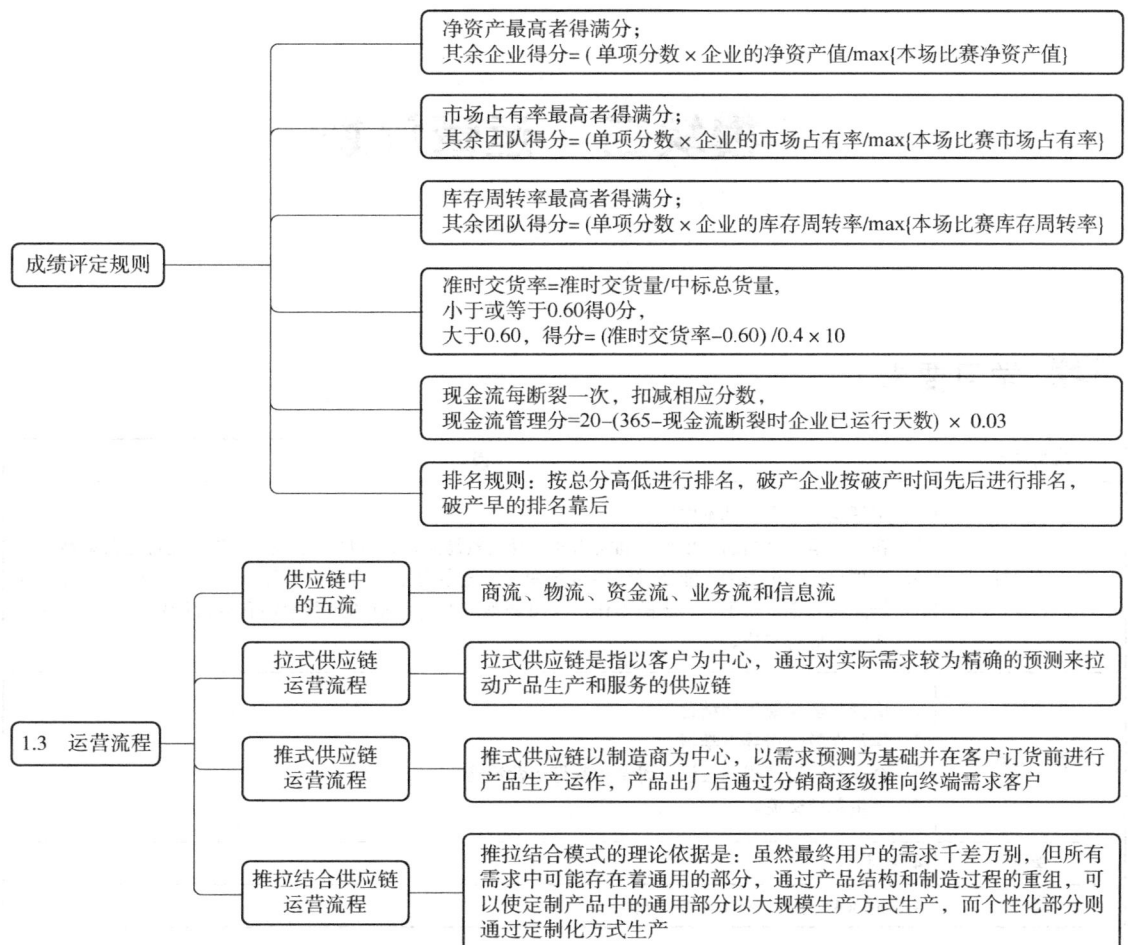

模块二　运营计划

 学习要求

学习要求	说明
学习目标	1. 了解运营管理的基本内容。 2. 在项目运营开始前，根据市场需求和自身的资源条件，开展运营规划工作，制订运营策略。 3. 在项目运营过程中，能及时洞察市场变化、竞争对手、自身的资源条件和运营状况，预判市场走势和竞争对手下一步的操作，及时调整或制订相应的运营策略和运营计划，做出灵活而快速的应对措施。
教学方式	1. 讲授与运营演示相结合。 2. 学员在教师指导下学习。 3. 企业召开运营规划会议，讨论和制订运营策略。 4. 师生总结交流。
学时	4 学时。
时长	4 学时×45 分钟/学时 = 180 分钟。

 考核评价

考核指标	说明	分值
运营目标	1. 能根据既定的情景，确定企业发展战略目标。 2. 能制订项目各阶段的运营目标。	10 分
运营规划	能编制供应链运营规划方案，包括： 1. 分析供应链组织的构成，行业环境及企业的客户、竞争者和营销渠道等微观环境； 2. 调查和分析市场需求、变化情况及发展趋势； 3. 分析目前具备的、潜在的、可发掘的资源条件； 4. 整合、协调和平衡资源的分配和利用； 5. 制订具有全局性的运营策略和规划。	15 分
运营计划	1. 能根据战略目标和发展规划，制订与之相适应的运营计划； 2. 能及时洞察市场变化、竞争对手、自身的资源条件和运营状况，预判市场走势和竞争对手下一步的操作，及时调整或制订相应的运营策略和运营计划，做出灵活而快速的应对措施。	共 75 分

续表

考核指标	说明	分值
市场计划	能制订市场运营策略和计划，包括： 1. 收集市场情报，分析市场需求分布和发展趋势，确定目标市场； 2. 收集客户资料，分析客户需求，划分客户类别，选择目标客户； 3. 收集和分析投标信息，制订投标策略； 4. 根据企业发展规划、市场发展状况和竞争对手情况，制订投标计划。	15分
采购计划	能制订采购策略和计划，包括： 1. 调查和分析原理供应市场情况和供应商资料，选择供应商； 2. 根据工厂产能计划、原料需求计划、明确库存分类，分析库存成本，制订库存策略； 3. 调查和分析各类型供应商、各个供应商给出的供货协议条款，制订采购策略； 4. 计算分析原料的订购批量、再订货点查找数据，平衡原料需求计划和采购成本，制订原料采购计划。	15分
生产计划	能制订生产策略和计划，包括： 1. 根据目标市场需求、成本和供货时效性因素，确定工厂选址； 2. 根据企业发展规划和自有资金状况，进行产能规划，确定运营各个阶段的厂房建设规模； 3. 在运营过程中，结合企业的发展战略，分析资金状况和投入产出，做好工厂升级或建设新工厂的计划； 4. 制订生产效率最大化目标的日产量计划； 5. 根据工厂的生产合格率、培训成本和培训后合格率提升带来的收益，制订培训计划。	15分
物流计划	能制订原料策略和计划，包括： 1. 平衡产品运输配送的时效性和成本目标，制订物流策略； 2. 根据以往运营的情况，产能计划和产品堆存费，制订仓库建设计划； 3. 根据产能计划，结合客户订单状况，制订物流配送计划。	15分
现金流和融资计划	能制订现金流和融资计划，包括： 1. 根据企业发展规划，分析和估算运营项目的现金流入量和现金流出量，制订现金流计划； 2. 根据现金流计划，对资金的需求量和需求的时间节点，制订融资计划。	15分
	合计	100分

计划（Plan）、实施（Do）、检查（Check）和处理（Action）是管理的四个基本职能。俗话说"一年之计在于春，一日之计在于晨"，说明要在一年（或一天）开始的时候就要做好工作计划和安排，为全年（或全天）的工作打好基础。

在本模块中，我们简要介绍运营管理的内容和运营计划工作，使学员对自身将要开展的工作的定位和工作内容建立认识。在此基础上，初步了解本项目的基本情况。在项目运营前，确定企业发展战略目标，制订全年的运营策略和规划；在运营过程中，根据市场需求发展、竞争对手和自身资源的变化情况，随时调整运营策略和计划，最终实现企业的战略目标。

2.1 运营管理内容

我们从管理层次和管理职能两个维度简要介绍运营管理的内容。

2.1.1 管理层次视角的运营内容

从管理层次视角，运营管理的内容可分为高层战略决策、中层战术决策和基层作业计划与控制决策三个层次的内容，具体如表2-1所示。

表2-1 运营管理的内容

职能层次	作用时限/特点	作用和影响	主要职能举例
高层战略决策	长期。一般来说时间较长，通常是几年甚至更长，具体的时间依每个行业而定。它具有全局性，决定组织的活动方向和内容，解决"干什么"的问题，是根本性决策	实施效果影响组织的效益和发展	战略问题通常涉及的内容非常广泛，例如： ● 企业应开发什么产品？ ● 企业需要开拓哪些市场？ ● 企业如何制造产品或提供服务？ ● 企业的厂房或服务设施应设置在哪里？ ● 企业需要多大的生产能力？ ● 企业需要多少劳动力及要求劳动力具备哪些知识与技能水平？
中层战术决策	中期，如季度、年度。它具有局部性，解决"如何干"的问题，是执行性决策	实施效果主要影响组织的效率与生存	是具体部门在未来一定时期内的行动方案。例如： ● 确定销售量：销售计划 ● 确定产量：生产计划 ● 确定原料采购量：采购计划 ● 确定产品或服务价格 ● 确定完成生产或服务所需的员工数量，以及需要员工的工作时间 ● 确定原料、半成品和产品的最多库存量、最少库存量和安全库存量
基层作业计划与控制决策	短期，如月、周或日等。属于组织与控制日常工作和一般管理活动的决策，决策内容具体	有效的协调和利用资源以满足需求和预算	相对长期和中期决策来说范围较窄，时间较短。例如： ● 日常工作的分配，包括：本星期或今天应着手哪些工作？先做哪些工作？安排谁来完成这些工作？加班还是安排第二个班次？ ● 分配哪些设备生产？ ● 安排哪些柜台服务客户？ ● 检查当天的生产进度、产品或服务的质量是否符合标准？ ● 应调度哪些司机与车辆执行运输任务？

2.1.2 管理职能视角的运营内容

从管理职能视角，运营管理是对运营系统的设计、运行与维护的过程管理。

1. 运营系统的设计

包括产品或服务的定位、选择和设计，运营设施的选址，工艺的选择，生产能力的规划，运营设施的布置，服务交付系统的设计和工作的设计等。

2. 运营系统的运行

包括在现行的运营系统中，如何适应市场的变化，按客户的需求，生产合格的产品和提供满意的服务，主要涉及计划、组织与控制三个方面。

(1) 计划工作的内容。生产什么、生产多少和何时产出的问题,包括预测对本企业产品和服务的需求、确定产品和服务的品种与产量、设置产品交货期和服务提供方式、编制生产计划、做好人员班次安排,以及统计生产进度等。

(2) 组织工作的内容。如何合理组织生产要素,使有限的资源得到充分、合理的利用。生产要素包括劳动者(工人、技术人员、管理人员和服务人员)、劳动资料(设施、设备、能源)、劳动对象(原料、零部件、在制品和产成品)和信息(技术资料、图纸、技术文件、市场信息、计划、统计资料和工作指令)等。

(3) 控制工作的内容。如何保证按计划完成任务,主要包括接收订货控制、投料控制、生产进度控制、库存控制和成本控制等。对于订货生产型企业,接收订货控制是很重要的。接不接、接什么、接多少、什么时候交货是一项重要的决策,它决定了企业生产经营活动的效果。投料控制主要决定投什么、投多少、何时投,它关系到产品的产期和在制品数量。控制生产进度的目的是保证零件按期完工,产品按期装配和出产。库存控制包括对原料、在制品和成品库存的控制。如何以最低的库存保证供应,是库存控制的主要目标。

对本项目的运营,始终是围绕上述运营管理的内容展开的。"2.3 运营前的规划"工作,包含了高层战略决策和中层战术决策的内容,只不过战略决策的作用时限是1年,战术决策的作用时限是1~4季度,而"2.4 运营中的计划"的作用时限相对短,以月、周或日为单位进行计划。

2.2 运营基本情况

运营基本情况包括运营背景、物料清单和工厂信息。制造商需要了解项目的基本情况,并对项目进行分析,进而制订项目运营目标。

2.2.1 运营背景

【操作】:单击【案例描述】按钮。

如图2-1所示,这是一个项目周期为3个月(1季度)的供应链运营项目。介绍了项目背景、5G通信基站设备的物料清单(BOM)(见表2-2和图2-2),以及工厂类型基本信息(见表2-3)。

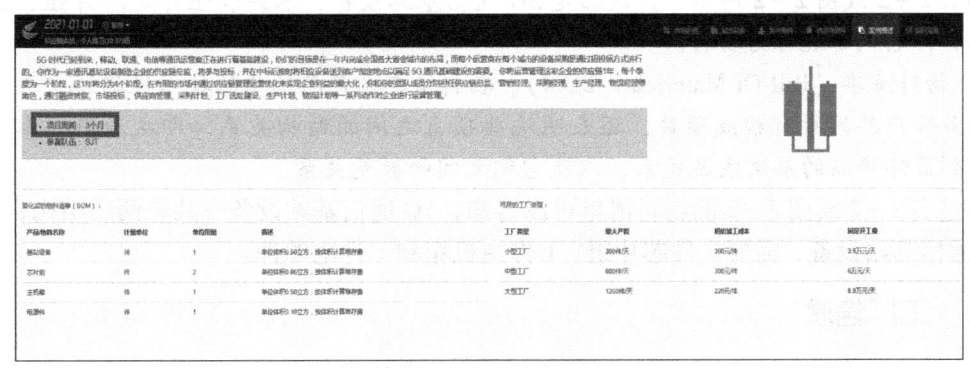

图2-1 案例描述

2.2.2 物料清单

表2-2是5G通信基站设备物料清单。

表2-2 5G通信基站设备物料清单

产品/物料名称	计量单位	单位用量	描述
基站设备（产品）	件	1	单位体积为$0.5m^3$，按体积计算堆存费
芯片组	件	2	单位体积为$0.05m^3$，按体积计算堆存费
主机箱	件	1	单位体积为$0.5m^3$，按体积计算堆存费
电源件	件	1	单位体积为$0.1m^3$，按体积计算堆存费

图2-2是用树状图描述的5G通信基站设备物料清单（BOM）结构图。

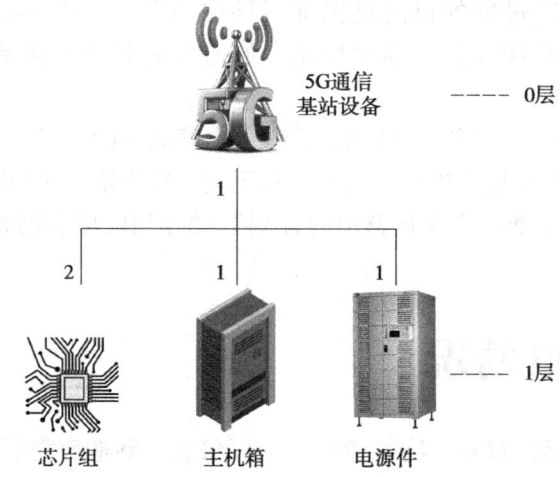

图2-2 5G通信基站设备物料清单（BOM）

【物料和物料清单】

● 物料。狭义的物料是指材料或原料，而广义的物料包括与产品生产有关的所有物品，如原料、零件、组件、辅助用品、包装材料、半成品和产成品等。本文提到的物料均指广义原料。

如表2-2或图2-2所示，产成品是5G通信基站设备，零件和组件是芯片组、主机箱和电源件，它们都统称为物料。

● 物料清单（Bill Of Materials, BOM）。物料清单是产品结构的技术性描述文件，它不仅列出最终产品的所有构成项目，还表明这些项目之间的结构关系，即从原料、零件、组件，直到最终产品的层次隶属关系，以及它们之间的数量关系。

通过表2-2或图2-2的物料清单可以得知，5G通信基站设备一共有两层结构，生产1件5G通信基站设备，需要2件芯片组、1件主机箱和1件电源件。

2.2.3 工厂信息

表2-3所示的是制造商可用的工厂类型、产能和成本信息。

表2-3 制造商可用的工厂类型、产能和成本信息

工厂类型	最大产能 /(件/天)	初始加工成本 /(元/件)	固定开工费 /(万元/天)
小型工厂	300	360	3.6
中型工厂	600	300	6.0
大型工厂	1200	220	8.8

【术语说明】

- 最大产能。是指在既定的生产条件下，制造商工厂每天生产产品的数量上限。
- 初始加工成本。是指制造商每生产一件产品的人工成本。
- 固定开工费。制造商工厂日常运作的固定支出。若工厂处于停产状态，则不需要支付这笔费用。图2-3的示例清楚地说明了对工厂停产状态和固定开工费扣费的判断。

日期	1月1日	1月2日-1月7日	1月8日	1月9日-1月15日	1月16日
运营	建厂		设置【调整日产量】		设置【停产】
工厂状态		建设中	生产	生产	停产
固定开工费扣费	——	——	扣费	扣费	——

图2-3 工厂停产状态与固定开工费的扣费示例

2.2.4 项目分析

（1）市场需求趋势分析。制造商需要了解项目背景，得知5G通信网络将成为主流的移动通信基础设施，通信运营商对5G通信设备有持续增加的需求，市场发展趋势向好，是制造商进入该市场的风向标。

（2）物料构成分析。通过5G通信设备产品的BOM，制造商需要了解产品的构成及各种物料之间的层级和数量关系，作为选择相应的原料供应商和制订采购计划的依据。

（3）原料堆存成本分析。制造商需要了解各种原料的体积，有助于制造商计算原料堆存费，作为制订合理的采购计划和物流配送计划的依据。

（4）生产分析。制造商需要了解工厂类型、产能及其相关成本信息，分析如下。

①不同类型工厂的最大产能决定制造商的供货能力；
②不同类型工厂的初始加工成本影响产品的生产成本；
③不同类型工厂的固定开工费影响固定成本支出。

2.3 运营前的规划

运营规划就是站在项目运营全局、事物动态发展的角度，做出整体的、系统的计划。在

项目运营开始前,制造商需根据市场需求和发展趋势,以及自身的资源条件,开展运营规划工作,制订运营策略。具体有如下11个方面的工作。

(1) 根据市场需求分布,了解并分析市场需求分布,确定目标市场。
(2) 根据目标市场需求、成本和供货时效性因素,确定工厂选址。
(3) 根据企业发展规划和自有资金状况进行产能规划,确定运营各个阶段的厂房建设规模。
(4) 根据客户资料,划分客户类别,选择目标客户。
(5) 根据城市开放时间和客户的招标评分标准,制订投标策略。
(6) 根据供应商类别和供应商资料,选择供应商。
(7) 根据工厂产能计划、原料需求计划,分析库存成本,制订库存策略。
(8) 根据各类型供应商、各个供应商给出的供货协议条款,制订采购策略。
(9) 根据运输方式的特点、时效性和运输成本,制订物流策略。
(10) 根据企业发展规划,分析和估算运营项目的现金流入量和现金流出量,制订现金流计划。
(11) 根据现金流计划、对资金的需求量和需求的时间节点,制订融资计划。

2.3.1 选择目标市场

销售经理要根据市场需求分布,了解市场需求分布,确定目标市场。这里的市场,是指中国七大行政地理分区的市场。考虑到华东的区域范围比较小,可以把华中和华东合并到一起作为一个区域。

【七大行政地理分区】
- 华北:北京市、天津市、河北省、山西省、内蒙古自治区
- 东北:黑龙江省、吉林省、辽宁省
- 华东:上海市、江苏省、浙江省、安徽省、江西省、山东省、福建省,以及台湾省
- 华中:河南省、湖北省、湖南省
- 华南:广东省、广西壮族自治区、海南省,以及香港特别行政区、澳门特别行政区
- 西南:重庆市、四川省、贵州省、云南省、西藏自治区
- 西北:陕西省、甘肃省、青海省、宁夏回族自治区、新疆维吾尔自治区、内蒙古自治区西部(阿拉善盟、巴彦淖尔市、乌海市、鄂尔多斯市)

在本项目中,选择目标市场有如下几项工作。

1. 了解每月的需求分布

【操作1】:依次单击【市场需求分布】-【单月显示】选项。
【操作2】:单击【3月份需求分布的横向柱状图】选项。
图2-4所示的是3月份的市场需求分布,若用鼠标指向需求热点(红色、黄色)地区,则系统会显示出相应的城市名称。

2. 了解累加的需求分布

【操作3】:单击需求分布左上角的【累加显示】选项。
【操作4】:单击需求分布左上角的【1月、2月、3月的横向柱状图】选项。
图2-5所示的是1~3月累计的市场需求分布。

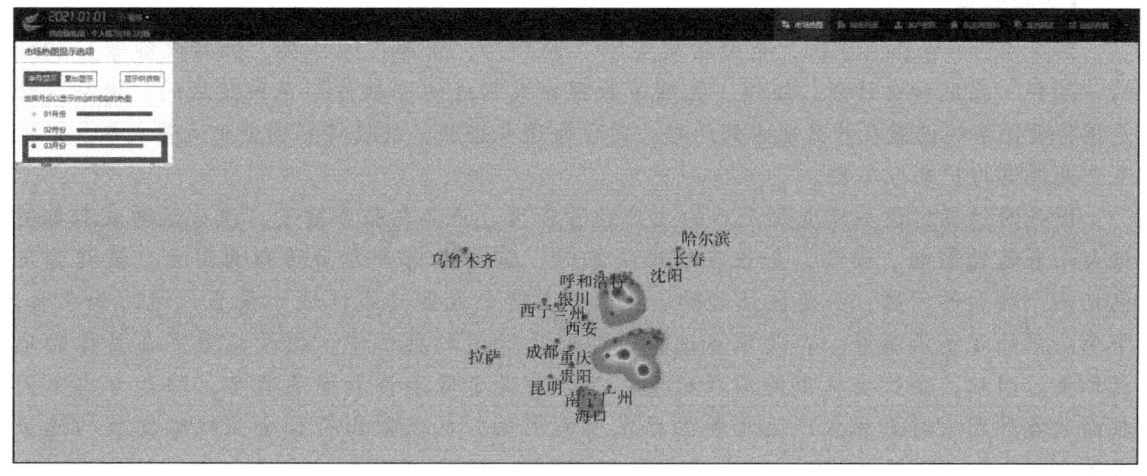

图 2-4 3 月份的市场需求分布

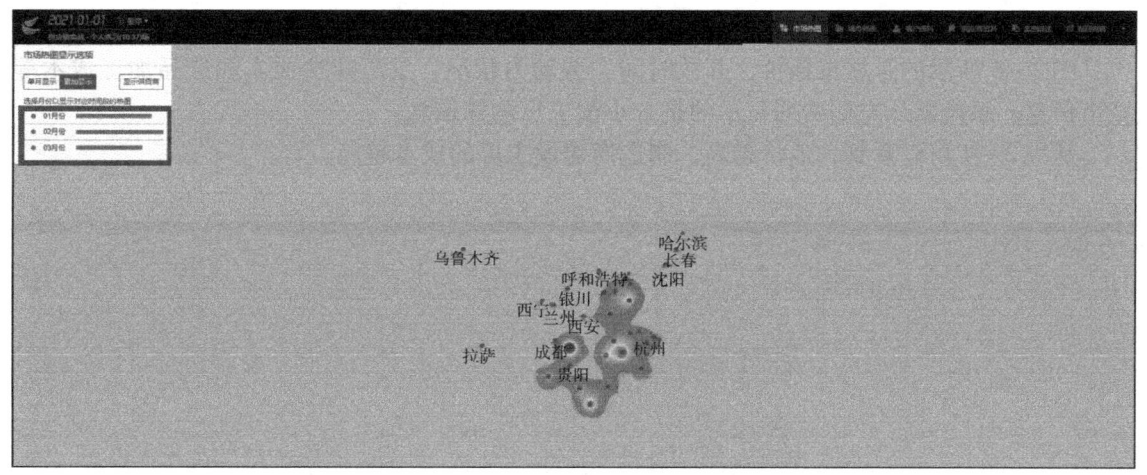

图 2-5 1~3 月累计的市场需求分布

由图 2-5 可知，需求量最大的市场是西南区域，然后是华东、华南、华北等区域，也就是说客户需求集中在这些热点区域，同时也是最有吸引力、竞争激烈的区域。

3. 选择并确定目标区域市场

目标市场是指具有相同需求或特征的、企业决定为之服务的购买者群体。制造商通过了解市场总体需求、各区域每月的需求增长情况，以及财务预估与判断，从而选择并确定首个目标区域市场，并根据企业发展战略，确定今后要开发进入的下一个目标市场，以及何时进入。

2.3.2 工厂选址

当目标市场确定后，接下来生产经理要考虑工厂选址的问题。在本项目中，工厂选址是指制造商选择在哪个城市建造工厂。

【设施选址】

企业作为一个运营系统,是由物质实体(如厂房、仓库、办公楼、机器设备等)构成的"硬件"系统和由计划、组织、控制等管理方式构成的"软件"系统组成的。设施选址是指将硬件系统设置在什么地方的问题。对于制造业企业,选址将影响企业运营成本、效益及企业规模的扩充与发展。

设施的位置对设施建成投产后的生产经营费用、产品与服务质量,以及运输成本都有极大而长远的影响。因此,企业在选址决策时,需要考虑多方面的影响因素。设施选址包括两个层面的问题:一是区位选择。即选择在哪个地区(或区域)设置设施,如东北、华南、内陆还是沿海等。二是地点选择。即在已选定的区位中,把设施选定在具体的地点位置。因此,企业要从市场需求出发,结合自身资源条件和发展战略,综合考虑不同层面的各种因素对企业生产运营和生存发展的影响,从而做出符合企业战略发展的选址决策。①

在本项目中,工厂选址有如下几项工作。

1. 了解城市地价

【操作1】:单击【城市列表】按钮。

图2-6所示的是城市地价、开放时间、劳动力状况、工厂建造成本和产品加工成本等城市信息。系统默认左侧两列显示的是S小型工厂测算信息。

从表2-4可以看到,地价越高,制造商建设工厂的成本越高。

图2-6 城市信息和S小型工厂测算信息

为方便后续的练习,我们把上述信息整理成列表,具体如表2-4所示。

---

① 李建萍. 运营管理实务[M]. 广州:广东高等教育出版社,2018.

表 2-4 城市信息

城市	开放时间	地价 /(元/m²)	劳动力成本系数	劳动力成熟度	S 小型工厂测算		M 中型工厂测算		L 大型工厂测算		建造成本测算/万元		
					建造成本/万元	加工成本/(元/件)	建造成本/万元	加工成本/(元/件)	建造成本/万元	加工成本/(元/件)	S 小型仓库	M 中型仓库	L 大型仓库
上海	2021-01	970.00	1.14	0.92	1570.00	410.40	3040.00	342.00	5980.00	250.80	274.00	685.00	1350.00
乌鲁木齐	2021-04	330.00	0.67	0.80	930.00	241.20	1760.00	201.00	3420.00	147.40	146.00	365.00	710.00
兰州	2021-04	654.00	0.94	0.86	1254.00	338.40	2408.00	282.00	4716.00	206.80	210.80	527.00	1034.00
北京	2021-01	1012.00	1.17	0.93	1612.00	421.20	3124.00	351.00	6148.00	257.40	282.40	706.00	1392.00
南京	2021-01	868.00	1.08	0.90	1468.00	388.80	2836.00	324.00	5572.00	237.60	253.60	634.00	1248.00
南宁	2021-01	573.00	0.88	0.84	1173.00	316.80	2246.00	264.00	4392.00	193.60	194.60	486.50	953.00
南昌	2021-01	772.00	1.02	0.88	1372.00	367.20	2644.00	306.00	5188.00	224.40	234.40	586.00	1152.00
合肥	2021-01	822.00	1.05	0.89	1422.00	378.00	2744.00	315.00	5388.00	231.00	244.40	611.00	1202.00
呼和浩特	2021-04	679.00	0.96	0.86	1279.00	345.60	2458.00	288.00	4816.00	211.20	215.80	539.50	1059.00
哈尔滨	2021-04	435.00	0.76	0.82	1035.00	273.60	1970.00	228.00	3840.00	167.20	167.00	417.50	815.00
天津	2021-01	966.00	1.14	0.92	1566.00	410.40	3032.00	342.00	5964.00	250.80	273.20	683.00	1346.00
太原	2021-01	789.00	1.03	0.88	1389.00	370.80	2678.00	309.00	5256.00	226.60	237.80	594.50	1169.00
广州	2021-01	839.00	1.06	0.89	1439.00	381.60	2778.00	318.00	5456.00	233.20	247.80	619.50	1219.00
成都	2021-01	696.00	0.97	0.86	1296.00	349.20	2492.00	291.00	4884.00	213.40	219.20	548.00	1076.00
拉萨	2021-04	380.00	0.71	0.81	980.00	255.60	1860.00	213.00	3620.00	156.20	156.00	390.00	760.00

续表

城市	开放时间	地价/(元/m²)	劳动力成本系数	劳动力成熟度	S小型工厂测算 建造成本/万元	S小型工厂测算 加工成本/(元/件)	M中型工厂测算 建造成本/万元	M中型工厂测算 加工成本/(元/件)	L大型工厂测算 建造成本/万元	L大型工厂测算 加工成本/(元/件)	S小型仓库 建造成本测算/万元	M中型仓库 建造成本测算/万元	L大型仓库 建造成本测算/万元
昆明	2021-01	532.00	0.85	0.83	1132.00	306.00	2164.00	255.00	4228.00	187.00	186.40	466.00	912.00
杭州	2021-01	953.00	1.13	0.92	1553.00	406.80	3006.00	339.00	5912.00	248.60	270.60	676.50	1333.00
武汉	2021-01	823.00	1.05	0.89	1423.00	378.00	2746.00	315.00	5392.00	231.00	244.60	611.50	1203.00
沈阳	2021-01	550.00	0.86	0.84	1150.00	309.60	2200.00	258.00	4300.00	189.20	190.00	475.00	930.00
济南	2021-01	796.00	1.03	0.88	1396.00	370.80	2692.00	309.00	5284.00	226.60	239.20	598.00	1176.00
海口	2021-01	512.00	0.83	0.83	1112.00	298.80	2124.00	249.00	4148.00	182.60	182.40	456.00	892.00
石家庄	2021-01	785.00	1.03	0.88	1385.00	370.80	2670.00	309.00	5240.00	226.60	237.00	592.50	1165.00
福州	2021-01	632.00	0.92	0.85	1232.00	331.20	2364.00	276.00	4628.00	202.40	206.40	516.00	1012.00
西宁	2021-04	597.00	0.90	0.85	1197.00	324.00	2294.00	270.00	4488.00	198.00	199.40	498.50	977.00
西安	2021-01	807.00	1.04	0.89	1407.00	374.40	2714.00	312.00	5328.00	228.80	241.40	603.50	1187.00
贵阳	2021-01	653.00	0.94	0.86	1253.00	338.40	2406.00	282.00	4712.00	206.80	210.60	526.50	1033.00
郑州	2021-01	861.00	1.08	0.90	1461.00	388.80	2822.00	324.00	5544.00	237.60	252.20	630.50	1241.00
重庆	2021-01	720.00	0.98	0.87	1320.00	352.80	2540.00	294.00	4980.00	215.60	224.00	560.00	1100.00
银川	2021-04	659.00	0.94	0.86	1259.00	338.40	2418.00	282.00	4736.00	206.80	211.80	529.50	1039.00
长春	2021-04	480.00	0.80	0.83	1080.00	288.00	2060.00	240.00	4020.00	176.00	176.00	440.00	860.00
长沙	2021-01	776.00	1.02	0.88	1376.00	367.20	2652.00	306.00	5204.00	224.40	235.20	588.00	1156.00

2. 了解劳动力状况

表2-3列出了每个城市的劳动力成本系数和劳动力成熟度,它们与产品的加工成本、合格率的关系如下:

(1) 劳动力成本系数越大,产品的加工成本越高;

(2) 劳动力成熟度越高,产品的合格率越高。

3. 了解建厂成本

【操作2】:分别单击【不同规模类型的工厂】选项。

表2-3列出了在每个城市中,小型、中型和大型三种规模的厂房的建造成本,以及三种生产规模(产能)的产品加工成本。城市地价、工厂规模与造价、产能与加工成本的关系如下:

(1) 城市的地价越高,工厂的造价越高;

(2) 工厂的规模越大,工厂的造价越高;

(3) 工厂的规模越大,产能越大,产品的单件加工成本越低。

4. 确定工厂选址

通过对上述信息的了解和分析,综合考虑目标市场需求、建造成本、辐射范围、供货时效性和配送成本等因素,总体而言就是考虑市场需求、成本和供货时效性因素。分析如下。

(1) 制造商工厂位置接近目标市场的最大好处是产品能尽快投入市场,提高供货时效性,加快资金回笼的速度。

(2) 物流运输成本。对于大多数制造业工厂和从事分配的企业来说,运输成本在总成本中占有较大的比重。运输距离、运输环节和运输方式均对运输成本产生直接影响。因此,通过合理选址、缩短运输距离、减少运输环节和装卸次数均能有效地降低运输成本。

(3) 工厂建造成本。需求热点地区往往是经济发达地区,在这些地区进行工厂选址可能会面临高地价、高造价,进而导致较高的厂房建造成本。

(4) 加工成本。经济发达地区的劳动力成本系数较大和劳动力成熟度较高,工厂选址在这些地方,要付出较高的产品加工成本,但较高的劳动力成熟度有助于获得较高的产品合格率。

(5) 原料零部件供应。制造商在进行工厂选址时,要考虑周边的供应商类型及其数量,供应商工厂与制造商工厂的距离决定了零部件运输时间的长短,从而影响对制造商工厂的供货和生产。

总体而言,制造商的设施选址要平衡成本、效率和效益。并根据目标市场发展规划,做好今后一段时间的工厂选址规划。

2.3.3 产能规划

生产经理确定工厂位置后,接下来要进行产能规划。

【产能规划】

产能规划是指对资本密集型资源,如土地、建筑物等设施,设备、工具和总体劳动力规模等要素所综合形成的总体生产能力的大小的设计,目的是为企业实现长期竞争战略目标提供有力的支持。产能规划所确定的生产能力会影响企业运营的多个方面,如企业对市场的反应速度、库存管理策略、成本结构、人力资源需求计划及运营管理等方面都将产生重大影响。

在本项目中,产能规划是通过选择工厂的规模来进行的,而不同规模的工厂,决定了工厂的建造成本（见表2-4）。从短期来看，在企业运营初期，账户资金只有2000万元，只能建设小型工厂，并投入生产来获得市场订单，从而维持企业生存和发展。从长期来看，企业要通过升级工厂或建造新工厂来扩大产能和经营规模，以降低产品成本，扩大市场份额，提升市场竞争力，实现企业战略目标。

2.3.4 选择目标客户

目标客户是指企业提供产品和服务的对象。销售经理要对目标市场的客户资料进行研究，然后对客户进行分类，选择目标客户，并标注重点客户，将这些重点客户作为投标首选客户。在本项目中，对客户进行分类的依据有多种。例如，可以按客户需求量的大小进行划分，还可以按工厂与客户之间的产品运输时间长短进行划分等。对客户划分后，可以在运营的不同阶段，制订相应的投标计划。

【ABC分析法】

ABC分析法是指为了管理需要，通常把被管理的对象按某种指标分成A、B、C三类，从而对它们进行分类管理的方法。ABC分析法又称帕累托分析法、主次因素分析法、物资重点管理法、"80/20"法则。该方法的核心思想是：在决定一个事物的众多因素中，只有少数因素对事物起决定性作用，而多数因素对事物影响较小，即是"80/20"法则。该法则同样适用于客户分类管理中。

例如，如果企业认为客户的"需求量"对企业销售收入具有决定性的作用，则该企业可以依据需求量的大小划分客户类别。通常，一个企业的大客户（群）对企业的销售收入的贡献大。按照"80/20"法则，可理解为：那些占了企业总客户数的比例约为20%的客户能给企业带来80%的销售收入，则可以把这20%的划分为A类客户，他们是企业需要重点关注的客户。企业可以针对不同类别的客户，制订不同的客户关系管理办法，目的是吸引新客户、提高老客户的黏性，从而提高收益率。

销售经理需要明确客户资料中的各项信息，在对客户分类的基础上，初步筛选出重点客户，并选择目标客户。

【操作】：单击【客户资料】按钮。

图2-7显示的是客户资料，包括客户名称、需求预测（需求量）、包含城市（5G网络建设地）及招标评分标准（交付能力分、合作经验分、信用水平分、价格分）。具体信息如表2-5所示。

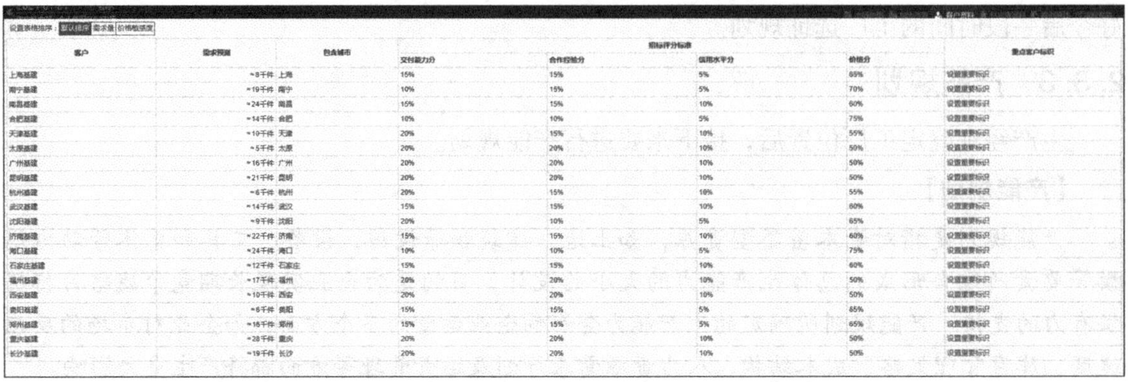

图2-7 客户资料

表 2-5 客户资料

客户名称	需求预测	包含城市	招标评分标准			
			交付能力分	合作经验分	信用水平分	价格分
上海基建	≈8 千件	上海	15%	15%	5%	65%
南宁基建	≈19 千件	南宁	10%	15%	5%	70%
南昌基建	≈24 千件	南昌	15%	15%	10%	60%
合肥基建	≈14 千件	合肥	10%	10%	5%	75%
天津基建	≈10 千件	天津	20%	15%	10%	55%
太原基建	≈5 千件	太原	20%	20%	10%	50%
广州基建	≈16 千件	广州	20%	20%	10%	50%
昆明基建	≈21 千件	昆明	20%	20%	10%	50%
杭州基建	≈6 千件	杭州	20%	15%	10%	55%
武汉基建	≈14 千件	武汉	15%	15%	10%	60%
沈阳基建	≈9 千件	沈阳	20%	10%	5%	65%
济南基建	≈22 千件	济南	15%	15%	10%	60%
海口基建	≈24 千件	海口	10%	10%	5%	75%
石家庄基建	≈12 千件	石家庄	15%	15%	10%	60%
福州基建	≈17 千件	福州	20%	20%	10%	50%
西安基建	≈10 千件	西安	20%	20%	10%	50%
贵阳基建	≈6 千件	贵阳	15%	15%	5%	65%
郑州基建	≈16 千件	郑州	15%	15%	5%	65%
重庆基建	≈28 千件	重庆	20%	20%	10%	50%
长沙基建	≈19 千件	长沙	20%	20%	10%	50%

1. 明确客户基本信息

如表 2-5 所示，客户基本信息包括客户名称、需求预测、包含城市。客户名称和包含城市就明确表示了建设 5G 通信网络的城市。从需求预测可知每个城市的市场容量，并能计算出总的市场容量。

2. 明确招标要求

如表 2-5 所示，在招标评分标准中，价格分一般占比 50% 以上，说明客户对产品价格最敏感；而信用水平分占比最低，分别有 5% 和 10% 两个比例；交付能力分和合作经验分的占比，分别有 10%、15% 和 20% 三个比例。

3. 客户分类

可参考前面的客户划分方法对客户进行分类。

4. 选择目标客户，标识重点客户

通过对客户资料进行详细对比与分析，结合自身的资源与能力，以及今后的市场发展战略，在客户分类的基础上，初步筛选出目标客户和重点客户，并在系统中标识重点客户。

2.3.5 制订投标策略

销售经理选择目标客户后，接下来要制订投标策略。可以依据城市开放时间和客户的首付比例（客户的首付比例信息在【招标中心】的【招标中】可以查看），来确定投标首选客户，并制订投标价格策略——即投标价格。

在运营初期，制造商的交付能力分、合作经验分和信用水平分是一样的。因此，要成功拓展市场，以低价中标是常用的策略。但是，低价策略要慎重使用，因为企业在早期，大量的资金用于投入固定资产（主要是厂房）的建设，采购、加工和运营成本等开支也很大，低价销售在短时间内很难给企业带来盈利，容易导致企业入不敷出。制造商要根据以往的运营经验和客户给出的合作分情况，参考竞争对手标价和中标得分等情况确定标价。

【测算可投标量】

投标时，应根据当前工厂的库存量、待配送量、产能估算完成当前订单所需的时间。

【例】已知有一个标的，最晚交付日期为2月28日，预计配送时间1天，现有订单预计要生产到2月10日。

当前产能为600，可生产周期为2月11日~27日，共17天，$17 \times 600 = 10200$，若该标的的招标数量在10200内，则就可以投标；若超过这个量，则要考虑是否可以接受违约的风险。

若在2月15日完成工厂的升级，则可以按升级后的产能进行估算，11日~15日的产量是$5 \times 600 = 3000$，16日~27日的产量是$11 \times 1200 = 13200$，总产量是16200，则该标的在当前可处理范围内，可控性较高。

【计算交付分中的产能】

计算交付分中所涉及的工厂日产能是指开标当天所有工厂的最大日产能。例如，最大产能是1200，即使当前处于停产状态，也是按1200计算。

注意：该项分数最低为-40分，具体计算公式参见【中标规则】选项中的内容。

【计算客户合作经验分】

客户合作得分是以客户为单位，与该客户合作一次（没有违约）加20分，违约一次扣25分，以最近5个订单来计算得分。

假如：第1个订单没违约，分数为20分。

第2个订单违约，扣25分，分数$=20-25=-5$（分）<0（分），最小按0计算。

第3个订单没违约，加20分，分数$=20-25+20=15$（分）。

第4个订单没违约，加20分，分数$=20-25+20+20=35$（分）。

第5个订单没违约，加20分，分数$=20-25+20+20+20=55$（分）。

第6个订单没违约，加20分，分数$=25+20+20+20+20=75$（分）。

第7个订单没违约，加20分，分数$=20+20+20+20+20=95$（分）。

【开局低价也不能中标的情况】

原因主要包括：

- 没建工厂，交付能力分为-40分；
- 在此标的开标日期前，还有中过别的标，所以交付得分降低；
- 价格只有很小的差异，在这种情况下，一般中标得分的差异也比较小，主要是因为信用分的分差导致（信用分受多个因素影响，前期个别操作是有可能造成信用分值的些许偏差）。

2.3.6 选择供应商

采购经理需要详细了解和明确供应商的情况，包括：供应商的类别、供货地、供货价格、最低供货价格、要求的最低首付比例和供货能力等信息。结合工厂选址进行分析，选择合适的供应商。

【操作】：单击【供应商资料】按钮。

图2－8显示的是供应商资料，包括供应商、城市、供货价格、最低供货价格、最低首付、供货能力包括当前产能、现货库存、库存范围（库存最低、最高警戒线）、最快响应时间及履约能力。为便于阅读，我们把供应商资料整理到表2－6中。

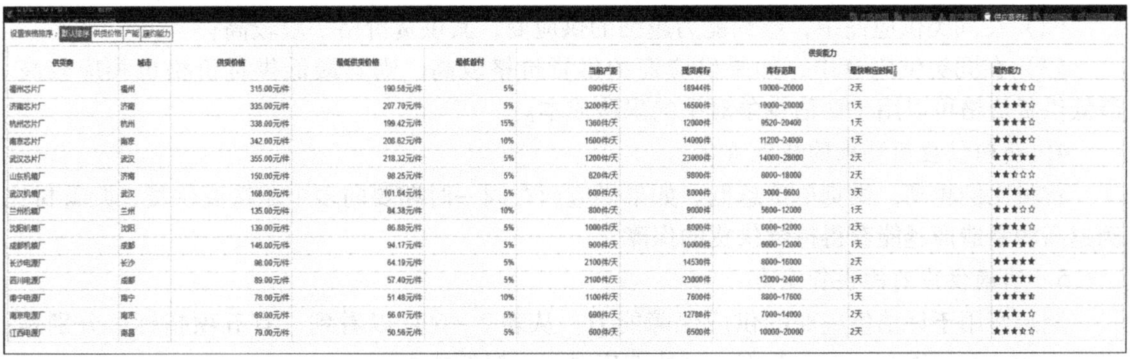
设置表格排序：默认排序 供货价格 产能 履约能力

供货商	城市	供货价格	最低供货价格	最低首付	供货能力				
					当前产能	现货库存	库存范围	最快响应时间	履约能力
福州芯片厂	福州	315.00元/件	190.58元/件	5%	890件/天	18944件	10000~20000	2天	★★★⯪☆
济南芯片厂	济南	335.00元/件	207.70元/件	5%	3200件/天	16500件	10000~20000	1天	★★★★☆
杭州芯片厂	杭州	338.00元/件	199.42元/件	15%	1360件/天	12000件	9520~20400	1天	★★★★☆
南京芯片厂	南京	342.00元/件	208.62元/件	10%	1600件/天	14000件	11200~24000	1天	★★★★☆
武汉芯片厂	武汉	355.00元/件	218.32元/件	5%	1200件/天	23000件	14000~28000	2天	★★★★★
山东机箱厂	济南	150.00元/件	98.25元/件	5%	820件/天	9800件	8000~18000	2天	★★⯪☆☆
武汉机箱厂	武汉	168.00元/件	101.64元/件	5%	600件/天	8000件	3000~6600	3天	★★★★⯪
兰州机箱厂	兰州	135.00元/件	84.38元/件	10%	800件/天	9000件	5600~12000	1天	★★★☆☆
沈阳机箱厂	沈阳	139.00元/件	86.88元/件	5%	1000件/天	8000件	6000~12000	2天	★★★★☆
成都机箱厂	成都	146.00元/件	94.17元/件	5%	900件/天	10000件	6000~12000	1天	★★★★⯪
长沙电源厂	长沙	98.00元/件	64.19元/件	5%	2100件/天	14530件	8000~16000	2天	★★★★★
四川电源厂	成都	89.00元/件	57.40元/件	5%	2100件/天	23000件	12000~24000	1天	★★★★★
南宁电源厂	南宁	78.00元/件	51.48元/件	10%	1100件/天	7600件	8800~17600	1天	★★★★⯪
南京电源厂	南京	89.00元/件	56.07元/件	5%	690件/天	12788件	7000~14000	2天	★★★★☆
江西电源厂	南昌	79.00元/件	50.56元/件	5%	600件/天	6500件	10000~20000	2天	★★★⯪☆

图2－8 供应商资料

表2－6 供应商资料

供应商	城市	供货价格/(元/件)	最低供货价格/(元/件)	最低首付	供货能力				
					当前产能/(件/天)	现货库存/件	库存范围/件	最快响应时间/天	履约能力
福州芯片厂	福州	315	190.58	5%	890	18 944	10 000～20 000	2	★★★⯪☆
济南芯片厂	济南	335	207.70	5%	3 200	16 500	10 000～20 000	1	★★★★☆
杭州芯片厂	杭州	338	199.42	15%	1 360	12 000	9 520～20 400	1	★★★★☆
南京芯片厂	南京	342	208.62	10%	1 600	14 000	11 200～24 000	1	★★★★☆
武汉芯片厂	武汉	355	218.32	5%	1 200	23 000	14 000～28 000	2	★★★★★
山东机箱厂	济南	150	98.25	5%	820	9 800	8 000～18 000	2	★★⯪☆☆
武汉机箱厂	武汉	168	101.64	5%	600	8 000	3 000～6 600	3	★★★★⯪
兰州机箱厂	兰州	135	84.38	10%	800	9 000	5 600～12 000	1	★★★☆☆
沈阳机箱厂	沈阳	139	86.88	5%	1 000	8 000	6 000～12 000	2	★★★★☆
成都机箱厂	成都	146	94.17	5%	900	10 000	6 000～12 000	1	★★★★⯪
长沙电源厂	长沙	98	64.19	5%	2 100	14 530	8 000～16 000	2	★★★★★
四川电源厂	成都	89	57.40	5%	2 100	23 000	12 000～24 000	1	★★★★★
南宁电源厂	南宁	78	51.48	10%	1 100	7 600	8 800～17 600	1	★★★★⯪
南京电源厂	南京	89	56.07	5%	690	12 788	7 000～14 000	2	★★★★☆
江西电源厂	南昌	79	50.56	5%	600	6 500	10 000～20 000	2	★★★⯪☆

1. 明确供应商的类别与数量

根据5G通信设备的原料清单和表2-6所示的供应商资料,可知有三类供应商,分别是芯片供应商(5个)、机箱供应商(5个)和电源供应商(5个)。

2. 明确供应商所在城市

供应商所在城市也就是货源地,制造商进行工厂选址决策时也要考虑这个因素。采购经理要与生产经理商讨该事项。

3. 明确供应商供货价格

供货价格影响原料的采购成本,从表2-6可以看到:

(1) 芯片的价格最高,电源的价格最低,可作为下单采购订单次数的依据;

(2) 在同类供应商中,履约能力越强的供应商,其供货价格一般较高;

(3) 在同类供应商中,如果供应商的供货价格较高,则其最低供货价格也相应较高。最低供货价格可以用于评估竞争对手的采购成本。

4. 明确供应商要求的最低首付

首付比例越高,供货单价越低。如果供应商在同一时期要向多个制造商供货,则首付比例越高的制造商越能获得持续供货的保障。

5. 明确供应商的供货能力

制造商用于评估供应商的供应保障能力。从表2-6可以看到,有五项指标,分别是:当前产能、现货库存、库存范围、最快响应时间及履约能力。

(1) 虽然某些供应商的订单响应时间短,但是如果供应商工厂与制造商工厂的距离远,则原料运输时间会比较长。

(3) 履约能力越强表明供应商的生产调节能力约强,按时供货的概率越高,也就是说按时保障供货的能力越强。

制造商要结合企业发展战略中的下一个目标市场,考虑是否要选择新的供应商。

2.3.7 制订库存策略

降低运营的不确定性从而使生产效率最大化。库存管理的核心(最基本的问题)是库存成本控制,包括:库存的种类是什么?库存水平是多少?什么时候进行订购?订购量是多少?我们把后两个问题放在采购策略中讨论。

在本项目中,库存策略主要考虑三个方面的问题。一是库存的种类,二是库存成本,三是库存量。

1. 明确库存种类

库存种类包括原料和产品。对于原料,库存可以防止原料供应波动而影响生产的持续稳定,从而使生产效率最大化;对于产品,库存可以确保产品的持续供应,提高客户服务水平。

2. 分析库存成本

持有库存要付出相应的成本,包括:

(1) 资金成本。每种规模的厂房都限定了原料和产品的存储空间。如果厂房的存储空间长期不够用,可能需要建设仓库,并由此投入大量资金。此外,存货也占用资金。如果资金来源于贷款,则需要付利息,利息就是资金成本。

(2) 堆存成本。堆存成本由原料堆存费、原料超限费、产品堆存费和产品超限费构成。当原料和产品存储在工厂时,产生堆存费,如果工厂的原料和产品的数量超过了工厂的存储空间，则产生超限费。库存越多，堆存成本越高。

（3）存货成本。因制造商自行生产产品，产品的存货成本就是它的生产成本。

（4）原料再订购成本。是指再次订购原料的固定订货费，不考虑原料自身价值。

（5）缺货成本。是指由于库存供应中断而造成的损失。包括原料供应中断造成的停工损失，产品缺货造成的延迟发货损失和销售机会丧失带来的损失，企业采用紧急采购来解决库存的中断而承担的紧急额外采购成本，采用更贵的替代品和供应商而产生的额外成本等等。

3. 确定库存量

（1）确定原料的库存量。为确保生产的持续稳定，必须要有一定量的原料库存，但是要考虑为此带来的库存成本。库存量的确定包括两个方面：一是，库存能满足多少天的正常生产用量；二是，是否要设定安全库存，以及安全库存能满足多少天的生产用量。

（2）确定产品的库存量。是否要制订产品的最低库存和最高库存警戒线？是否要设定产品安全库存？

【超限费产生的原因】

工厂和仓库的库容是有限的，不同规模的工厂或仓库其库容也不一样，一旦堆存的货物超出了规定库容就会用到第三方仓库而产生超限费，超限费是正常堆存费的5倍。

【供应链中的库存】①

在经济社会中，商业组织之间的商业行为是互相依存的，每个商业组织都可以是客户（当它向供应商采购原料时），同时也可以是供应商（当它向客户供应原料时）。例如，对于服装制造商，当他向厂家采购布料、纽扣等原料时，他扮演的是客户的角色；当他向批发商供应衣服成品时，他扮演的是供应商的角色。一般情况下，衣服从最初的原料（如棉花）到衣服成品，从原料供应商到最终消费者手中，它经过了棉农、棉花贸易公司、纺织厂、制衣厂、批发商、零售商，才最终到达消费者手中。在这条服装供应链的多个节点中都有可能有库存，如图2-9所示。

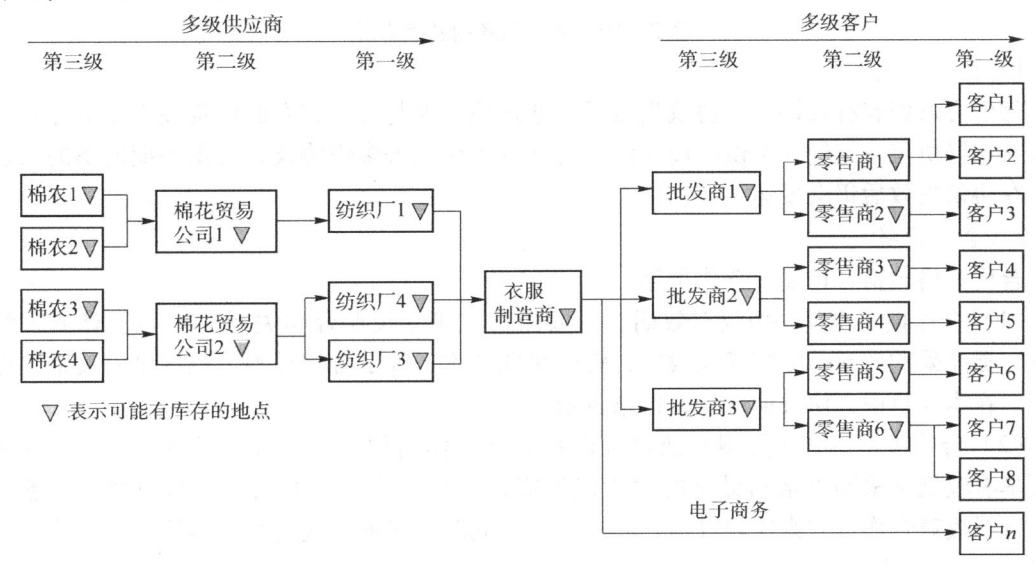

图2-9　服装供应链上的库存示例

---

① 李建萍，运营管理实务［M］，广州：广东高等教育出版社，2018.

2.3.8 制订采购策略

图 2-10 所示的是某供应商的供货协议。协议条款包括：协议有效期、合作类型、订单响应天数、订货首付比例、月最低供货量、供货量阶梯价格和协议总调价幅度。

在本项目中，采购经理在制订采购策略时主要考虑协议有效期、合作策略、价格策略和订购策略四个方面的内容。

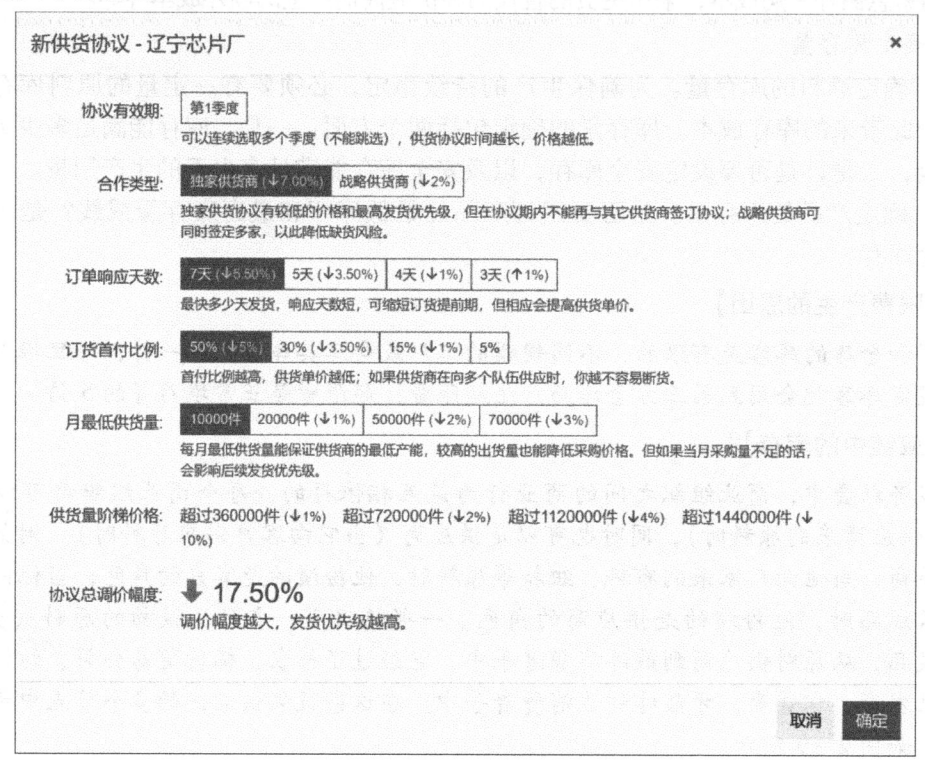

图 2-10 某供应商的供货协议

1. 协议有效期

每份协议都有有效期，当协议失效后，通过该协议与工厂建立的供货关系则会停止，需要重新签署协议。与同一个供应商在同一时间内不能签署多份协议。协议到期前下的采购订单，在协议失效后仍会发运。

2. 合作策略

合作策略包括合作期与合作类型。

（1）合作期。也就是协议有效期。一般而言，建立长期合作关系，有利于降低采购工作量，提高采购效率，发挥规模效应，降低采购成本，降低维护成本，稳定供需关系，保障供应。在本项目中，协议期越长，价格越低。

（2）合作类型。合作类型有独家合作和战略合作两种类型。若选择独家合作，则制造商可享有较低的采购价格和最高的发货优先级，但在协议期内不能再与其他供应商签订协议。选择战略合作方式则比较灵活，制造商可以同时与多家供应商签订协议，以此降低缺货的风险。

3. 价格策略

价格策略包括订单响应天数、订货首付比例、月最低供货量、供货量阶梯价格。

（1）订单响应天数。订单响应天数是指最快多少天发货，若订单响应天数短，则可缩短订货提前期，但相应会提高采购单价。订单响应天数越短，获得的折扣越低，甚至会额外提高采购单价。如图2-9所示，如果选择3天响应期，则会提高1%的采购单价。

（2）订货首付比例。在运营初期，选择较低的首付比例能减少制造商在短期内的现金支出，有利于缓解资金紧张的问题。

（3）月最低供货量。每月最低供货量能保证供应商的最低产能。制造商对供应商有较高的采购需求量也能降低采购价格。如果制造商的月采购量低于该月最低供货量，则会影响供应商后续对该制造商发货的优先级。

根据图2-10所示的协议条款折扣率，该协议总调价幅度=7%+5.5%+5%=17.5%。调价幅度越大，供应商对制造商发货的优先级越高。

（4）供货量阶梯价格。是指与某个供应商在同一个采购协议下，以协议有效期为时间单位，累积采购的数量达到一定数值时，可获得到供应商给予的额外折扣，这也是降低采购成本的一个重要途径。

4．订购策略

订购策略是指使用定期订货法或定量订货法进行订购。采用哪一种订货方法，取决于是否要设定安全库存，以及对总的采购订货费的考量——每次下采购订单时要付订货费。下面简要介绍定量订货法和定期订货法的基本思路。

【定量订货法】

定量订货法又称为经济订货批量EOQ（Economic Order Quantity）或Q模型。当原料的库存水平（或称库存数量）下降到ROP（再订购点）时，企业发出固定数量为Q的订单。如图2-11所示。

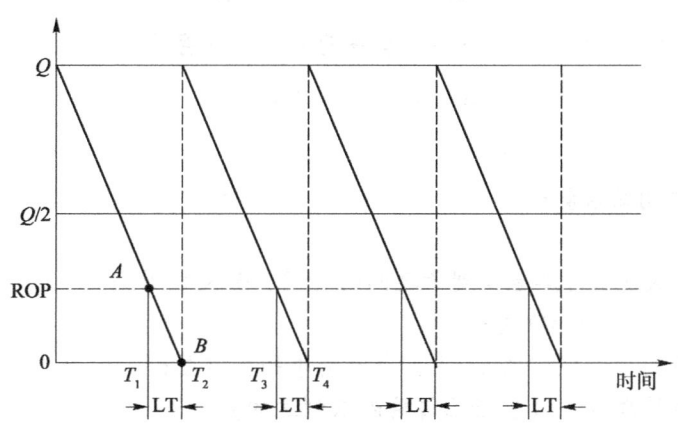

图2-11　定量订货法

（1）产品的最高库存水平是Q，平均库存水平是$Q/2$；

（2）订单的提前期是LT，当库存水平下降到ROP时，即在A点（时间点为T_1，库存水平为ROP）发出订单，订货量是Q；这批货物在提前期末，即在B点（时间点为T_2，库存水平为0）处收到，并使得库存水平立刻上升为Q；

（3）每次的订货量Q是固定的，订单提前期LT也是固定的。

使总成本最低的经济订货批量公式为：

$$Q_{opt} = \sqrt{\frac{2DS}{H}}$$

式中，D 是年/季度/月需求量；Q 是订货批量；S 是一次订货费；H 是年/季度/月单位货物的年保管费和仓储费。

因为假设 Q 模型的需求和提前期都是固定的，所以不需要设定安全库存。

ROP 的公式为：

$$\text{ROP} = \bar{d}\text{LT}$$

式中，$\bar{d}$ 是日均需求量；LT 是提前天数，即提前期。

为简化计算，在本项目中，如果要考虑安全库存，则再订货点公式为：

$$\text{ROP} = \bar{d}\text{LT} + \bar{d}T$$

其中，T 为安全库存能满足生产的天数。

【定期订货法】

定期订货法又称为固定订货间隔期系统或 P 模型。它是以固定的时间间隔 T 为周期对库存进行盘点，并发出订单，每次订单量都会变动。发出订单后，在提前期 LT 时间段内，可能某个大批量的需求会使库存降低至零点。这种情况直到下次盘点才会被发现。安全库存的设定需要防止盘点周期 T 和提前期 LT 时间段内缺货情况的发生。安全库存的确定也取决于要求的服务水平（或不缺货概率）。

假设在定期订货法中，在盘点周期 T 内发出订单，提前期为 LT：

$$\text{安全库存 SS} = Z\sigma_{T+\text{LT}}$$

订货量 = 一个库存周期的需求量 + 安全库存 − 现有库存量

$$q = \bar{d}(T + \text{LT}) + Z\sigma_{T+\text{LT}} - I$$

式中：

$\bar{d}$：预测的日平均需求量；

T：盘点周期；

LT：提前期（从发出订单至收到货之间的时间，如天或周）；

Z：特定服务水平下的标准差；

$\sigma_{T+\text{LT}}$：盘点周期 T 和提前期 LT 内，每天需求的标准差；

I：发出订单时的库存量（包括已订购尚未到达的）。

两种订货法的区别在于，定量订货法是"事件驱动"的，定期订货法是"时间驱动"的。在定量订货法中，当一个 ROP 事件发生时，就会提示订货。这个事件可随时发生，这取决于对该产品的需求量。定期订货法仅在某一预先设定好的时间点发出订单，只有时间的变化才能推动订货行为。

若使用定量订货法，则必须连续监控剩余库存量，当剩余库存量降至某个预先设定的 ROP 就发出固定订货量为 Q 的订单。定量订货法要求每次提取库存或增加库存都必须及时更新库存记录，以实时反映是否达到 ROP。而定期订货法要求在订货间隔期盘点库存，然后做出订货决策,订货量取决于当时的库存水平。

2.3.9 制订物流策略

在本项目中,物流经理在制订物流策略时,主要考虑两方面的问题:一是运输方式的选择;二是运输成本。而运输的时效性和成本目标共同决定了采用什么运输方式。

(1) 运输方式的选择。在本项目中,有公路和铁路两种运输方式。公路运输的优点是灵活性强,一次运输的运载量少,运输时间短,时效性高,缺点是运输成本相对铁路运输高。铁路运输的优点是一次运输的载运量大,运输成本较低;缺点是当运输时间长和运输量不足时,会增加单件运输成本,影响资金回笼的时效性。因此,可采用的运输方式包括纯公路运输和公铁联运。

(2) 运输成本。这是从一定的运营时间周期范围内(如一季度、半年或全年),在采用特定的运输方式下,对所运输的产品总量计算其总运输成本和平均单件运输成本,并结合不同运输方式的时效性,确定采用何种运输方式。

2.3.10 制订现金流计划

至少要制订运营开始的第一季度的现金流计划,如果能制订两个季度以上的现金流计划则更好。一般来说,现金流计划要回答"什么时间(段)开展什么事务(业务),现金支出或收入分别是多少?"具体包括以下六类现金流。

1. 生产相关的支出

(1) 工厂建设费。厂房建设的地点和规模对资金的需求量不同。

(2) 工厂固定开工费。只要工厂是非停产状态,均要支付开工费。订规模不同,开工费也不同。

(3) 产品加工费。产品加工费随产品生产数量的增加而增加。

(4) 培训费。什么时候培训,费用是多少。

(5) 厂房升级或建设新厂房的费用。

2. 采购相关的支出

(1) 采购首付款。下达订单时按采购金额和首付比例支付首付款。

(2) 下达采购订单的固定费用。订单下达次数越多,该项支出越高。

(3) 采购尾款。按原料送达量支付,注意支付的时间节点。

3. 物流相关的支出

(1) 原料和产品的堆存费和超限费。

(2) 运输配送费。将产品从工厂运输到客户手中,从工厂运输到仓库,以及从仓库运输到客户手中的运输配送费。

(3) 仓库建设费。仓库建设的地点和规模对资金的需求量不同。

(4) 仓库固定运营费。规模不同,运营费也不同。

4. 日常运营固定支出

运营开始后,企业每天运营的固定支出。

5. 违约支出

当没有按标的要求送达产品时,将产生违约金。

6. 销售相关的支出和收入

（1）投标保证金。需要预留一定的投标保证金，否则会错失投标机会。

（2）中标后的首付款收入。首付款的多少由客户给出的首付款比例和标的总价共同决定。注意首付款收入的时间节点和金额。

（3）销售尾款收入。按产品送达量计算销售尾款收入，注意尾款收入的时间节点。

可以参照供应链系统中的【我的历程】的现金流量表的格式，制订"现金流量预算表"，对上述现金流量进行估算，计算资金需求缺口和资金需求的时间节点，为融资提供依据。

【现金流量表】

现金流量表详细描述了由企业的经营、投资与筹资活动所产生的现金流，反映一家企业在一定时期内的现金流入和现金流出动态状况的报表。它可以概括反映企业经营活动、投资活动和筹资活动对企业现金流入和流出的影响。

在供应链系统中，企业运营的现金流可以在【我的历程】中查询，如图2-12所示。有助于制造商持续监测企业运营中的现金流入和现金流出状况，也可以作为复盘时的依据。

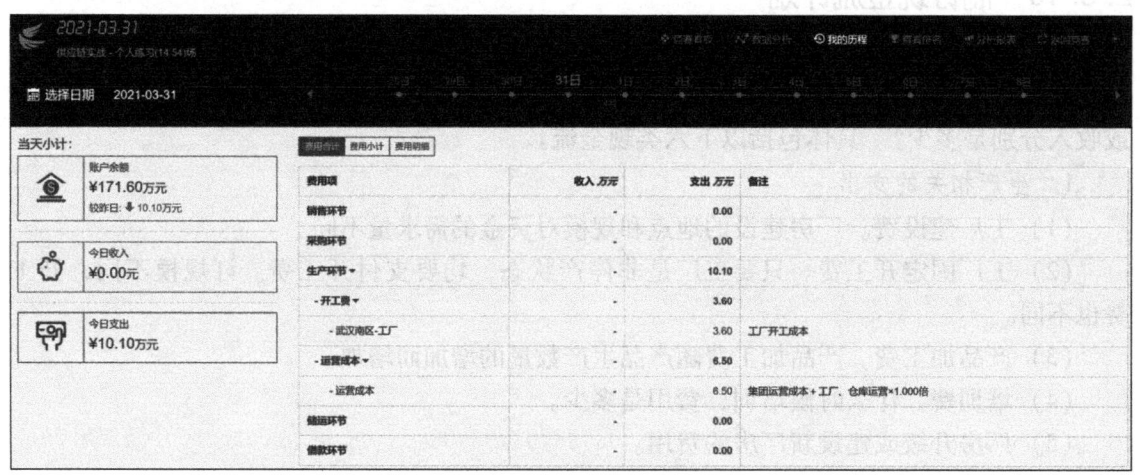

图2-12　现金流量表

【提升利润的办法】

利润的高低与收入及支出是相关的，运营过程中只能通过提高收入或减少支出两个途径实现。

提高收入的途径只有一种：即提高销售收入，销售收入＝中标数量×中标单价（首付款）＋运抵数量×中标单价（尾款），根据公式可得出，增加中标数量、提高中标单价都是提高收入的重要因素，当然中标后，需要及时将货物送给客户才能收到尾款。

减少支出的办法大致有以下几种。

（1）采购成本。关注签订协议时不同条款可获得的价格折扣；设定合适的采购量，尽量减少工厂原料库存；通过提高工厂合格率来减少原料损耗。

（2）生产成本。尽量扩大工厂规模，从而降低单件生产成本；不需要生产时可适当停产，节约工厂固定的开工费。

（3）配送。优化运输计划，如考虑最低运费、就近配送、减少产品库存量、降低违约风险等。

(4) 贷款利息。多关注基于信用评级的利率浮动及贷款天数。

2.3.11 制订融资计划

通过前面估算的资金需求及其时间节点，制订如下融资计划。

(1) 融资方式的选择，抵押或质押贷款。
(2) 贷款时间、贷款周期和贷款金额。
(3) 贷款的利息和本金还款时间和金额。

【融资的作用及注意事项】

(1) 融资作用。系统中的融资主要是在资金不足时，将固定资产或货物向银行抵押或转让以此获取资金。

(2) 使用限制。必须在破产前使用，贷款的金额不得小于200万元。

(3) 固定资产抵押与转让的区别。固定资产抵押后，固定资产可继续使用，而转让后，资产的所有权已转让出去，不可继续使用。

(4) 贷款周期及利率。每次贷款最高可贷6期，融资会产生利息，利息的高低取决于信用的级别，信用级别越高，利息越低，详见【大赛规则】中的【信用评级及贷款利率】。

注意：如果抵押物的贷款还未还清，则不能继续使用该抵押物进行再次抵押。

抵押时如果选择分期贷款，则必须分几个月偿还贷款，不可一次性提前还清所有贷款。

如果某抵押物在贷款超期15天仍未还款，则该抵押物将被罚没，且后续将不能再进行任何抵押贷款的操作。

【负债对资产的影响】

本项目中，净资产＝账户资金＋固定资产＋货值－所有负债。

所有负债＝应还贷款＋应付采购款。

通过以上公式可知，若还清欠款，则在负债减少的同时，现金也会同步减少，此时净资产是不变的。但如果贷款超期15天，则抵押物将被罚没，罚没后抵押物的价值为0，此时净资产就会立刻减少。

2.4　运营中的计划

在项目运营过程中，根据市场变化、竞争对手、自身资源条件和运营状况来调整或制订相应的运营策略和运营计划。

(1) 结合企业的发展战略，分析资金状况和投入产出状况，做好工厂升级或建设新工厂的计划。

(2) 根据工厂产能，制订日产量计划。

(3) 根据工厂的生产合格率、培训成本和培训后合格率提升带来的收益，制订培训计划。

(4) 根据在采购策略中制订的合作策略和价格策略，与选定的供应商签订采购协议。

(5) 根据在采购策略中选取的订购策略，制订原料采购计划。

(6) 根据目标客户所在城市的开放时间，并结合以往的运营经验和客户给出的合作分情况，以及参考竞争对手标价和中标得分等情况来制订投标计划。

（7）根据以往运营情况、产能计划和产品堆存费来制订仓库建设计划。

（8）根据产能计划，并结合客户订单状况来制订物流配送计划。

（9）结合各个部门做出的资金流预算和资金需求计划，以及企业下一步的发展规划，制订阶段性的融资计划。

2.4.1 升级或新建工厂

生产经理根据工厂选址和产能规划，运营开始后在目标地点建设工厂。在运营过程中，结合企业的发展战略，分析资金状况和投入产出状况，做好工厂升级（可以由小型升级为中型，小型升级为大型或中型升级为大型，如图2-13所示）或建设新工厂的计划。

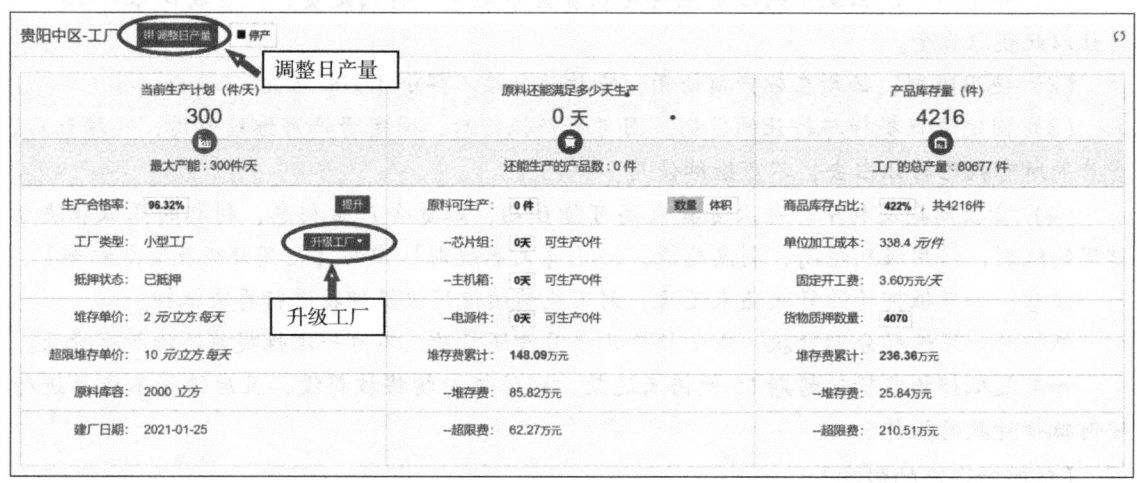

图2-13 升级工厂

【控制加工成本的办法】

影响加工成本有以下三个因素。

（1）工厂类型：工厂规模越大，其单位商品的加工成本就越低。因此，升级工厂除了可以解决产能问题，还能进一步降低产品的成本。

（2）工厂所在城市：每个城市的劳动力成本系数是不一样的，可以在【案例详情】→【城市列表】中看到每个城市对应的加工成本测算，但与之相对应的，加工费越高，人员的素质也越高，合格率就越高，生产时原料的损耗就越低。

（3）合理建造或升级：工厂的升级与建造都要符合实际业务需求，否则会造成成本的过度浪费，影响投资回报率。

2.4.2 制订日产量计划

一般来说，若要提高生产效率，则要充分利用工厂产能进行生产。如图2-13所示，生产经理通过设定日产量等于工厂产能，使得生产效率最大化。当日产量不能满足订单需求或企业发展规模时，必须通过升级产能或建设新工厂来扩大生产规模。

2.4.3 制订培训计划

生产经理根据工厂的生产合格率、培训成本和培训后合格率提升带来的收益，以此来确定是否需要开展培训，以及什么时候开展培训，如图 2-14 所示。

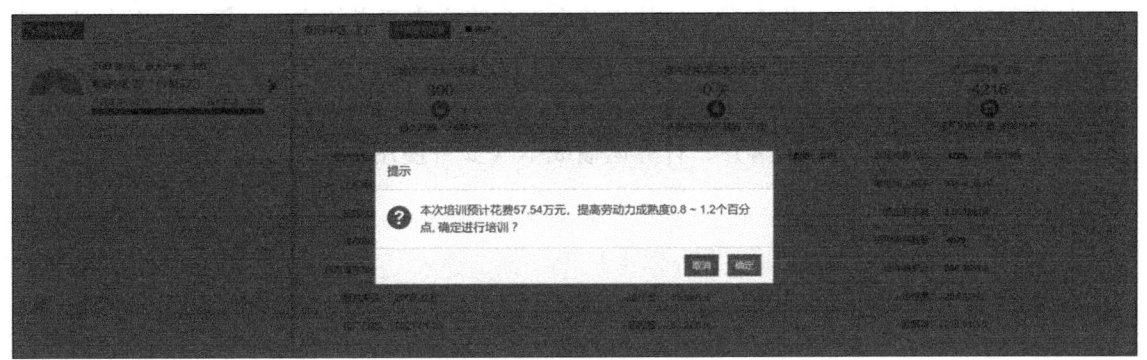

图 2-14 培训示例

【提升生产合格率的办法】

工厂可通过对工人培训来提升生产的合格率，培训成本与工厂类型和工厂的生产合格率相关，工厂规模越大，其培训成本越高；同理，工厂的生产合格率越高，其升级成本也会越高。工厂当前的生产合格率越高，培训成本越高，合格率与培训成本呈指数上升的关系。

2.4.4 签订采购协议

采购经理根据在采购策略中制订的合作策略和价格策略，与选定的供应商签订采购协议，如图 2-10 所示。对于有效期不是一年的协议，采购经理需要在运营过程中持续关注协议是否到期，及时与原供应商再次签订协议，或者与新的供应商签订协议，保障持续供货。

2.4.5 制订采购计划

采购经理根据在采购策略中选取的订购策略（定量订货法或定期订货法），计算原料的订购批量、ROP 等数据，进而制订原料采购计划。

2.4.6 制订投标计划

销售经理根据目标客户所在城市的开放时间，结合以往的运营经验和客户给出的合作分数，参考竞争对手标价和中标得分等情况确定标价和投标时间。

2.4.7 制订仓库建设计划

物流经理需根据以往运营的情况、产能计划和产品堆存费来制订仓库建设计划。包括是否要建仓库？规模如何？在哪里建？什么时候建？成本如何？

1. 了解仓库的建造成本

表 2-4 列出了每个城市的小型、中型和大型三种规模的仓库的建造成本。城市地价、仓库规模与造价的关系如下：

（1）城市的地价越高，仓库的造价越高；

（2）仓库的规模越大，仓库的造价越高。

2. 仓库规模的选择

根据产能计划和以往运营的情况，选择建设规模。

3. 成本比较

计算不建仓库而支付的堆存费,比较不建仓库和建仓库两者的成本,得出是否有必要建仓库。

4. 仓库选址

根据仓库要服务的工厂与客户,计算运输成本(如可使用重心法进行选址),获得仓库选址地点的方案。

【仓库的作用】

仓库主要有以下两个作用。

(1) 减少工厂库存,当工厂的产品库存超过工厂的最大库容时,会产生超限堆存费,超限堆存费会远远高出正常的堆存费用。

(2) 及时响应市场,一种思路是可以将多余的货存到仓库,把仓库建在离工厂比较远的地区,这样就可以用仓库来辐射周边地区。但这样也会带来另一个问题,就是库存周转率会很低,所以也要慎用!

2.4.8 制订物流配送计划

根据产能计划,并结合客户订单状况(包括距离、截至送达日期、是否为高合作分客户等)来制订物流配送计划。该配送计划包括:选择物流供应商、选择配送方式及确定配送路径。

【合理安排运输计划】

在编制运输计划时,需设置单趟运量、承运趟数及起始发运日期。

【例】 现需给客户供货3700件,在运输计划中可以将单趟运量设置为600件(刚好是一家中型工厂的日产量),承运趟数为7。运输计划编制完毕后,只要指定的发货量达到计划发运量时,就会自动发货给客户。

接上述案例,当发运6趟后,实际已发运了3600件,最后一趟只要库存量达到100件,就会发给客户,不会存在多发的情况。如果当前有多个运输计划要执行,则以任务的创建时间进行优先排序,越早安排的计划,越优先执行。

【提高库存周转率的办法】

库存周转率是指某时间段的出库总金额(或总数量)与该时间段库存平均金额(或数量)的比,即在一定期间内库存周转的速度。

在本项目中,库存周转率=总销售量/平均库存,总销售量即为出库总数量,每日平均库存则是库存平均数量。所以,提高销售量和减少库存都能提高库存周转率。具体在执行上,就是在保证订单的前提下,尽快把货送到客户手里。例如,产品一旦生产出来立刻就运走,而不是等生产到足够的量再送货。当然,也需要考虑单趟运输成本的问题。

2.4.9 制订现金流和融资计划

企业在运营过程中,要持续监测现金流运行状况,结合各个部门做出的资金流预算和资金需求计划,以及企业下一步的发展规划,制订阶段性的融资计划。

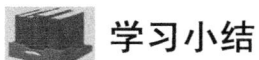 学习小结

- 模块二 运营计划
  - 2.1 运营管理内容
    - 管理层次视角的运营内容
      - 高层战略决策
      - 中层战术决策
      - 基层作业计划与控制决策
    - 管理职能视角的运营内容
      - 运营系统的设计
      - 运营系统的运行
      - 运营系统的维护
  - 2.2 运营基本情况
    - 物料信息
      - 物料，物料清单 BOM
    - 工厂信息
      - 工厂类型、最大产能，初始加工成本，固定开工费
    - 项目分析
      - 市场需求趋势分析
      - 物料构成分析
      - 物料堆存成本分析
      - 生产分析
  - 2.3 运营前的规划
    - 选择目标市场，选择目标客户，制订投标策略
    - 工厂选址，产能规划
    - 制订库存策略
    - 选择供应商，制订采购策略
    - 制订物流策略
    - 制订现金流计划，制订融资计划
  - 2.4 运营中的计划
    - 新建或升级工厂，制订日产量计划，制订培训计划
    - 签订采购协议，制订采购计划
    - 制订投标计划
    - 制订仓库建设计划，制订物流配送计划
    - 制订现金流和融资计划

模块三　运营执行

 学习要求

学习要求	说明
学习目标	1. 能理解运营参数设置对运营操作速度、运营周期及市场需求的影响。 2. 能按照运营规则指导开展运营的各项工作。 3. 能熟练操作供应链运营系统，完成运营执行的各项工作。 4. 能理解供应链运营流程和运行逻辑，理顺各项工作之间的关系。 5. 通过运营执行的学习，能深化对供应链管理的 SCOR 模型、供应链相关基础知识的理解和认识，提高供应链理论水平。
教学方式	1. 讲授，运营演示。 2. 学员在教师指导下学习。 3. 学员独立完成供应链运营主流程操作。 4. 师生总结交流。
学时	16 学时。
学时时间	16 学时×45 分钟/学时＝720（分钟）。

 考核评价

考核指标	说明	分值
1. 财务信用执行		共 20 分
（1）财务信息整理与分析	会查询账户资金、运营收支、固定支出与货值、贷款等信息，并对以上信息数据进行整理、分析和判断。	4 分
（2）融资管理	能对现金需求计划做出预判，结合自有资源对各种融资方式进行判断和选择，并按融资规则执行融资操作。	8 分
（3）还贷管理	能结合还贷任务和自有资金动态变化情况，进行还贷规划和安排，根据融资规则执行还贷操作。	8 分
2. 招标中心执行		共 20 分
（1）招标信息收集与分析	会查询、收集和整理招标公告、已投标信息，并以此为依据，对市场需求发展和竞争态势进行分析与预判。	5 分
（2）投标撤标	能结合自身资源条件、生产能力和成本等因素判断是否要投标，并能快速判断已投标是否要撤标，并执行投标或撤标操作。	10 分

续表

考核指标	说明	分值
(3) 交付管理	会跟踪中标待配送信息,对产品交付进度和交付量进行判断,做出交付计划,并执行交付操作。	5分
3. 原料采购执行		共20分
(1) 供应商选择	能收集、整理和分析供应商信息,选择合适的供应商,并执行选择供应商的操作。	2分
(2) 采购协议管理	能结合成本、质量和效率,快速理解和判断采购条款的最佳组合,做出采购决策,并执行签订/续签采购协议的操作。	5分
(3) 采购订单管理	能应用定期订货法或定量订货法确定采购计划,会填写订单信息,执行下达采购订单的操作。	5分
(4) 采购付款	会结合企业自有资金状况、付款日期和付款金额,申请付款操作。	3分
(5) 查询相关信息	会查询和收集生产计划和原料库存、查询采购协议、查询采购应付款,支持各种采购工作的计划和执行。	3分
(6) 订单进度跟踪与管理	会跟踪原料订单到货情况,能结合生产需求、成本和效率,分析紧急采购的必要性。	2分
4. 生产制造执行		共20分
(1) 选址建厂	能理解重心法原理和应用,结合企业发展规划、目标市场需求和客户地点,做出选址和建厂规模决策,执行在选定地点建设不同规模厂房的操作。	6分
(2) 生产指令	会结合工厂产能、生产效率和成本因素,制订日产量计划,下达生产指令,即调整日产量的操作。	4分
(3) 产能管理	能根据供应链运营计划和市场发展趋势,制订产能提升计划并保证顺利实施,执行工厂升级操作。	4分
(4) 停产管理	会分析和判断停产的必要性,以及对供应链运营的积极和消极影响,执行停产操作。	3分
(5) 质量管理	会分析提高产品质量的必要性,并制订质量管理策略,执行提升生产合格率的操作。	3分
5. 仓储配送执行		共20分
(1) 配送信息收集与分析	会查询和收集中标待配送信息,分析供货中订单进度,优化配送计划。	2分
(2) 供货交付	能根据订单要求,制订产品准时交付计划,执行安排供货操作。	1分
(3) 运输路线规划	能根据订单要求,比较配送成本和时效性,选择最佳运输方式,规划运输路线,执行路线规划操作。	4分
(4) 承运商选择	会收集承运商信息,比对分析承运商的运输条款、价格和效率,选择合适的承运商,完成承运商选择操作。	1分
(5) 运输计划下达	会根据工厂和仓库的库存情况,选择发货地和目的地,下达"工厂→客户""工厂→仓库""仓库→客户"的运输计划。	5分
(6) 承运商删除	能提出承运商考核和淘汰的主要评价指标,执行删除承运商的操作。	2分

续表

考核指标	说明	分值
（7）订单最优先发货	会综合分析和判断多个客户订单要求，安排订单最优先发货顺序，执行订单最优先发货操作。	2分
（8）选址建仓	会结合成本和效率，分析建仓的必要性，做出选址决策和仓库规模决策，执行在选定地点建设不同规模的仓库的操作	3分
	合计	100分

本模块以案例为载体，详细讲解了运营执行的操作步骤和流程，学员参照考核评价要求和操作说明，通过执行供应链主流程的操作完成供应链运营，并在运营过程中深化对供应链基础知识和供应链运营规则的理解和运用，建立供应链运营的全局观和系统思维。

3.1 工厂选址与建设

设施的位置对设施建成后的布置与投产后的生产经营费用、产品与服务质量及成本都有极大而长远的影响。因此，企业在做出选址决策时，需要考虑多方面的影响因素。设施选址包括两个层面的问题：一是区位选择，即选择在哪个地区（或区域）设置设施，如东北、华南、内陆还是沿海等；二是地点选择，即在已选定的区位中，把设施选定在具体的地点、方位。因此，选址要从企业自身需求出发，综合考虑不同层面的各种因素对企业生产运营和生存发展的影响，从而做出符合企业战略发展的选址决策。

选址建厂既可以作为运营的第一项工作，又可以安排在投标工作之后。但如果先建厂后投标，则会有利于提高投标的分数。此外，建厂后有 7 天的冻结期，冻结期结束才能投产，基于这个规则，可以考虑先建厂后投标。

【操作1】单击导航栏中的【返回竞赛】选项，即进入运营工作。

【操作2】准备建厂。单击【生产制造】选项，进入如图 3 - 1 所示界面，无工厂信息。

【操作3】开始建厂。单击图 3 - 1 左上角的【建造新工厂】按钮，界面右侧即会以地图形式显示中国地图。如图 3 - 2 所示，通过地图中的放大设置，可以看到深色区域，这些深色区域代表的是各省会城市或直辖市的位置，也是允许建厂的位置。

图 3 - 1 建造工厂 1

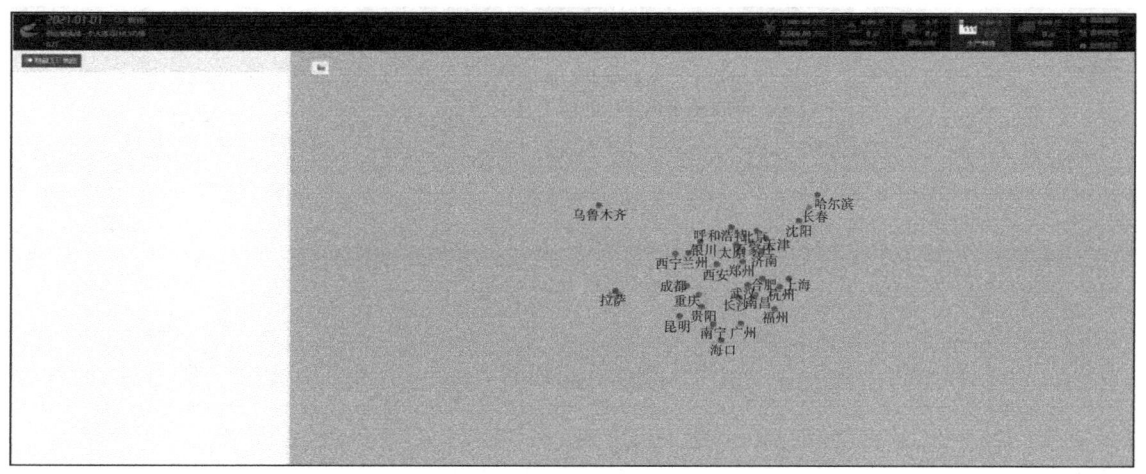

图3-2 建造工厂2

根据运营规划会议制订的方案,进行工厂选址。工厂选址需考虑以下城市因素。

(1) 地价影响建造工厂需支付的土地费用。

(2) 劳动力成本指数影响单件产品的加工成本。

(3) 劳动力成熟度越高,产品合格率越高,生产时原料的损耗越小。

(4) 工厂规模决定了建造成本、每日最大产能、最大库存容量及每日开工费。

在本项目中,我们根据规划会议确定的方案,选择在昆明建厂。

【操作4】选址。单击如图3-3所示的"昆明"地标,进入如图3-4所示的界面。

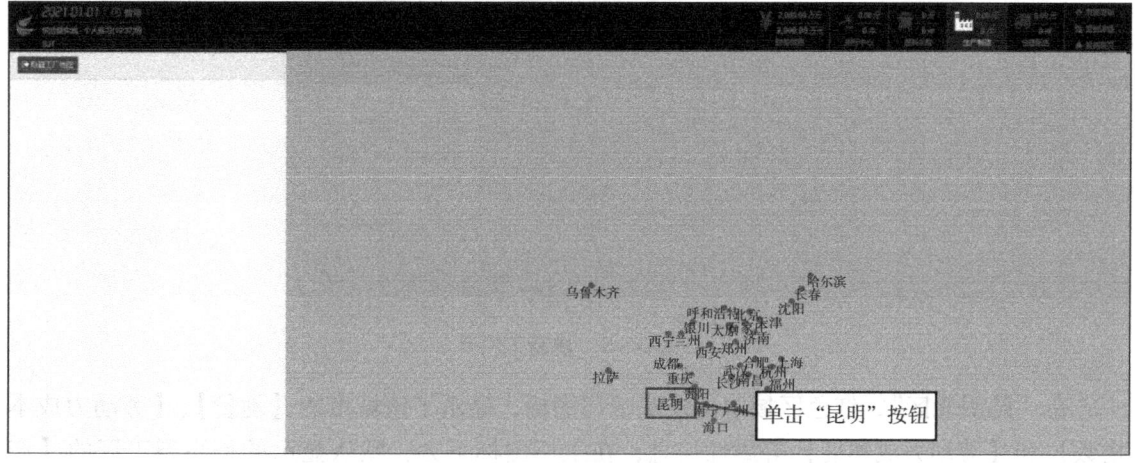

图3-3 建造工厂3

【操作5】建厂。每个城市都会有三个不同的分区,但每个分区的参数都是一致的,因此只需将工厂图标拖动至欲建厂的分区即可。根据规划会议确定的方案,我们选择在昆明建厂,定位于昆明北区。如图3-4所示,将鼠标放置于地图左上角的工厂图标,按住鼠标左键,把工厂拖到昆明北区,结果如图3-5所示。

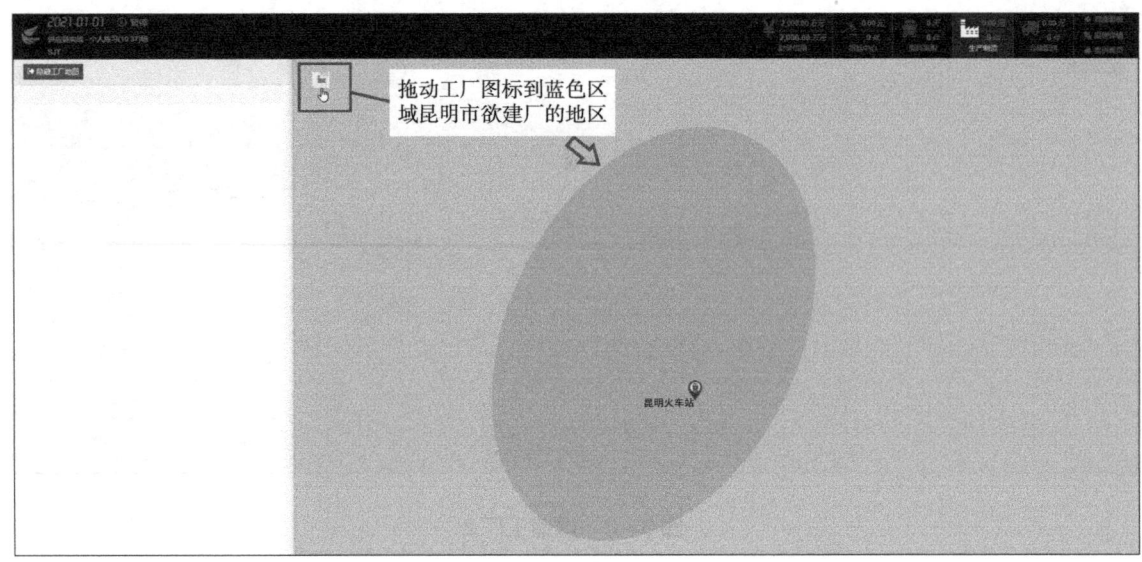

图3-4 建造工厂4

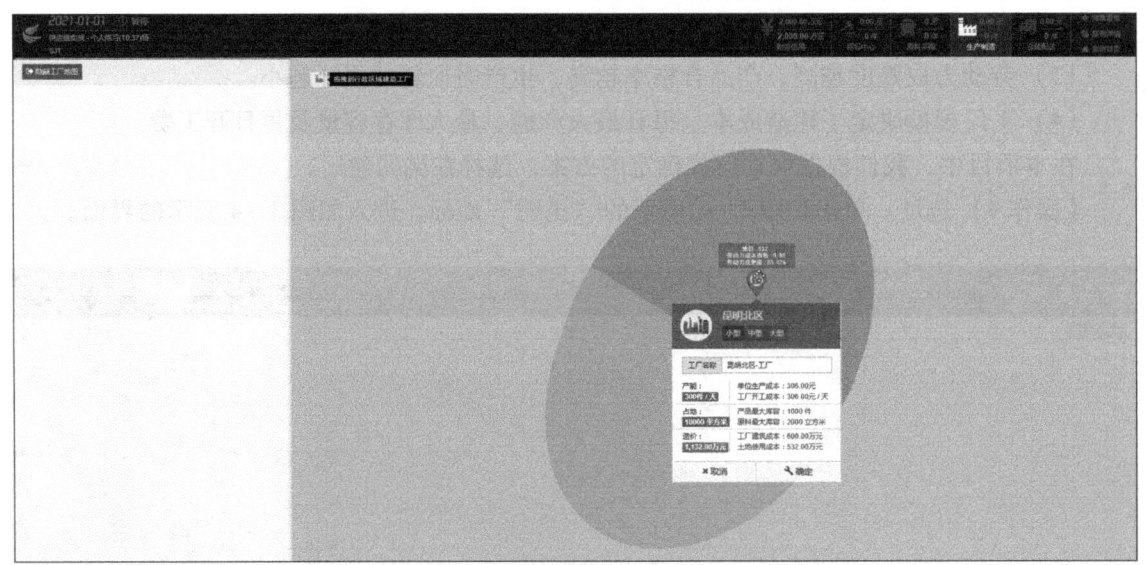

图3-5 建造工厂5

在"昆明北区",红色区域中出现了工厂图标,显示了该城市的【地价】、【劳动力成本指数】和【劳动力成熟度】等属性信息;在工厂图标下方,默认显示的是小型工厂的【产能】、【占地】和【造价】三项基本信息。大型、中型、小型三种不同规模的工厂,其产能、占地和造价是不同的。

产能是指在计划期内,在既定的资源条件和技术条件下,所能生产的产品数量。主要指标包括单位生产成本和工厂开工成本。工厂的规模越大,产能越高,工厂开工成本越高。如果按照最高日产能进行生产,规模越大的工厂,单位生产成本越低。

占地是指工厂能够存放原料和产品的占地面积,主要指标包括产品最大库容和原料最大库容。这也说明一个工厂有两个仓库，一个是产品仓，一个是原料仓。

造价是指建造工厂所需要花费的成本，主要指标包括工厂建筑成本和土地使用成本。计算公式为：造价 = 工厂建筑成本 + 土地使用成本。

【操作6】选择规模，确认建厂。根据规划会议确定的方案，我们决定建造小型工厂。

选址和工厂规模确定后，单击【确定】按钮，进入如图3-6所示的界面。我们可以看到界面左侧多了一个工厂信息，右侧详细列出了昆明北区-工厂的【当前生产计划】、【原料还能满足多少天生产】、【产品库存量】三项基本信息。

在这里，可以根据客户订单情况和企业发展规划对【生产合格率】进行提升，对【工厂类型】进行升级。具体规则请参阅"模块一运营准备——1.2.5生产规则"。

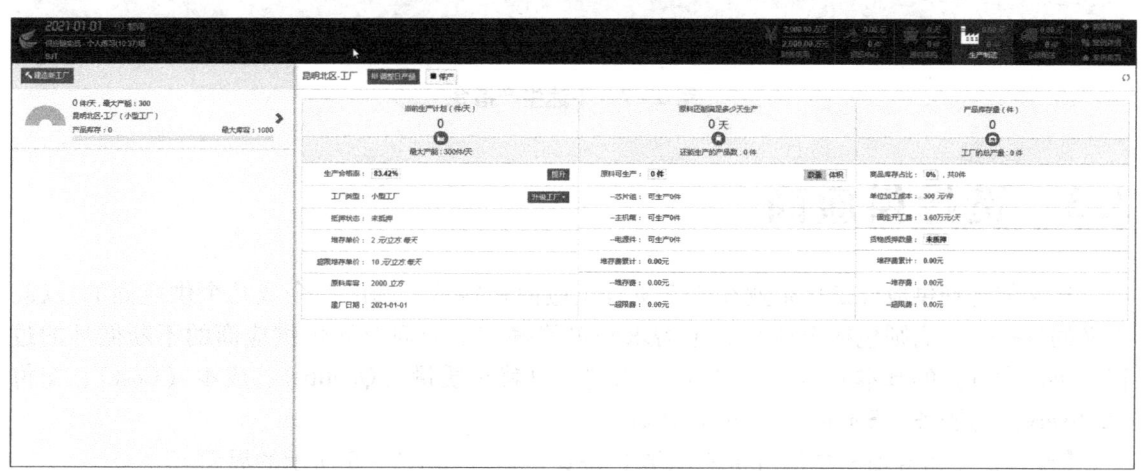

图3-6　建造工厂6

3.2　下达生产指令

生产指令是指计划部门下发给生产车间，用于指导现场生产安排的报表，即生产指令单，它是生产安排的计划和核心，通常包含生产的产品、数量、作业负责人、作业时间，作业开始时间和作业结束时间等。

在本项目中，工厂建成后，不会自动生产产品，必须通过"调整日产量"（即下达生产指令）来启动生产。

【操作】如图3-7所示，单击【调整日产量】按钮，在【产量】编辑框中输入日产量，然后单击【确定】按钮。

【注】

● 建厂后的首次投产，必须设置产量，工厂才会启动生产准备工作，否则工厂一直处于停产状态。

● 输入的日产量可以小于或等于工厂的日产能。

● 初始建造的新工厂是没有原料来供应生产的，生产经理需及时与采购经理沟通原料需求计划。

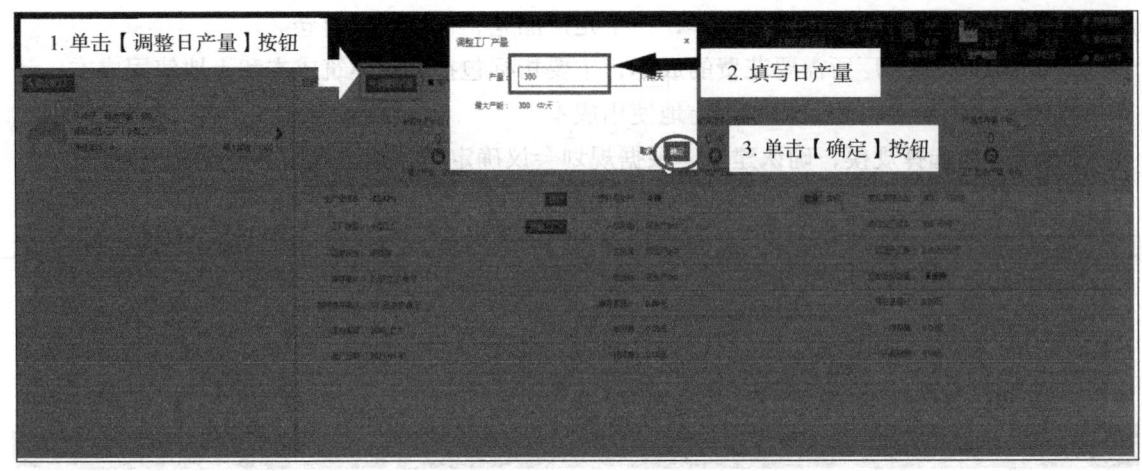

图3-7 下达生产指令

3.3 选择供应商

狭义的选择供应商是指企业在研究所有供应商资料后，选出一个或几个供应商的过程。广义的选择供应商则包括企业从确定需求到最终确定供应商及评价供应商的不断循环的过程。供应商选择的基本准则是"QCDS"原则，也就是质量（Quality）、成本（Cost）、交付（Delivery）与服务（Service）并重的原则。

【操作】单击导航栏中的【原料采购】按钮，进入如图3-8所示的界面。

该界面由左右两部分组成，左侧是项目管理列表，右侧是该项目的具体信息。左侧的项目管理列表包括两部分，一是【供应商管理】（包括供应商列表、我的供货协议和采购应付款）；二是【工厂采购管理】，列出了所建工厂，只要选择某个工厂，就可以查看该厂原料的采购情况和使用情况。

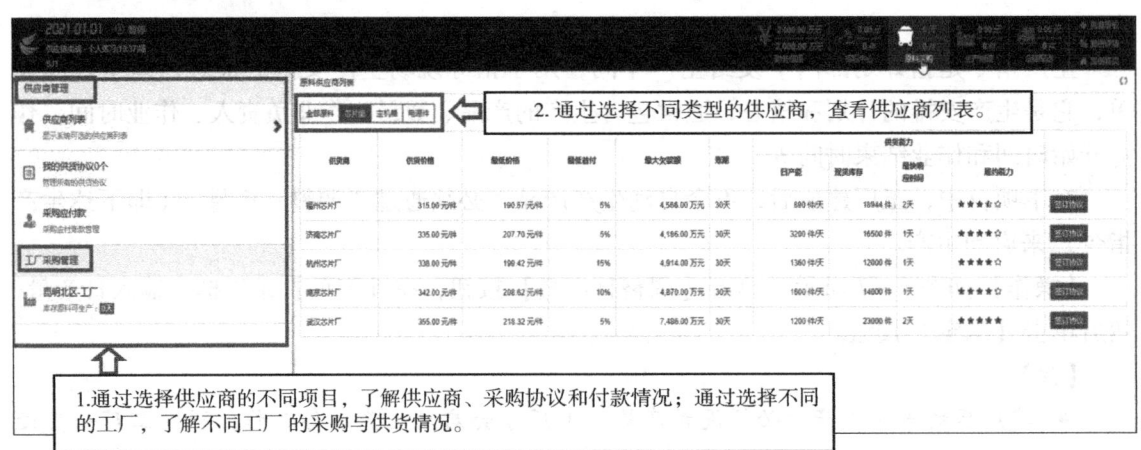

图3-8 原料采购

单击左侧【供应商列表】选项，可以查看可供选择的供应商列表。原料供应商一共分为三类，分别供应芯片组、主机箱和电源件。每个供应商的供货价格、最低价格、最低首付、最大欠款额、账期和供货能力（包括日产能、现货库存、最快响应时间、履约能力）都是不一样的。我们需要根据规划会议确定的方案，来选定供应商并签订采购协议。

3.4 签订采购协议

对于制造商来说，向供应商采购原料，需通过采购协议来确定双方的合作关系。签订采购协议是指采购和供应双方本着公平、诚信的原则，协商一致签订关于原料采购协议以此确定采供双方之间的产品采购和供应的合作关系。供应商按照采购协议的约定和采购订单的要求向采购商供货，采购商按照采购协议的约定和实际收货情况付款。采购规则详见"模块一运营准备——1.2.4 采购规则"。

图 3-9 所示的是与芯片供应商签订采购协议的操作流程。

【操作】单击【签订协议】按钮，选择协议条款，明确总的价格优惠幅度，然后单击【确定】按钮，完成采购协议签订工作。

在本项目中，与芯片供应商的采购协议条款如下。

- 协议有效期为第 1 季度（↓1%）。
- 合作类型为独家供货商（↓7%）。
- 订单响应天数为 1 天（↑3%）。
- 订单首付比例为 5%。
- 月最低供货量为 10 000 件。

协议总调价幅度 =（-1% -7%）+3% = -5%，也就是说，采购总金额优惠幅度是 5%。调价幅度越大，供应商对该协议的采购订单发货的优先级越高。

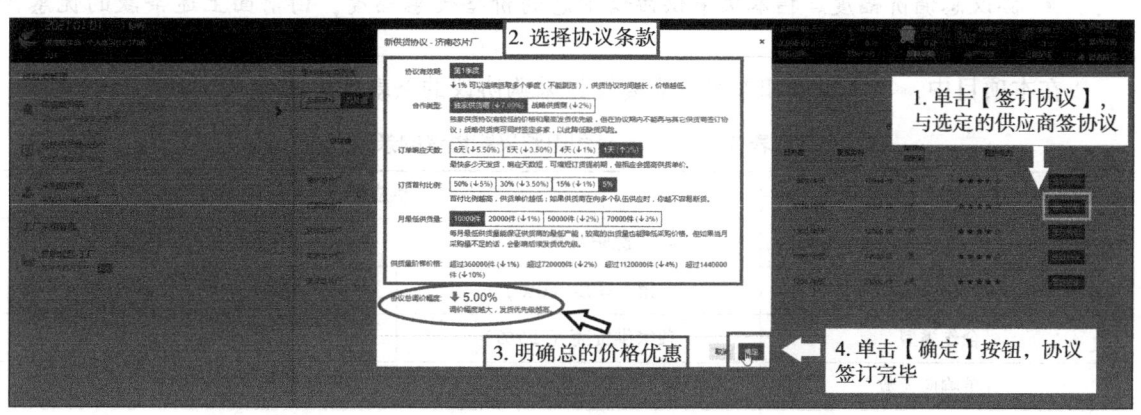

图 3-9 与芯片供应商签订采购协议的操作流程

【协议条款说明】

- 协议有效期。可以选择与供应商签订不同有效期的采购协议，有效期可以是 1~4 季度不等。（因本项目是一个季度的运营，所以仅提供了"第一季度"的有效期。）在一份协议中，有效期越长，价格优惠幅度越大。
- 合作类型分为以下两种。

（1）独家供货商。在协议有效期内，制造商只能向该独家供货商采购原料，但可以向其他供应商发出临时采购订单（临时采购不享受价格优惠）。

（2）战略供货商。若选择该合作类型，则制造商可以同时与多家同类型战略供货商签订采购协议。

虽然独家供货商给予的价格优惠幅度（下降7%）远远大于战略供货商的价格优惠（下降2%），但是，制造商选择与多家战略供货商签订采购协议，可以降低缺货风险。

- 订单响应天数。指下单后最快多少天发货。例如，如果订单响应天数为两天，那么在1号下采购订单，通常3号安排发货。订单响应天数越长，价格优惠幅度越大，但延误正常生产和交付的风险越大，为了避免产品交付违约，制造商会考虑采取紧急采购。此外，采购经理除了要考虑订单响应天数，还要考虑原料从供应商工厂运输到制造工厂的天数来确定采购提前期。
- 订货首付比例。指下达采购订单时立即支付的金额，首付比例越高，价格优惠幅度越大。但与此同时，首付比例越高会降低企业现金流动性，进而影响企业正常运营活动需支付的各项费用，并容易导致现金流短缺，甚至破产。例如，制造商向某芯片供应商下达了一个采购订单，首付比例为5%，订单金额为10万元，则首付需支付10×5%=0.5（万元）。
- 月最低供货量。指供应商确保的最低供货量，也是制造商必须达到的月最低采购量。每月最低供货量能保证供应商的最低产能，月最低供货量越大，价格优惠幅度越大，采购价格越低。如果制造商未达到该最低采购量，供应商会降低该制造商的发货优先级。例如，制造商与某供应商签订的第一季度的采购协议中，月最低供货量是10 000件，制造商1月份的实际采购量是8 000件，则采购总价是以10 000件为单位进行结算的。
- 供货量阶梯报价。指按照不同的供货数量给出的不同价格。若协议条款中总采购量超过36万件，则采购优惠幅度下降1%；若超过144万件，则采购优惠幅度还可以下降10%。
- 协议总调价幅度。指本次采供协议中总的价格优惠幅度，由前面上述条款的优惠幅度的求和汇总可得出。

在本项目中，与主机箱和电源供应商签订采购协议的条款如表3-1所示。

表3-1 主机箱和电源采购协议的条款

协议条款	供应商	
	沈阳机箱厂	南宁电源厂
协议有效期	第一季度（0%）	第一季度（↓1%）
合作类型	独家供货商（↓7%）	独家供货商（↓5%）
订单响应天数	两天（↑5%）	一天（↑5%）
订单首付比例	5%	10%
月最低供货量	5000件	5000件
协议总调价幅度	↓2%	↓1%

3.5 查询/续签采购协议

【操作1】单击左侧【我的供货协议3个】选项，默认进入【芯片组】供货协议列表。

该列表显示了采购协议的基本信息，包括供应商名称、协议类型、协议有效期、协议折扣、平均单价、当前欠款额度、总采购量和平均到货提前期。

【操作2】单击【查看合同】选项，可查看合同条款；单击【续签】按钮，可与该供应商续签采购协议，如图3-10所示。

【操作3】可分别单击【主机箱】、【电源件】、【显示所有协议】选项进行分类或全部显示采购协议。

【操作4】可单击【使用中的协议】选项，查看使用中的协议在有效期内的协议内容；单击【已过期协议】选项，查看已过期协议在有效期内的协议内容。

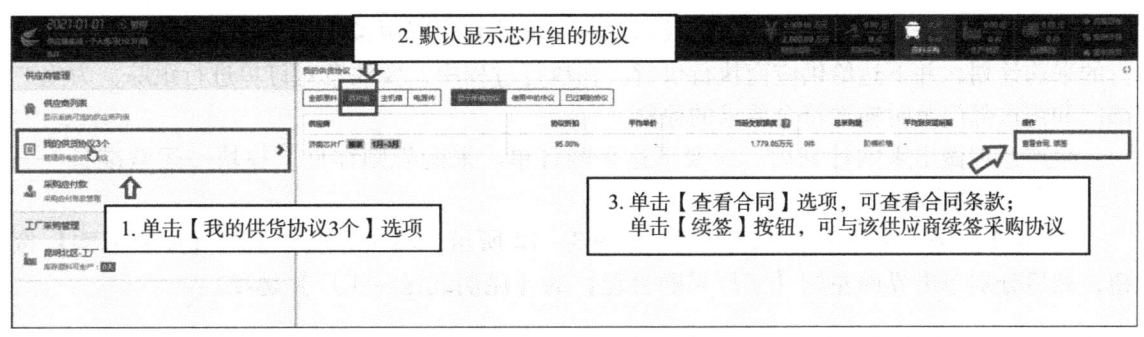

图3-10 查看/续签采购协议

3.6 查询生产计划和原料库存

采购经理在下达采购订单前，需要了解生产计划，以便下达合适的采购量，及时供应原料，确保生产正常开展。

【操作】如图3-11所示。单击导航栏上的【生产制造】按钮，然后选择左侧工厂列表中的某个工厂，查阅当前生产计划、原料还能满足多少天生产等内容。

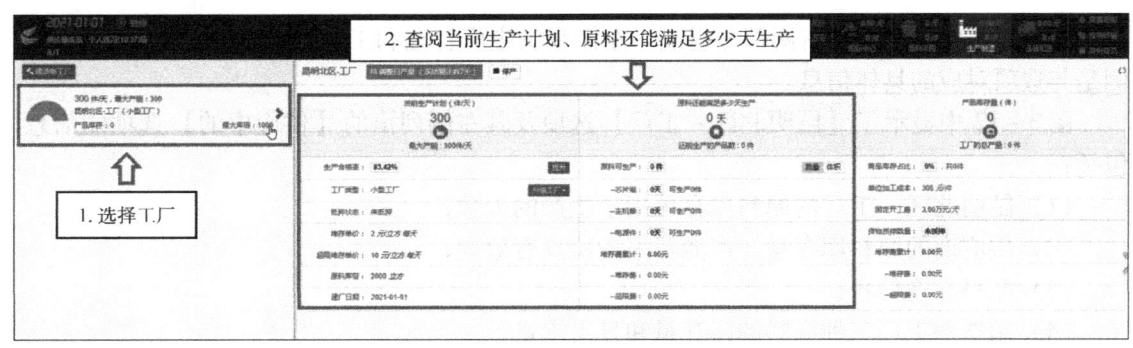

图3-11 查看生产计划和原料库存

通过图3-11，了解到昆明北区-工厂（小型规模）的产能是300件/天，也就是说三种原料的采购量需要满足每天生产300件设备的用料需求,而当前原料的库存为0。此外,工厂给予原料的库容是2 000m³,各种原料分别需要采购多少?回顾表2-2提供的各种原料的体积数据,芯片组是0.05m³,主机箱是0.5m³,电源是0.1m³;物流清单列出了生产1件设备,需要2件芯片组、1件主机箱和1件电源。因此,采购经理需综合这些信息和客户订单需求制订采购计划,下达采购订单。

3.7 下达采购订单

采购订单是企业根据生产计划生成的原料需求计划、资源条件及相关因素制订的切实可行的采购计划,并下达给供应商执行供货。在执行过程中,要注意对订单进行跟踪,为生产部门和需求部门及时输送符合要求的原料。

生产经理做出采购计划后,就要下达采购订单。采购规则详见"模块一运营准备——1.2.4 采购规则"。

【操作1】进入工厂采购管理界面。如图3-12所示,单击导航栏上的【原料采购】按钮,然后分别单击界面左侧【工厂采购管理】的【昆明北区-工厂】选项。

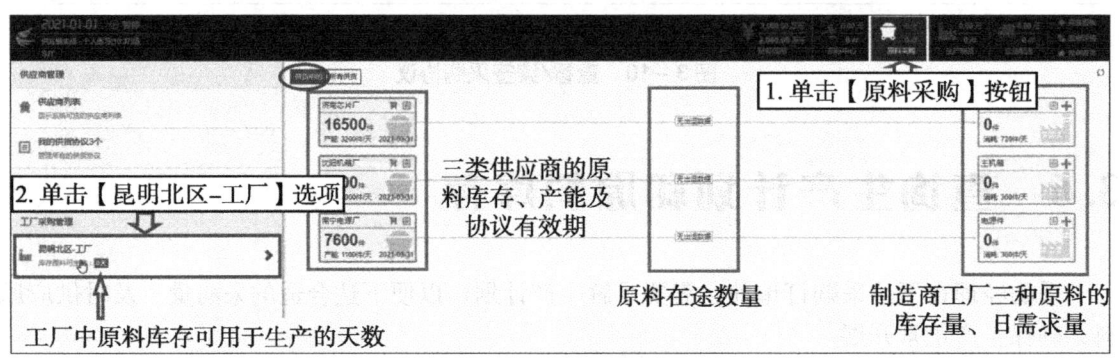

图3-12 工厂采购管理

图3-12的界面由左右两部分组成,左侧是供应商管理和工厂采购管理的选项列表,右侧是与选项对应的具体信息。

图3-12中显示了【昆明北区-工厂】选项及其右侧列出的【供应中的】选项的信息,包括:

(1)昆明北区-工厂的原料库存可用于生产的天数;
(2)供应商的原料库存量、产能及采购协议有效期;
(3)原料在途信息;
(4)制造商工厂三种原料的库存量和日需求量。

【操作2】下达采购订单。如图3-13、图3-14和图3-15所示,单击供应商的【购物车】按钮,在【订单货量】编辑框中输入订货量,再单击【确定】按钮,完成下单。三种原料的采购订单详情如表3-2所示。

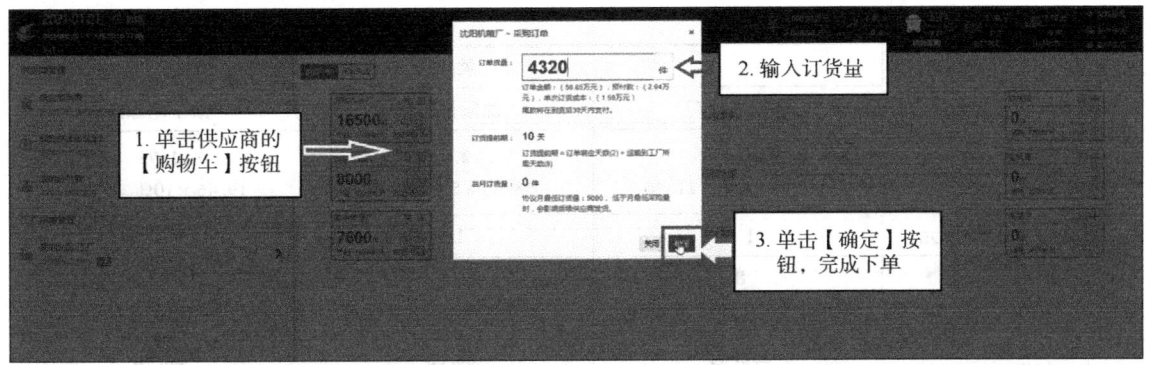

图 3-13 下达机箱采购订单

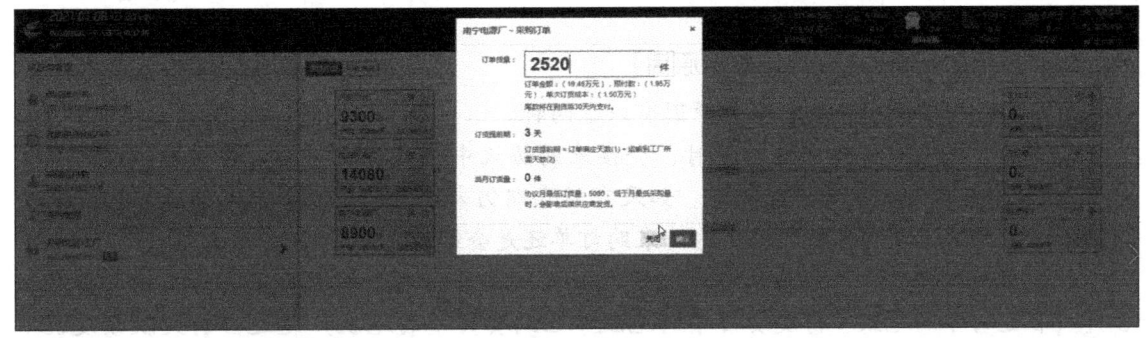

图 3-14 修改订货量

如图 3-15 所示，下达采购订单后，在出运数量界面中显示了在途/待发货的原料数量。

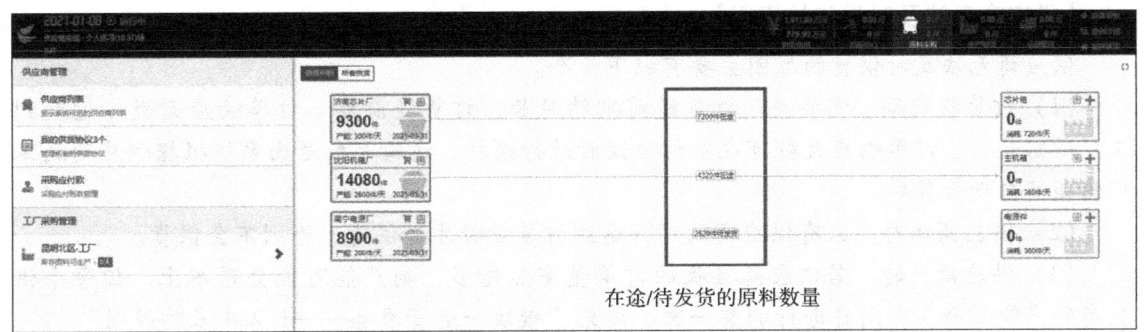

图 3-15 在途/待发货原料数量

表 3-2 三种原料的采购订单详情

参数	供应商		
	济南芯片厂	沈阳机箱厂	南宁电源厂
下单日期	1月3日	1月1日	1月8日
订单货量/件	7 200	4 320	2 520
订单金额/万元	**229.14** 7 200 × 318.25 = 229.14	**58.85** 4 320 × 136.22 = 58.85	**19.46** 2 520 × 77.22 = 19.46

续表

参数	供应商		
	济南芯片厂	沈阳机箱厂	南宁电源厂
预付款/万元	**11.46** 229.14×5%＝11.46	**2.94** 58.85×5%＝2.94	**1.95** 19.46×10%＝1.95
单次订货成本/万元	1.5	1.5	1.5
订货提前期/天	**8** 1天订单响应＋7天运输	**10** 2天订单响应＋8天运输	**3** 1天订单响应＋2天运输
本次订货成本/万元	**230.64** 229.14＋1.5＝230.64	**60.35** 58.85＋1.5＝60.35	**20.96** 19.46＋1.5＝20.96
原料到达工厂日期	1月10日	1月10日	1月10日

【不能向供应商下达采购订单的原因】

不能向供应商下达采购订单的原因有以下两种。

（1）欠款超期。下达采购订单时，会按采购协议中的首付比例支付首付款，原料到货后的30天内是采购尾款的付款期限。如果有超账期仍未支付的尾款，则不能向任何一家供应商下达新的采购订单，但之前下达的采购订单还是会继续发运的。

（2）欠款超额。每个供应商都有当前欠款额度，若向某个供应商下达的采购订单尾款合计（在途订单的尾款＋待发货订单的尾款＋已到货订单的尾款）超过当前欠款额度就不能向该供应商采购了。当前欠款额度每周变化一次，变化规则＝该供应商最大欠款额度×信用评分/100。

学员平时要关注采购时给出的提示，是超期还是超额，并根据提示进行相应的操作。

【供应商无法及时供货的原因】

供应商无法及时供货的原因主要有以下几个。

（1）订货提前期。需要关注订货提前期的时长，订货提前期＝订单响应天数＋运输到工厂所需天数。订单响应天数可在签订协议时进行选择，运输天数是由系统根据供应商到工厂的距离自动计算的。

（2）供应商库存。只有供应商的库存达到订单量时才会供货，否则不会供货。

（3）供应商产能。若供应商接收的订单量突然增多，则产能可能会跟不上。但每个供应商的产能都会在每周日进行调整一次。详见"模块一运营准备——1.2.4采购规则"。

（4）订单优先级。如果当前供应商向多个工厂供货，则将会根据各订单的优先级安排配送工作。详见"模块一运营准备——1.2.4采购规则"。

3.8　查询招标公告

【操作】单击导航栏上的【招标中心】按钮，进入如图3-16所示的界面。

图3-16中列出的是未来10天的市场招标清单。其中，【招标中(4)】选项表示有4个招标公告，分别是南昌、天津、广州和郑州，而【待配送】、【配送中】、【配送完】、【未中标】信息均为0个，说明在这些项目下没有相关配送信息。

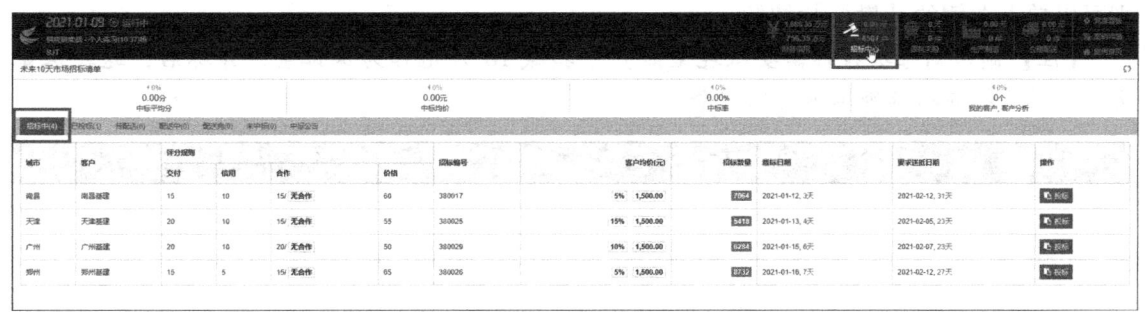

图 3-16 招标公告

3.9 投标

投标是指对招标项目有交易意向的投标人，响应招标公告的要求，参加投标竞争的行为。招标规则详见"模块一运营准备——1.2.2 招标规则"。

【操作】如图 3-17 所示，单击客户的【投标】按钮，在【投标单价】文本框中输入投标单价，再单击【确定】按钮，完成投标。

【注】在输入投标单价时，注意竞标限价，投标单价在最低和最高限价之间。总报价等于招标数量乘以招标单价。总得分＝交付能力得分＋信用得分＋合作历史得分＋价格得分。除价格得分外，其他三项分数仅供参考，实际分数在开标当天实时计算。

初始投标时，因为之前与客户没有任何合作经历，合作分为 0，交付和信用分都偏低。

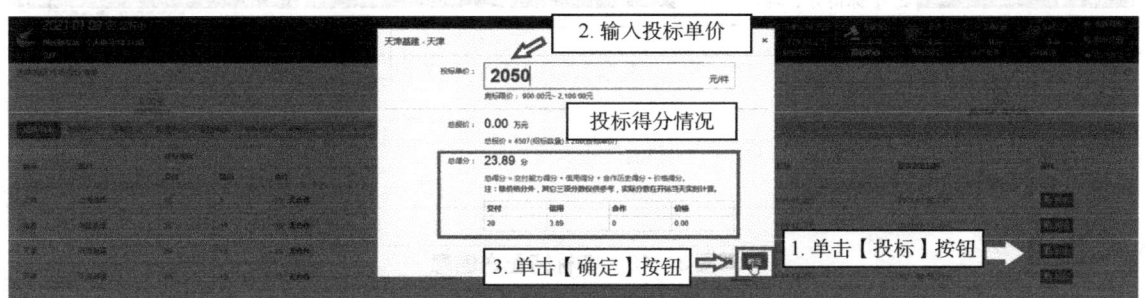

图 3-17 投标操作

投标后，如图 3-18 所示，【已投标(1)】选项表示已经投标了 1 个客户，可查看该标的情况。

3.10 查询已投标信息

【操作】如图 3-18 所示，单击【已投标】选项。

已投标是指制造商按招标要求投标后的状态，此时还没有开标。

可以查看"天津基建"客户的招投标信息，包括招标编号、招标数量、截标日期、要求送抵日期、招标单价、价格得分和标的总额等。

对于投标后显示"已投标"状态的标的，如果制造商认为该标不合适，要放弃投标，则可以单击右侧的【撤标】按钮。

【注】制造商每次投标需要从现金账户中扣减 10 万元作为保证金，开标后，返还保证金，如果开标前撤标则不退还保证金。

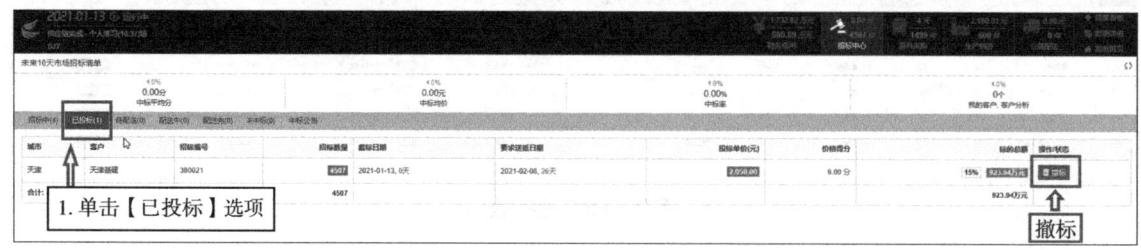

图 3-18　已投标信息

3.11　查询中标待配送信息

如图 3-19 所示，中标后，系统会自动发出中标通知，同时【待配送(0)】选项变为【待配送(1)】选项，表明中了 1 个标，该标的产品等待配送。同时，系统显示了中标得分、均价、中标率等数据。如果要查看待配送信息，则可进行以下操作。

【操作】单击【待配送(1)】选项。

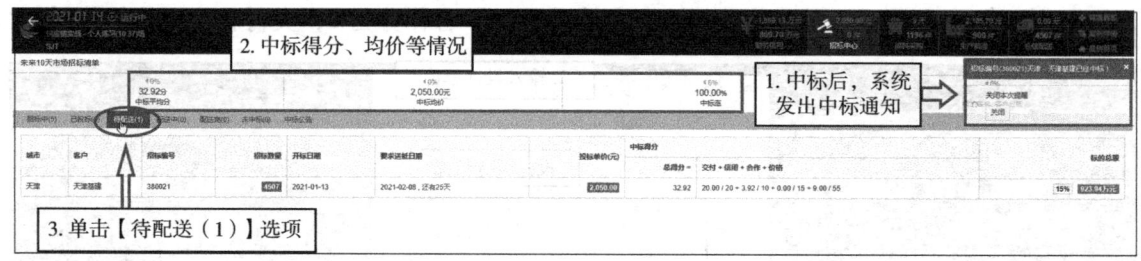

图 3-19　中标待配送信息

图 3-19 显示了"天津基建"客户的待配送信息，包括招标编号、招标数量、开标日期、要求送抵日期、招标单价、总得分和分项得分、标的总额及客户首付比例。

3.12　安排供货

中标后，制造商就要开始安排供货了，供货必须根据规定的时间、规定的地点、规定的数量和规定的验收标准给客户提供货物。

【操作1】如图 3-20 所示，单击导航栏上的【仓储配送】按钮，然后系统默认显示【未供货订单】选项，单击需要安排供货的客户的【安排供货】按钮。进入如图 3-21 所示的界面。

模块三 运营执行

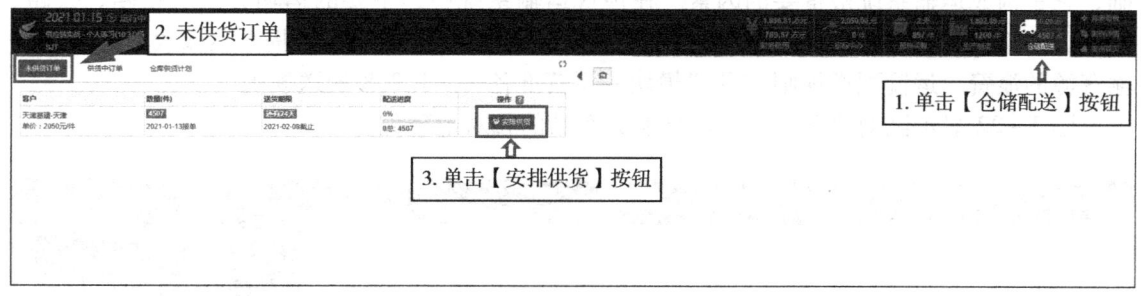

图 3-20 安排供货 1

在图 3-21 所示的界面中，显示了天津基建客户与天津火车站、昆明北区-工厂与昆明火车站的相对地理位置，并显示了客户对产品的需求量、价格和期限，以及昆明北区-工厂的产能、产品库存和产品质押等情况。注意，昆明火车站和昆明北区-工厂的图标是不同的。

【操作2】如图 3-21 所示，单击位于地图右上角的【昆明北区-工厂】选项。进入如图 3-22 所示的界面。

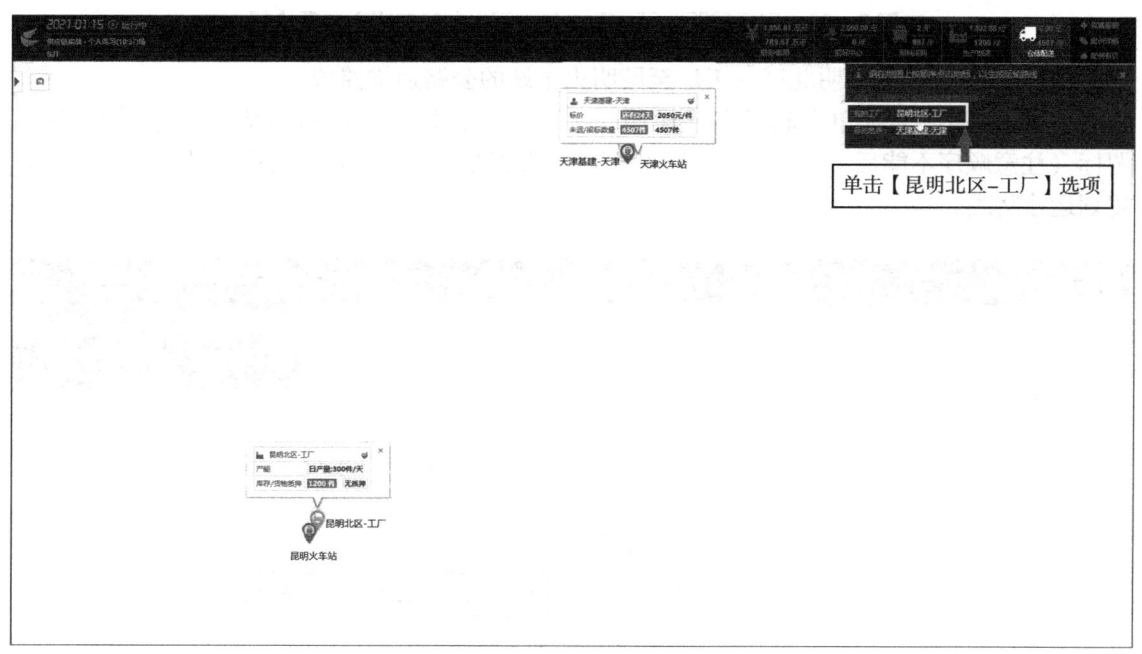

图 3-21 安排供货 2

3.13 规划运输线路

运输线路是供运输工具定向移动的通道，是运输工具运输业务赖以运行和开展的物质基

83

础，它是构成运输系统最重要的因素。在现代运输系统中，主要的运输方式有铁路、公路、航空、水路和管道运输。合理地规划运输线路，可以降低运输成本，提高运输效率，减少运输资源的浪费。运输配送规则详见"模块一运营准备——1.2.8 配送规则"。

图 3-22 显示昆明北区-工厂和昆明火车站的相对地理位置。

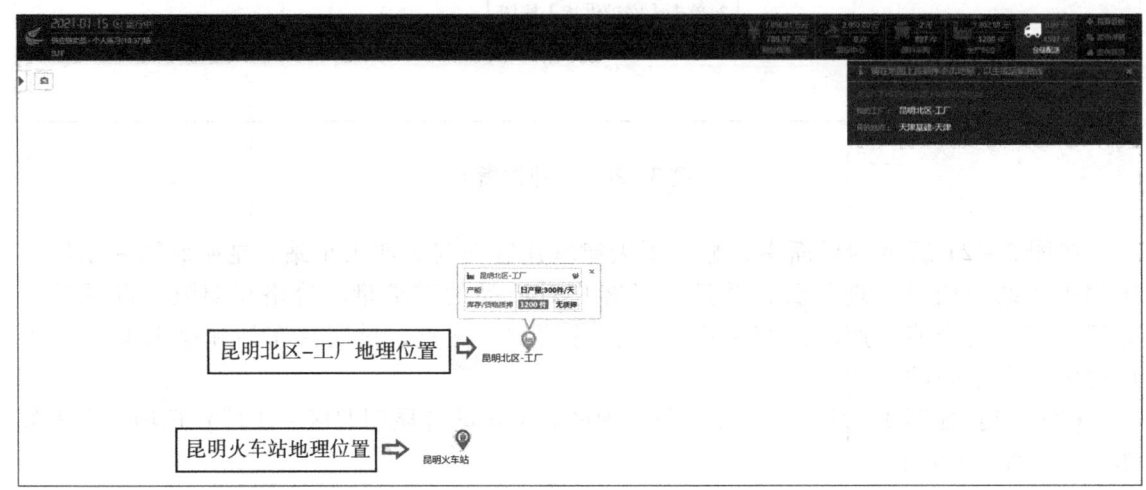

图 3-22　显示昆明北区-工厂与昆明火车站的相对地理位置

【操作 1】规划从昆明北区-工厂至昆明火车站的公路运输路线。

如图 3-23 所示，单击起运点【昆明北区-工厂】图标，然后再单击【昆明火车站】图标（注意顺序不能反），可看到一条红线从昆明北区-工厂指向昆明火车站，表明已成功规划运输路线。

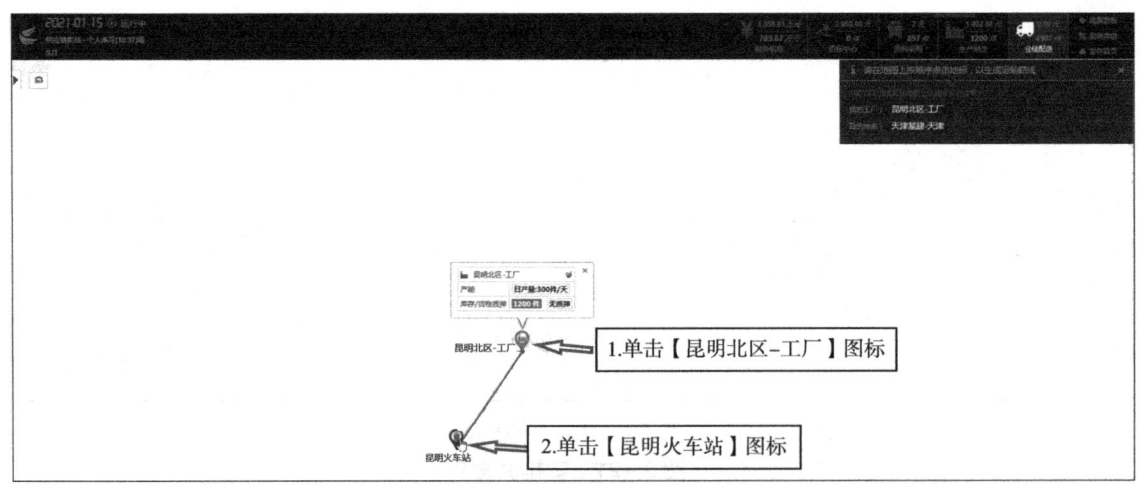

图 3-23　规划从昆明北区-工厂至昆明火车站的公路运输路线

【操作 2】规划昆明北区-工厂至昆明火车站的铁路运输路线。

如图 3-24 所示，单击位于地图右上角的【天津基建-天津】选项。进入如图 3-25 所示的界面。

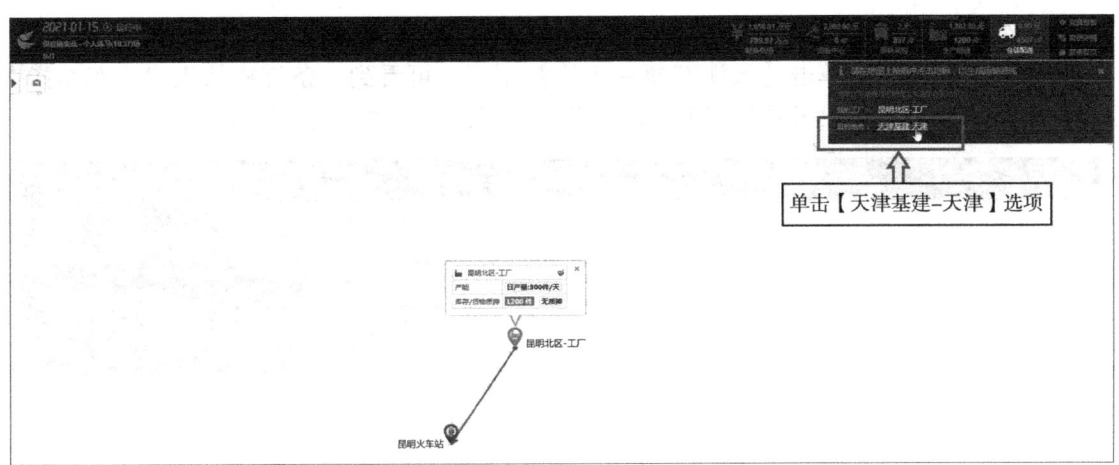

图3-24 单击目的地【天津基建-天津】选项

图3-25显示了天津基建-天津和天津火车站的相对地理位置。

【操作3】规划从昆明火车站至天津火车站的铁路运输路线。

如图3-26所示,单击【天津火车站】图标,可看到一条红线从昆明火车站指向天津火车站,表明已成功规划铁路运输路线。

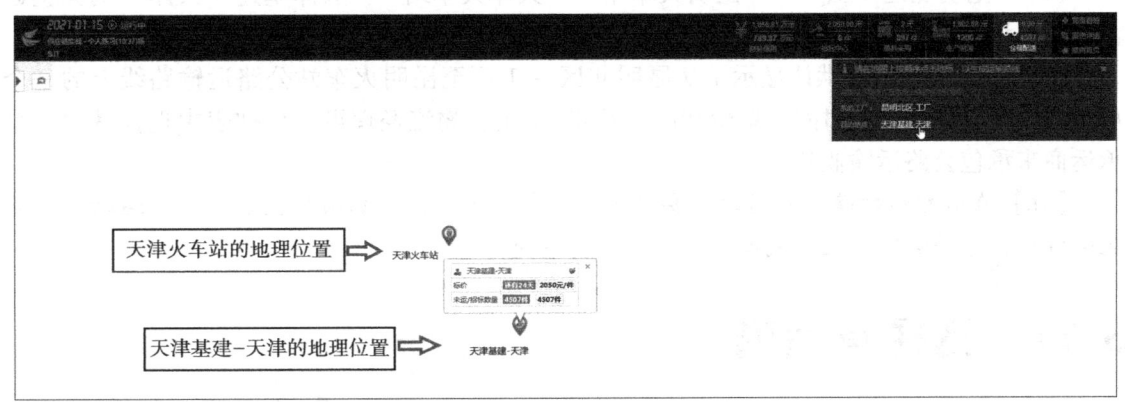

图3-25 显示天津基建-天津和天津火车站的相对地理位置

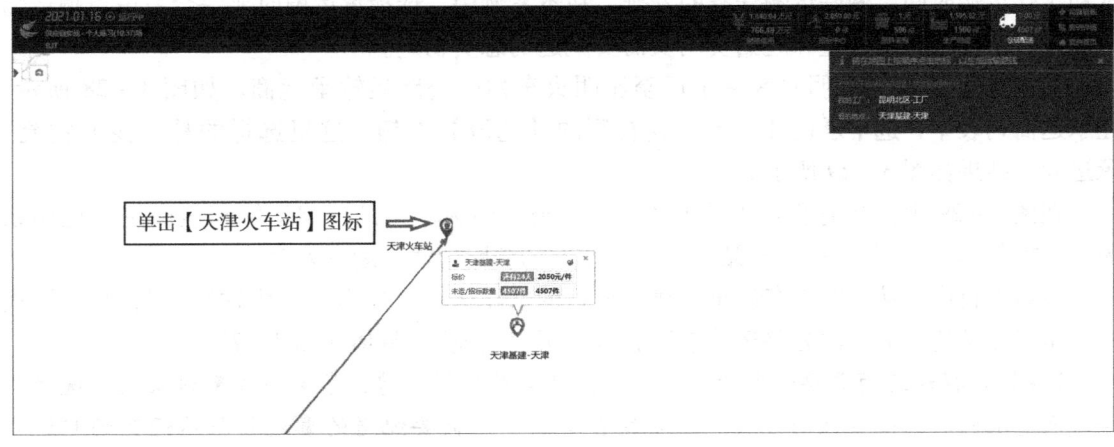

图3-26 规划从昆明火车站至天津火车站的铁路运输路线

【操作4】规划从天津火车站至天津基建－天津的公路运输路线。

如图3-27所示,单击【天津基建－天津】图标,可看到一条红线从天津火车站指向天津基建－天津,表明已成功规划公路运输路线。至此,运输路线规划完毕。

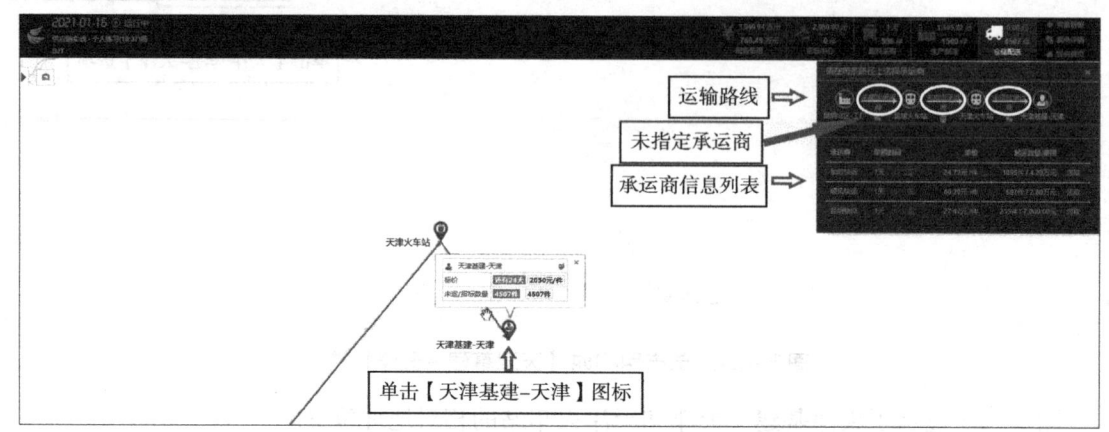

图3-27 规划从天津火车站至天津基建－天津的公路运输路线

图3-27显示了以下信息:

（1）"昆明北区－工厂——昆明火车站——天津火车站——天津基建－天津"的完整运输线路,该路线的每个节点之间采用的运输方式,每个节点均未指定承运商。

（2）承运商列表。默认显示了从昆明北区－工厂至昆明火车站公路运输路线上的三个承运商信息,包括单趟时间、单价和起运数量/费用。物流经理可从该列表中选择其中一个承运商来承包公路运输业务。

【注】在规划运输路线的同时,要对运输方式进行选择,本项目提供了公路运输和铁路运输方式,每种运输方式的成本和起运数量均不同。

3.14 选择承运商

承运商即承运人,是承担运输任务的组织或个人。合理选择承运商,有助于降低运输成本和优化运输时间,做好运输任务的安排。在本案例中,选择承运商时要综合考虑单趟运输的时间、单价、起运数量和起始费用及需要配送的总货物量。

【操作1】选择从昆明北区－工厂至昆明火车站的公路运输承运商。如图3-28所示,在承运商列表中,选中承运商,单击其右侧的【选取】按钮。这里选择的是"昆明物流"承运商,结果如图3-29所示。

在图3-29中,标记了从昆明北区－工厂至昆明火车站的公路运输承运商是"昆明物流"。同时,显示了从昆明火车站至天津火车站的铁路运输承运商列表。

在本项目中,从昆明火车站至天津火车站的铁路运输承运商是"中铁快运";从天津火车站至天津基建－天津的公路运输承运商是"天津物流"。具体如图3-29所示。

【注】选择承运商需要考虑的原则是增强货运量规模优势,尽量减少配送次数,选择符合时间需求同时总价最低的方案。这要结合考虑单趟需要配送的货运量与承运商的起运数量。如果一趟运输量少于起运数量,则按起运数量进行收费,这会造成配送浪费。如果工厂

有足够库存，则要争取一次性将产品运送完毕。

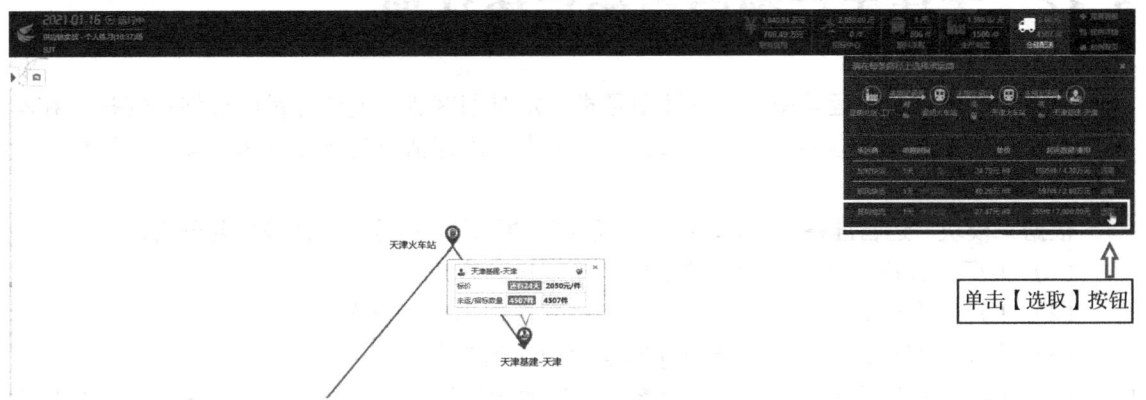

图 3-28 选择承运商

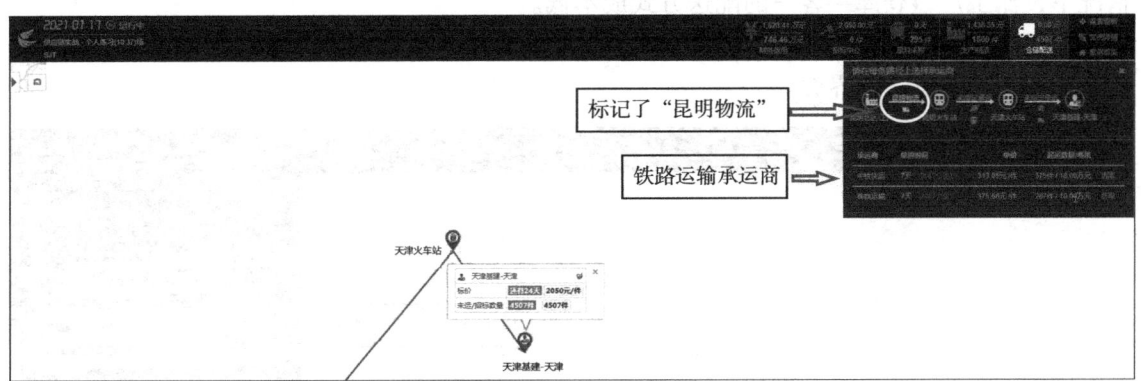

图 3-29 承运商选择成功

3.15 删除承运商

如果要删除已选取的承运商，则可按照如图 3-30 所示的步骤进行操作。

【操作】如图 3-30 所示，将鼠标移至运输路线上的、要删除的承运商，当在其旁边出现"×"符号时，单击"×"符号，即可把该承运商删除。然后再选择其他承运商。

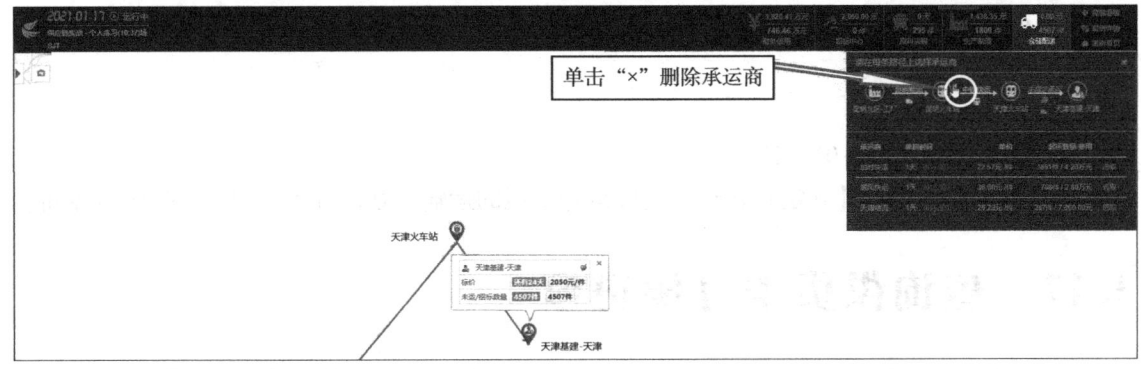

图 3-30 删除承运商

3.16 下达工厂到客户的运输计划

在微观层面的企业运营中，运输计划是指一定时期客货运输任务量的规划和安排。在本项目中，是指制造商根据客户订单要求、生产进度、库存情况对产品的运输配送进行任务量的规划和安排。

根据"模块一运营准备——1.2.8 配送规则"的规定，运输配送任务主要分为以下几类。
(1) 工厂→客户，产品从制造商工厂运输配送到客户。
(2) 工厂→仓库，产品从制造商工厂运输配送到制造商仓库。
(3) 仓库→客户，产品从制造商仓库运输配送到客户。

以上几项运输配送任务中，工厂给客户发货的优先级最高。只有给客户发货后，余量充足，才会给仓库补货。此外，工厂→客户的配送，是配送环节最少的方式，在相同运输量的情况下，比工厂→仓库→客户的配送方式成本低。

这里制订的是工厂→客户的运输计划。一旦确定了运输路线各个路段的运输承运商，就进入如图 3-31 所示的界面。

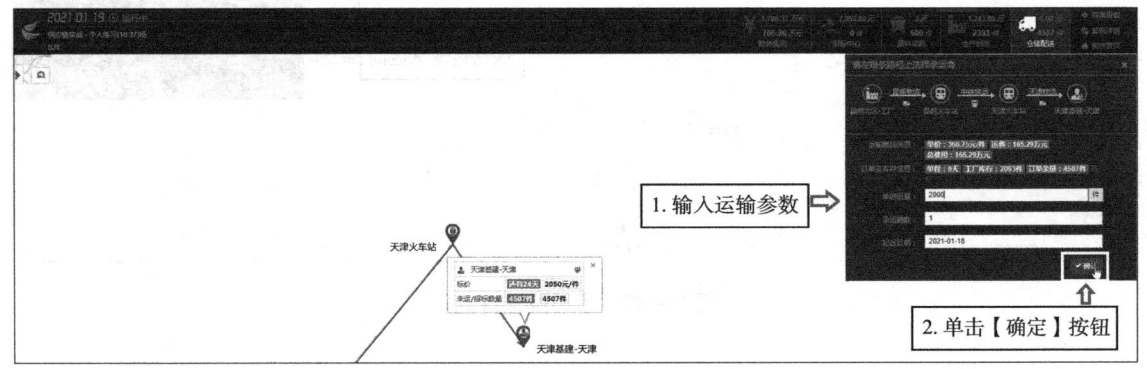

图 3-31 确定运输条款下达运输计划

图 3-31 显示了如下信息：
- 运输路线信息：单价为 366.75 元/件，总费用为 165.29 万元；
- 订单及库存信息：单程为 9 天，工厂库存为 2093 件，订单余量为 4507 件。

我们可通过输入运输参数，完成运输计划的制订。

【操作】如图 3-31 所示，输入如下参数：
- 单趟运量 2 000；
- 承运趟数 1；
- 起运日期 2021-01-18。

检查无误后，单击【确定】按钮，完成该趟承运的运输计划，进入如图 3-32 所示界面。

3.17 查询供货中订单进度

在如图 3-32 所示界面中，左上角有三个状态选项，分别是【未供货订单】（指已中标但还未安排供货的订单）、【供货中的订单】（指已安排供货且确定了承运商的订单）、【仓库供应计划】。系统默认进入【未供货订单】状态的界面。

【操作】如图3-32所示，单击【供货中订单】选项，进入如图3-33所示的界面。

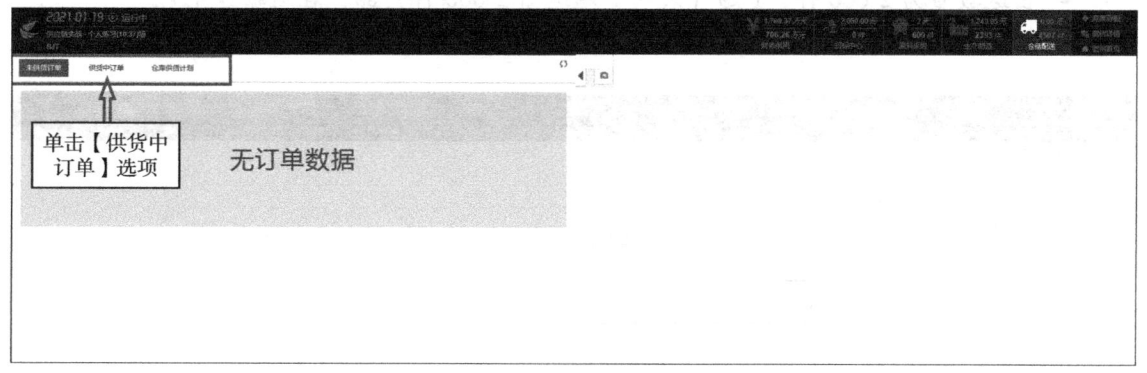

图3-32 订单状态

在如图3-33所示的界面中，显示的是2021年1月19日的【供货中订单】信息，包括以下两部分内容。

（1）订单信息
- 客户为天津基建-天津，单价为2 050元/件。
- 发货进度为4 507件，发货为0件，占总量的0%，离交货期还有20天。

（2）运输计划
- 计划数量为1×2 000件，单程为9天。
- 出运数量为0件，0趟。
- 抵达数量为0件，0趟。

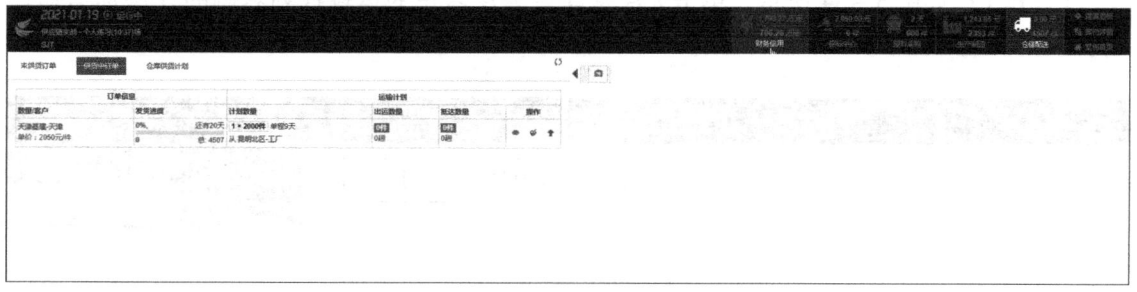

图3-33 供货中订单进度1

在如图3-34所示的界面中，显示的是2021年1月25日的【供货中订单】信息，包括以下两部分内容。

（1）订单信息
- 客户为"天津基建-天津"，单价为2 050元/件。
- 发货进度为4 507件，发货为2 000件，占总量的44.4%，离交货期还有13天（表明还有 2507 件产品必须在 13 天内抵达目的地)。

（2）运输计划
- 计划数量为 1×2 000 件，单程为 9 天。
- 出运数量为 2 000 件，1 趟（表明 1 趟运输 2 000 件产品，在运输途中）。
- 抵达数量为 0 件，0 趟（表明 2 000 件产品在运输途中，还未抵达目的地）。

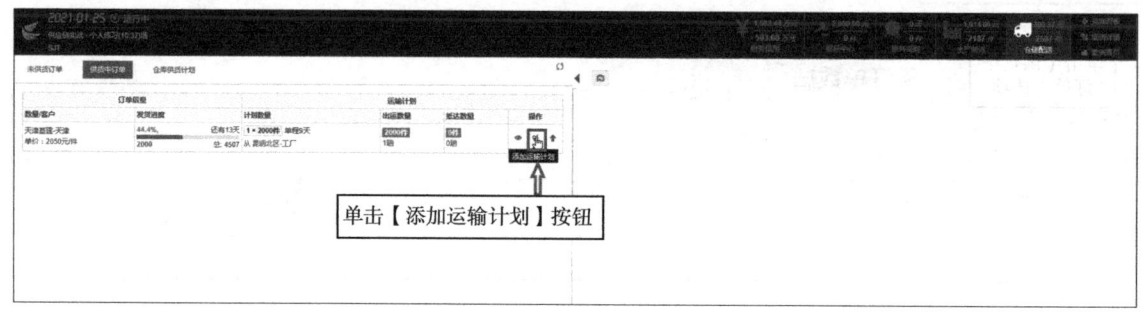

图 3-34　供货中订单进度 2

3.18　添加运输计划

添加运输计划是制订运输计划的补充。如果首次运输计划未能将订单总量安排完毕，则存在剩余未配送的订单量，又或者是需要安排其他工厂供货至客户，这时我们就需要添加运输计划。

在"3.16 下达工厂到客户的运输计划"中，对天津基建 – 天津客户的订单只做过 1 趟运输 2000 件的运输计划，剩余的 2507 件还需要继续添加运输计划才能完成交付。具体操作如下。

【操作 1】如图 3-34 所示，单击天津基建 – 天津客户的运输计划右侧的【添加运输计划】按钮，进入如图 3-35 所示的界面。

图 3-35　规划运输路线

【操作 2】如图 3-35 所示，单击【昆明北区 – 工厂】选项，进入如图 3-36 所示界面，显示了昆明北区 – 工厂和昆明火车站的地理位置。

接下来的操作请按照"3.13 规划运输线路""3.14 选择承运商""3.16 下达工厂到客户的

运输计划"的操作步骤,完成对天津基建-天津客户的运输计划,具体如图3-37所示。

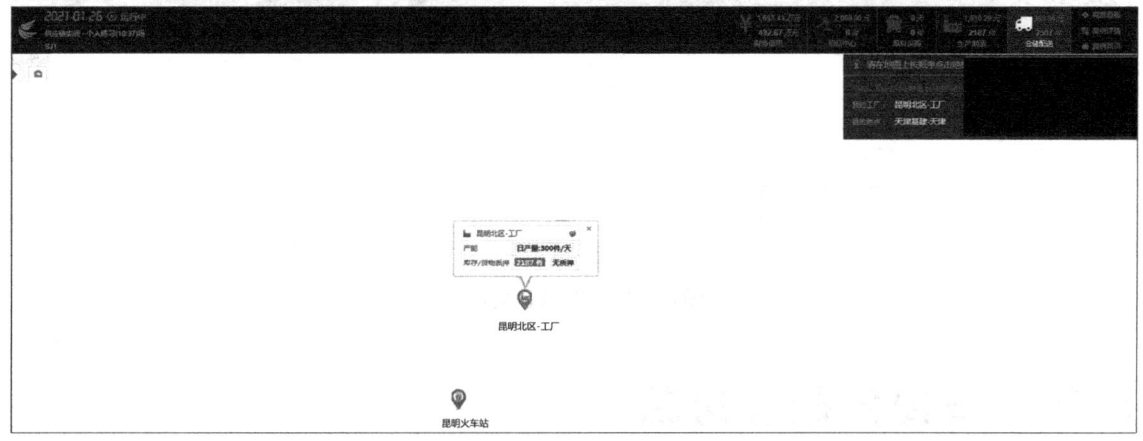

图3-36 显示昆明北区-工厂和昆明火车站的地理位置

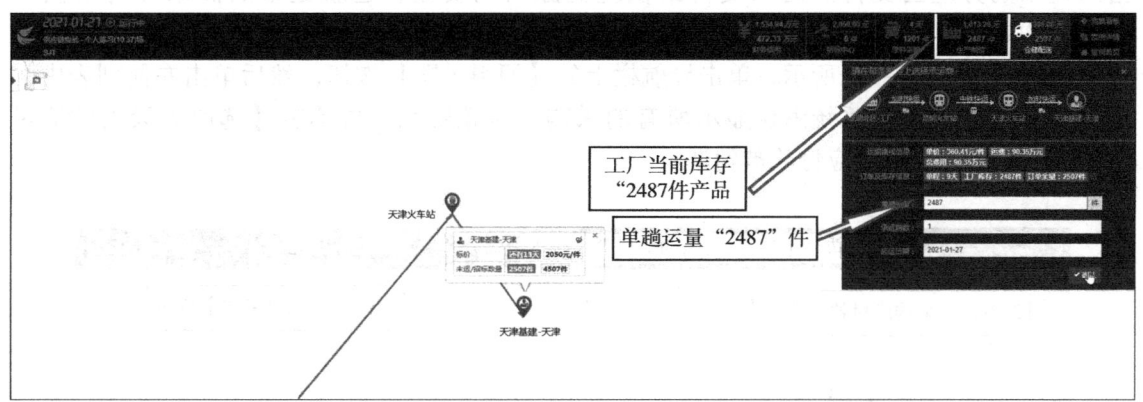

图3-37 制订运输计划

具体运输计划如下。

(1) 选择承运商
- 昆明北区-工厂——昆明火车站,加时快运。
- 昆明火车站——天津火车站,中铁快运。
- 天津火车站——天津基建-天津,加时快运。

(2) 运输计划
- 运输路线信息单价为360.41元/件,总费用为90.35万元。
- 订单及库存信息单程为9天,工厂库存为2 487件,订单余量为2 507件。
- 单程运量为2 487件。
- 承运趟数为1趟。
- 起运日期为2021年1月27日。

各项信息添加完毕后,单击图3-37中的【确定】按钮,进入如图3-38所示的界面。可以看到,在【供货中订单】选项中的天津基建-天津客户下,新增了一个运输计划。

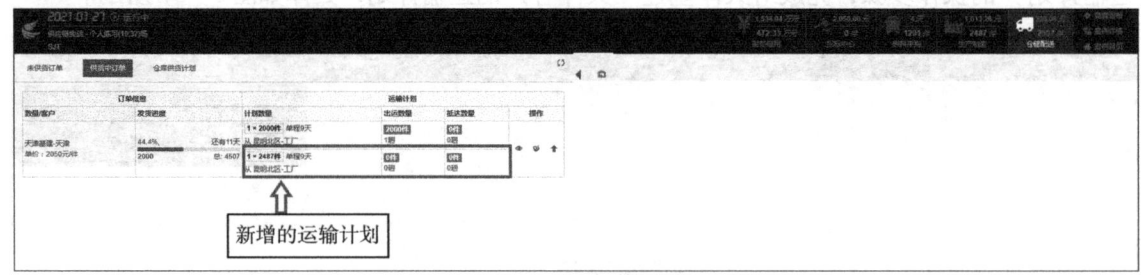

图 3-38 新增运输计划

3.19 查询采购应付款

签订了采购协议，并下达了采购订单后，系统会自动计算采购应付款。采购应付款指的是采购方应当支付而尚未支付给供应商原料的费用，也就是采购商未支付给供应商的采购尾款。

【操作】如图 3-39 所示，单击导航栏上的【原料采购】按钮，然后单击左侧列表中的【采购应付款】选项，系统默认显示所有的采购应付款明细，再单击【选取 5 天内的应付款】选项，结果有四笔应付款被勾选。

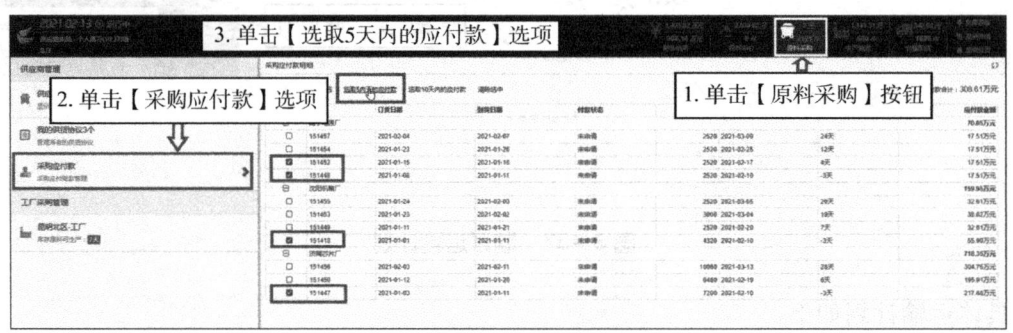

图 3-39 采购应付款列表

3.20 申请付款

申请付款是指制造商向（银行）系统申请支付采购尾款。及时对采购应付款申请付款，这样可以提高供货优先级别，提高采购优惠幅度，降低采购成本。申请付款的操作如下。

【操作】如图 3-40 所示，单击导航栏上的【原料采购】按钮，然后单击左侧列表中的【采购应付款】选项，系统默认显示所有的采购应付款明细。选择指定账单，可以看到右上角会有账单的合计金额，确认账户资金大于应付款总额后，单击【申请付款】选项，确定付款金额，最后单击【确定】按钮，完成申请付款。

系统最迟在第二天对制造商现金账户进行扣款，制造商要准备充足的现金。

图3-40 申请付款

3.21 查询账户资金

在运营过程中,供应链总监需时刻关注财务信用状况,包括账户资金、可用额度及现金流管理分数。

在如图3-41所示的界面中,【财务信用】选项中显示了净资产为1 815.83万元,当前账户资金为1 009.95万元。

【操作】如图3-41所示,将鼠标放置在【财务信用】选项位置,显示了如下信息。

- 账户资金:紧急贷款额度为1 500万元,当账户资金少于0元时,系统会自动贷款,如果可用紧急贷款额度等于0元或现金流管理分数等于0分,则会面临账户资金断裂导致的破产风险。
- 可用额度为1 500万元。
- 现金流管理分数为20分。

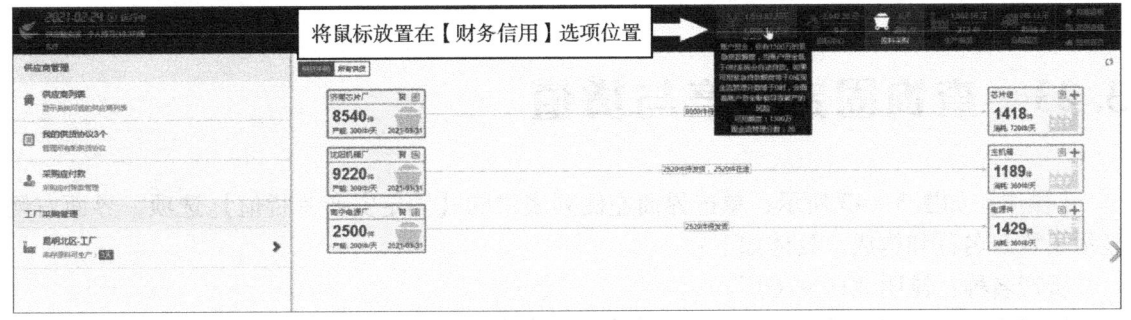

图3-41 账户资金状况

3.22 查询运营收支

如果需要详细了解每个月的成本构成和收支情况,则需要进行如下操作。

【操作】 如图3-42所示,单击导航栏上的【财务信用】按钮,系统默认显示的信息是【账户资金】选项的收支和成本构成情况。

从成本构成看,土地费、建设费和采购费共占了总成本的60%以上,运营成本和成品加工费占了总成本的20%左右。

对于收支方面,1月份的收入比2月份的收入多,同时1月份的支出也比2月份的支出多。1月份的毛利比2月份的毛利少。

如图3-42所示,净资产 = 账户资金 + (固定资产 + 货值) – 所有负债
$$= 1\,009.95 + 1\,217.10 - 411.22$$
$$= 1\,815.83(万元)$$

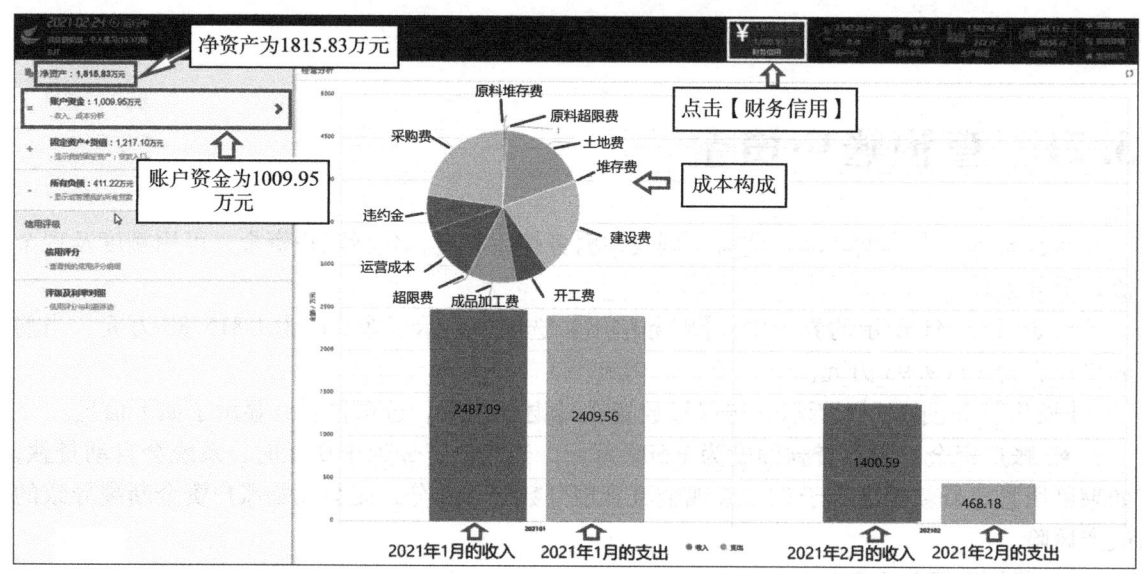

图3-42 运营收支情况

3.23 查询固定资产与货值

【操作】 如图3-43所示,单击界面左侧列表中的【固定资产+货值】选项,界面右侧显示了资产名称和构成。具体如下:

资产名称:昆明北区-工厂。

固定资产 + 货值 = 固定资产估值 + 库存商品货值 + 库存原料货值
$$= 1\,075.4 + 114.48 + 27.22$$
$$= 1\,217.1(万元)$$

其中,固定资产估值 = 总价值 – 折旧 = $1\,132 - 56.6 = 1\,075.4$(万元)。

固定资产和库存商品均未抵押,而库存原料不可抵押。因此,可以用固定资产和库存商品进行融资。

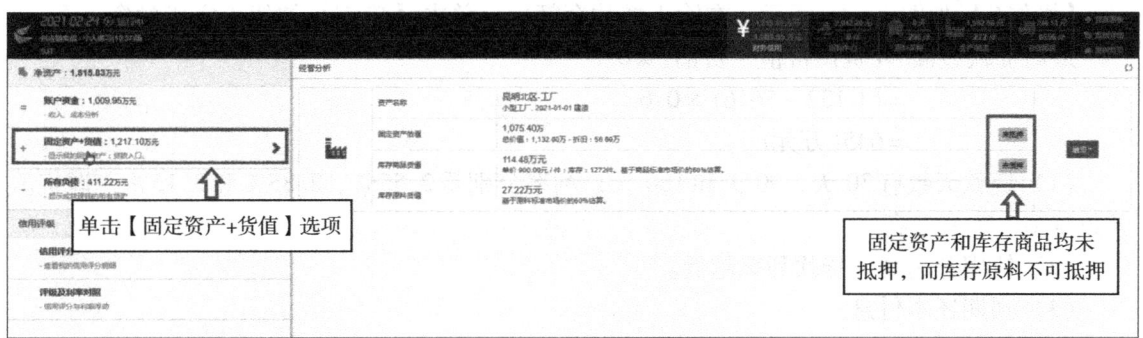

图 3-43　固定资产与货值

3.24　融资

如图 3-44 所示，融资的方式有三种：固定资产抵押贷款、固定资产转让及库内商品抵押贷款。融资规则详见"模块一 运营准备——1.2.3 贷款规则"。

【操作1】单击【融资】下拉按钮，选择【抵押贷款】选项，进入如图 3-45 所示界面。

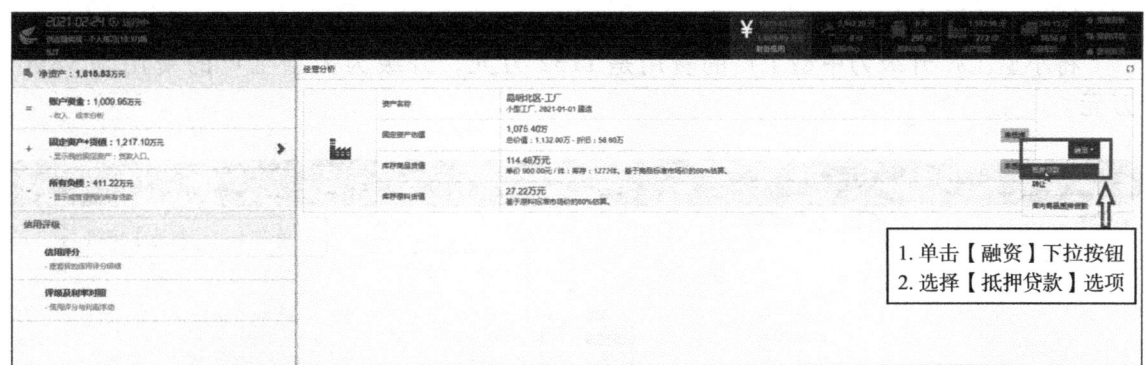

图 3-44　选择融资方式

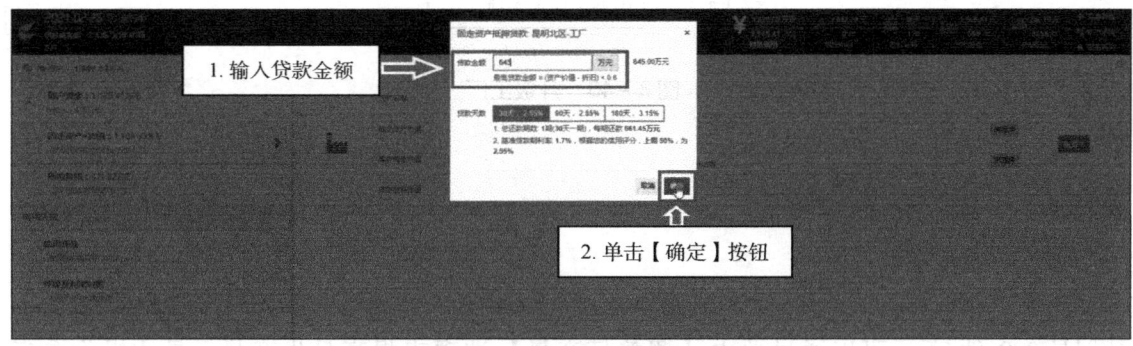

图 3-45　输入贷款金额

【操作2】如图3-45所示,在输入贷款金额后,单击【确定】按钮,完成融资。

最高贷款金额 =(资产价值-折旧)×0.6
          =(1 132 - 56.6)×0.6
          =645(万元)

(1) 贷款天数有30天、90天和180天,利率分别是2.55%、2.85%和3.15%,即贷款天数越多,利率越高。
(2) 信用分越高,贷款利率越低。
(3) 到期还本付息。

如果要转让固定资产,则单击【转让】按钮,将会按固定资产估值的60%折现,同时该工厂/仓库的库存将会被清零。

3.25　升级工厂

在这里,升级工厂是指扩大工厂规模、提高产能,满足更多的订单需求,以此提高销售额和利润。例如,由小型工厂升级为中型工厂或大型工厂,由中型工厂升级为大型工厂。

【操作】如图3-46所示。单击导航栏上的【生产制造】按钮,然后单击【升级工厂】下拉按钮,选择【中型工厂】选项,结果如图3-47所示。

将小型工厂升级为中型工厂的费用是1132万元,升级为大型工厂的费用是3396万元。

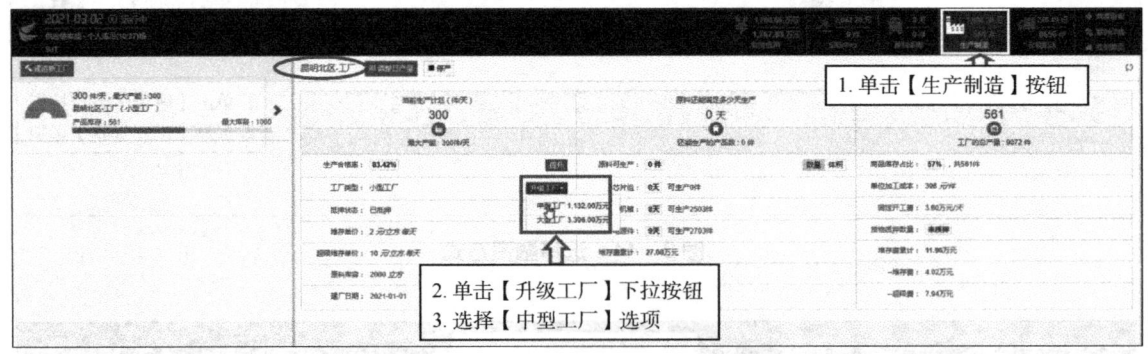

图3-46　升级工厂

3.26　调整日产量

如图3-47所示,升级工厂后,最大产量从300件/天提高为600件/天,而当前的生产计划是300件/天,可以通过单击【调整日产量】选项来提高日生产量。具体操作参考"3.2下达生产指令"。调整日产量后的结果如图3-48所示。

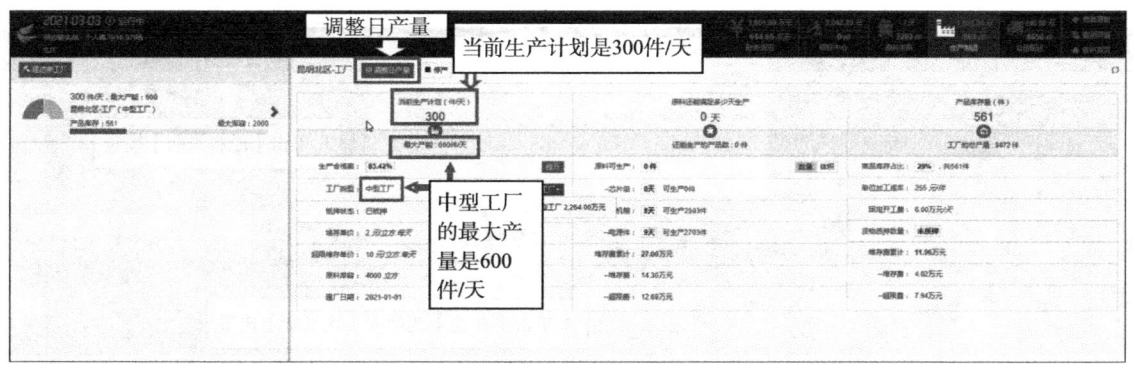

图3-47 调整日产量1

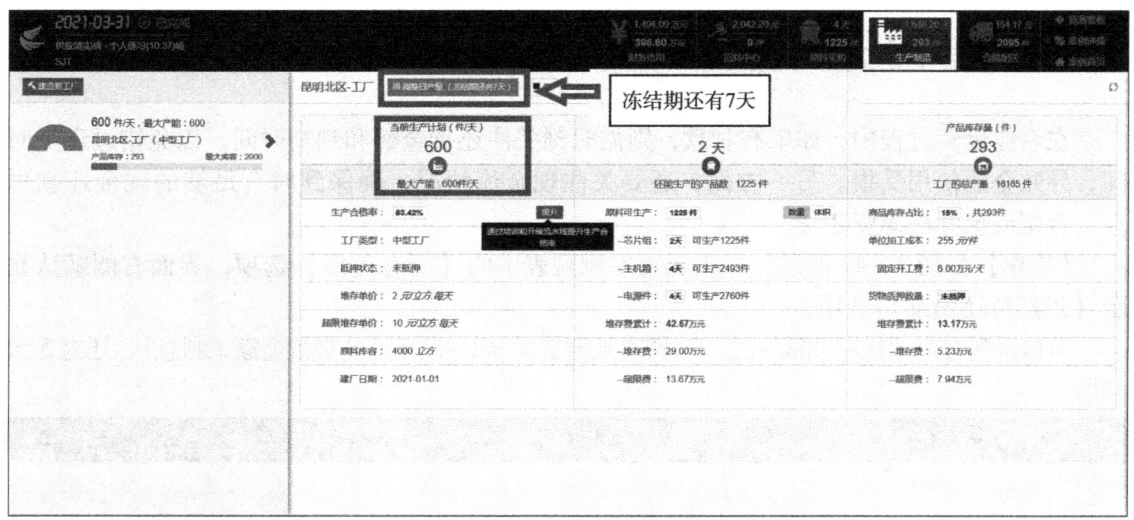

图3-48 调整日产量2

【注】

(1) 每次调整日产量后,工厂需要停产7天,也就是说工厂需要7天的时间做各项准备工作。如1号调整日产量,8号才能投产。

(2) 在实际工厂的运营中,生产准备工作可以是操作人员按照生产指令单核对产品生产工艺规程及投料计算,准备好生产所需的有关技术文件和生产记录;按生产指令领取有关原料;检查工艺卫生、设备状况等工作。

3.27 查询原料订单到货进度

下达采购订单后,供应商会根据采购协议条款和订单信息响应订单并安排供货。采购经理需持续跟踪订单进度,做好对工厂的供应工作。

【操作】如图3-48所示,单击导航栏上的【原料采购】按钮,然后单击【在途】选项或【待发货】选项,系统默认显示未到货订单的进度。根据该进度可了解详细的订单计划到货情况和实际到货情况。

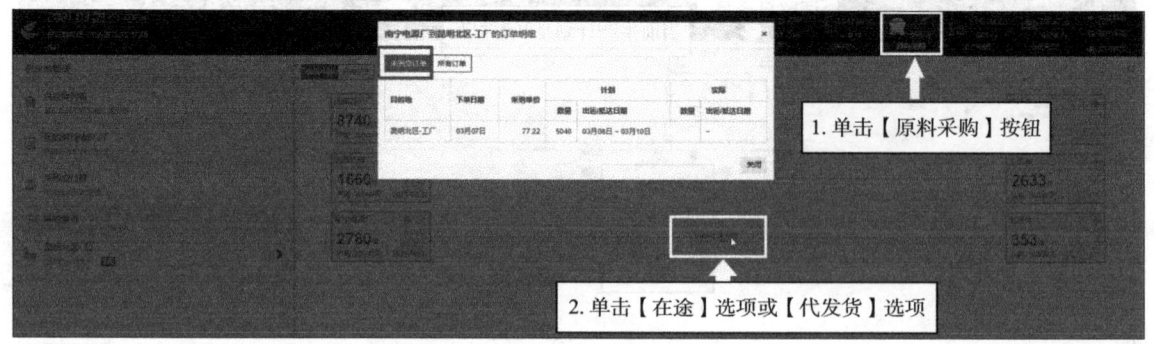

图3-48 原料订单到货进度

3.28 查询贷款情况

在企业运营过程中，如果有贷款，则需时刻关注还贷金额和到期时间，以免错过还贷时间，导致企业信用受损。另一方面，还要关注现金流情况，确保到时有足够的现金还款付息，否则要想办法筹资还贷。

【操作】如图3-49所示，单击界面左侧列表中的【所有负债】选项，界面右侧默认显示【近期待还明细】选项。

可以看到客户"昆明北区－工厂"资产抵押贷款661.45万元（贷款金额＋利息），还有5天到期。

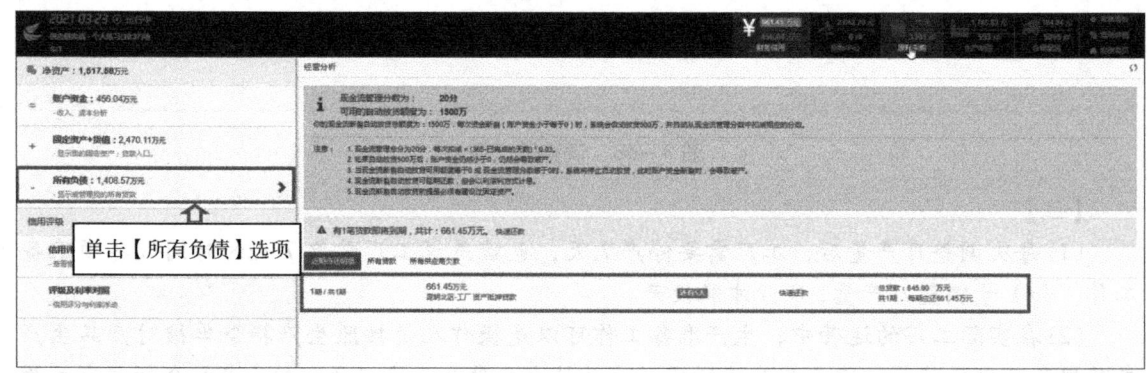

图3-49 查询负债

3.29 还贷

还贷是指制造商对将要到期的贷款向银行提出还款的申请，贷款是由融资产生的。如果在规定期限内没有还清贷款，则会被视作违约，并降低信用评分。每超期还款一次减10分，每准时还款一次加20分。

【操作】如图3-50所示，单击【快速还款】按钮，仔细阅读提示，确认无误后，单击【确定】按钮，完成还款。

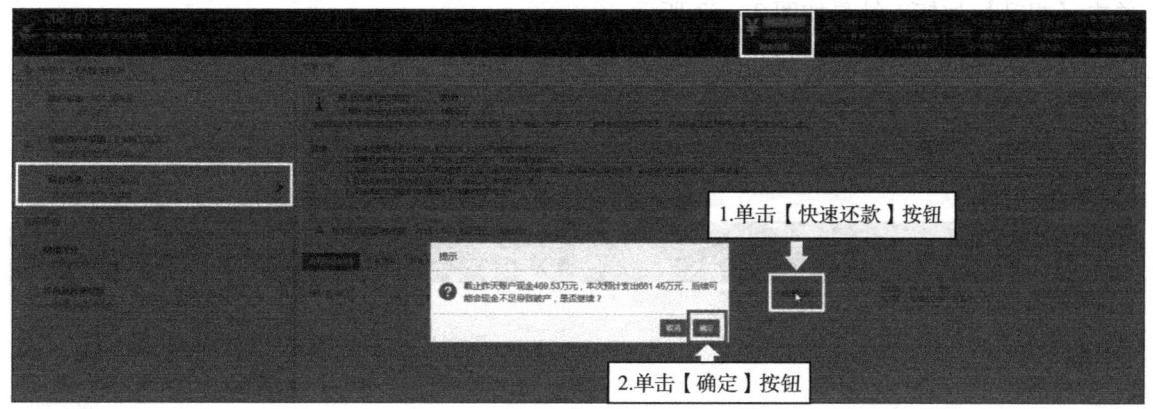

图 3-50　还贷

3.30　停产

工厂一旦启动生产，每天都有固定的开工费用支出。如果一段时间内没有客户订单，工厂闲置，那么会造成损失，故为减少固定工厂的固定运营费用支出，可选择停产。

【操作】如图 3-51 所示，单击【生产制造】按钮，选择"昆明北区－工厂"，然后单击【暂停】按钮，最后单击【确定】按钮，工厂暂停生产。

【注】停产需慎重操作，暂停生产后需经过 7 天冻结期后才能恢复生产。

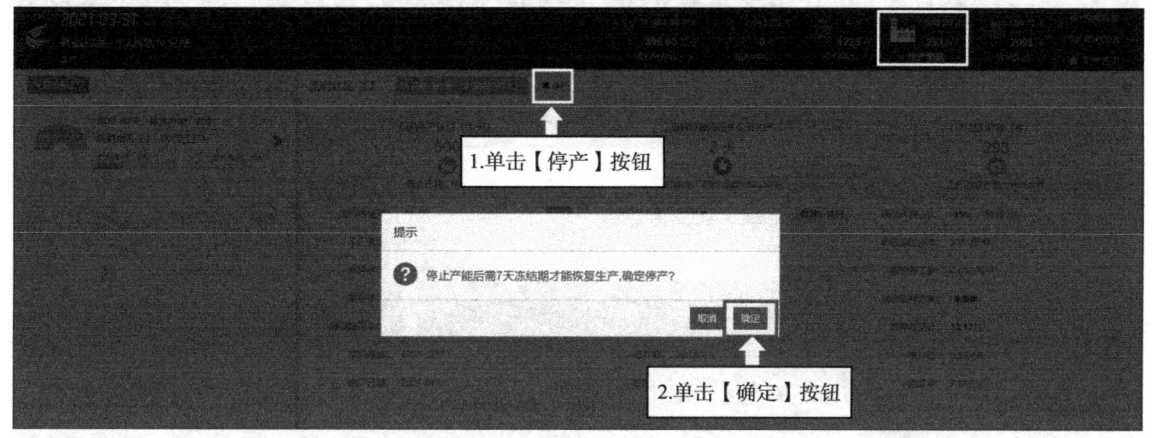

图 3-51　停产

3.31　提升生产合格率

我们可以通过培训工人来提高劳动力成熟度，从而提升生产合格率，也就提高了日产量和生产效率，可以满足更多订单量的需求。

【操作 1】如图 3-52 所示，单击【生产制造】按钮，选择"昆明北区－工厂"，然后单击【提升】按钮，结果如图3-53所示。

【操作2】如图3-53所示，了解培训费用和培训效果后，如果要开展培训，则单击【确定】按钮。系统会扣除规定的培训费，并提升生产合格率。

提升生产合格率需要支付成本。在这里，培训费用是34.11万元，能提高劳动力成熟度0.8~1.2个百分点。

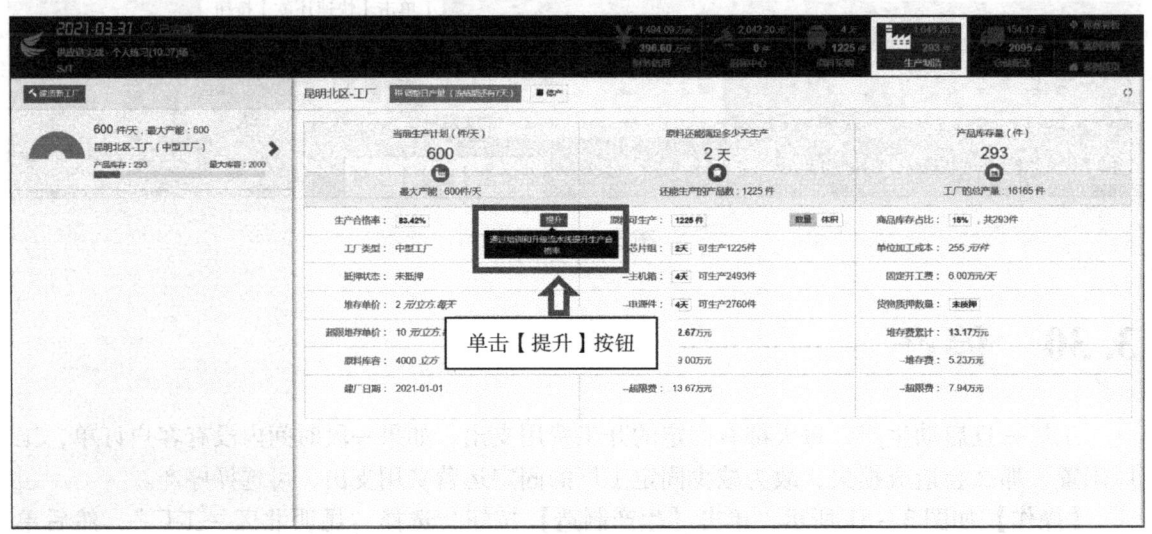

图3-52 提升生产合格率1

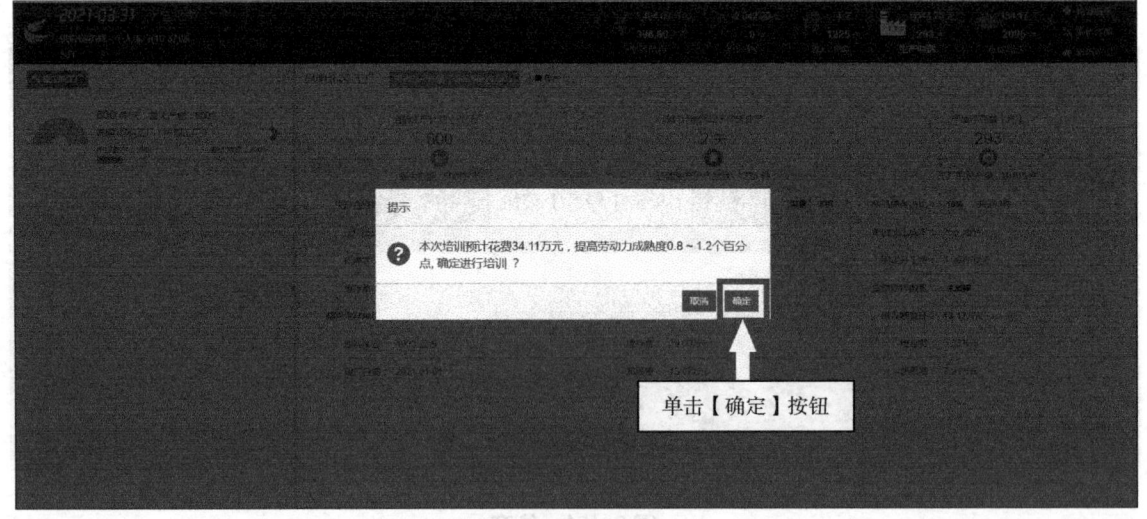

图3-53 提升生产合格率2

3.32 设置订单最优先发货

如果有多个客户的多个订单在同时供货中，物流经理可以设置最优先发货订单，以满足订单要求。

【操作】如图 3-54 所示，单击【仓储配送】按钮，选择【供货中订单】选项，然后选择客户，最后单击客户对应订单最右侧的"↑"，设置完毕。

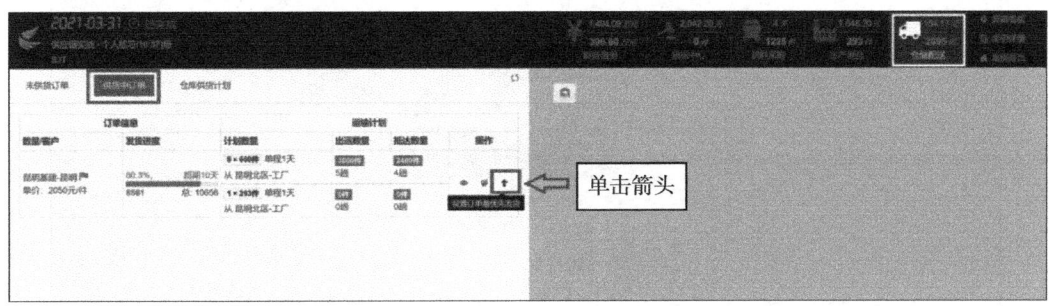

图 3-54　设置订单最优先发货

3.33　仓库选址与建设

上述运输计划安排的是从工厂到客户的运输任务。如果工厂的产品仓库容量不能满足储存的需求而产生大量的超限费，可考虑通过选址合适的地点新建仓库来满足储存需求和服务工厂与周边客户的需求。

建仓的操作与建厂的操作类似，可供选择的仓库有小、中、大三种类型。具体操作如下。

【操作】如图 3-55 所示，单击导航栏上的【仓储配送】按钮，拖拽左上角的仓库图标，将图标放置在要建仓的行政区域上，如图 3-56 所示。

图 3-55　建设仓库 1

如图 3-56 所示，建仓图标放置于所选地点后，默认显示的是小型仓库的信息，包括仓库名称、占地、造价（仓库建筑成本和土地使用成本）、库存最大容量。选择仓库类型后，单击【确定】按钮，完成仓库的建设。

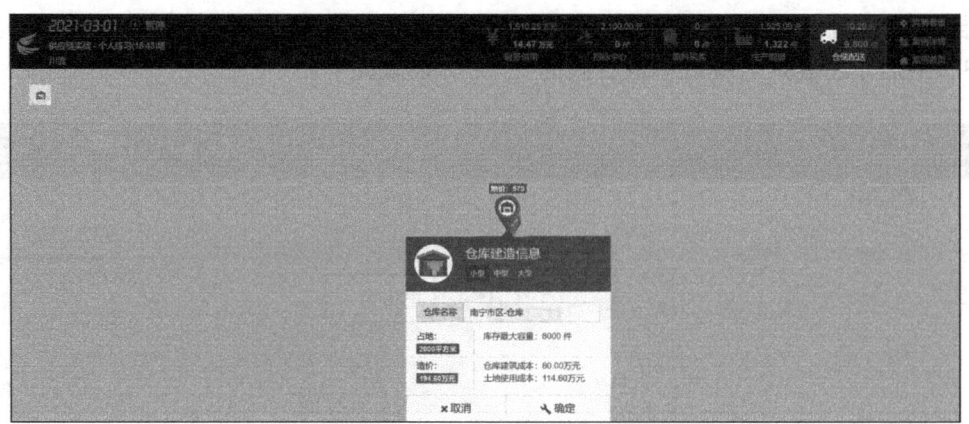

图 3-56 建设仓库 2

3.34 下达工厂到仓库的运输计划

如果工厂要把产品运输到仓库进行储存,则需要下达工厂→仓库的运输计划,包括规划工厂→仓库的运输路线,选择承运商,确定运输条款并下达运输计划。

【操作 1】添加计划。如图 3-57 所示,单击【仓储配送】按钮,选择【仓库供货计划】选项,然后单击【添加计划】按钮。进入如图 3-58 所示的界面。

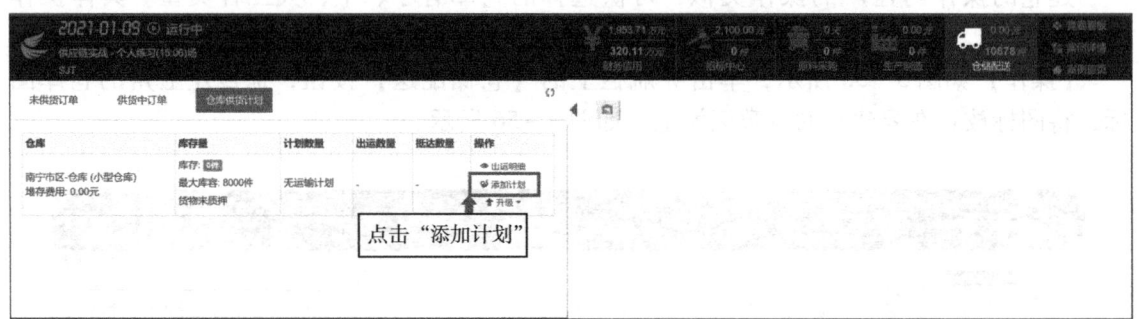

图 3-57 添加计划

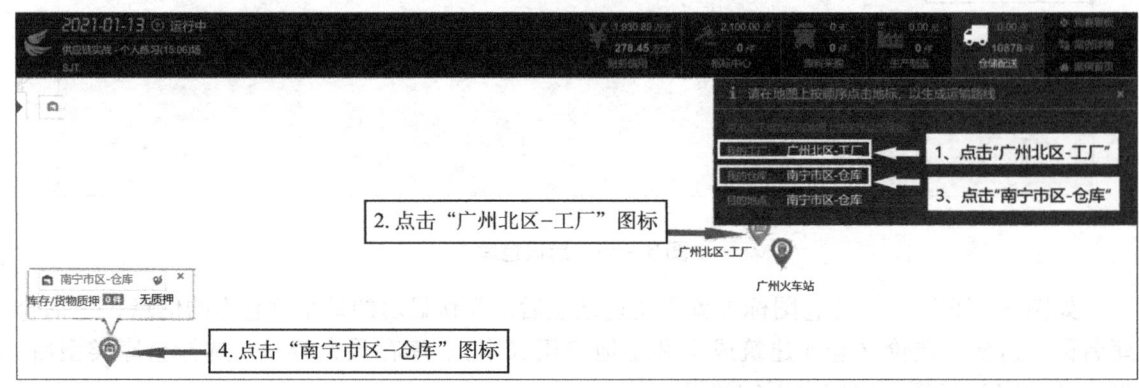

图 3-58 规划工厂→仓库的运输路线

我们以图3-58所示的案例为例进行讲解。该界面的右上角列出了两个节点，分别是广州北区-工厂和南宁市区-仓库。下面规划工厂→仓库的运输路线。

【操作2】规划工厂→仓库的运输路线。

单击界面右上角节点列表中的【广州北区-工厂】选项，单击地图中的"广州北区-工厂"图标，然后单击界面右上角节点列表中的"南宁市区-仓库"图标，单击地图中的"南宁市区-仓库"图标，结果如图3-59所示。

图3-59中，一条红色箭线由广州北区-工厂指向南宁市区-仓库，说明工厂→仓库的运输路线规划成功。界面的右上角列出了三个承运商的运输信息，包括承运商、单趟时间、单价和起运数量/费用。

【操作3】选择承运商。从图3-59中的承运商列表中，单击选中的承运商，进入如图3-60所示的界面。该界面显示了该承运商的运输路线和订单及库存信息。

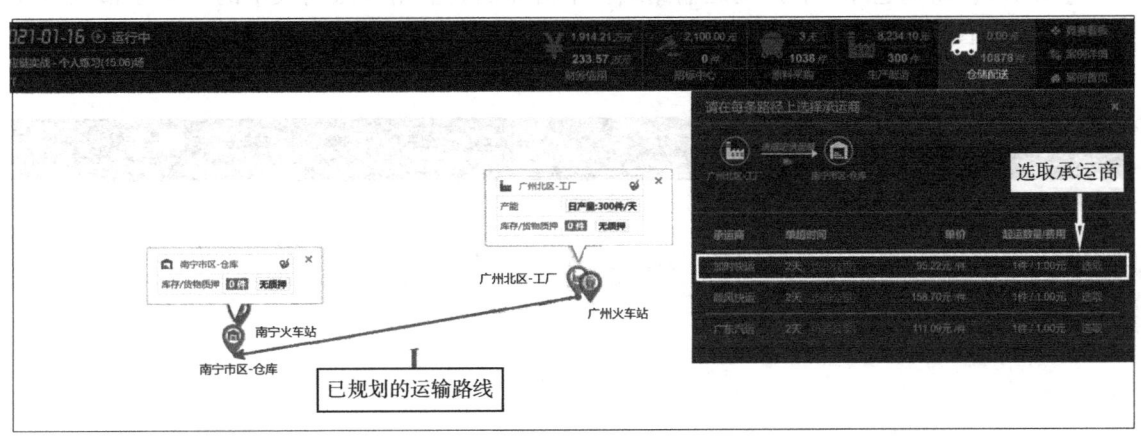

图3-59 选择承运商

【操作4】确定运输条款下达运输计划。如图3-60所示，物流经理根据计划，填写单趟运量、承运趟数和起运日期，确认运输条款后，单击【确定】按钮，完成运输计划的下达。

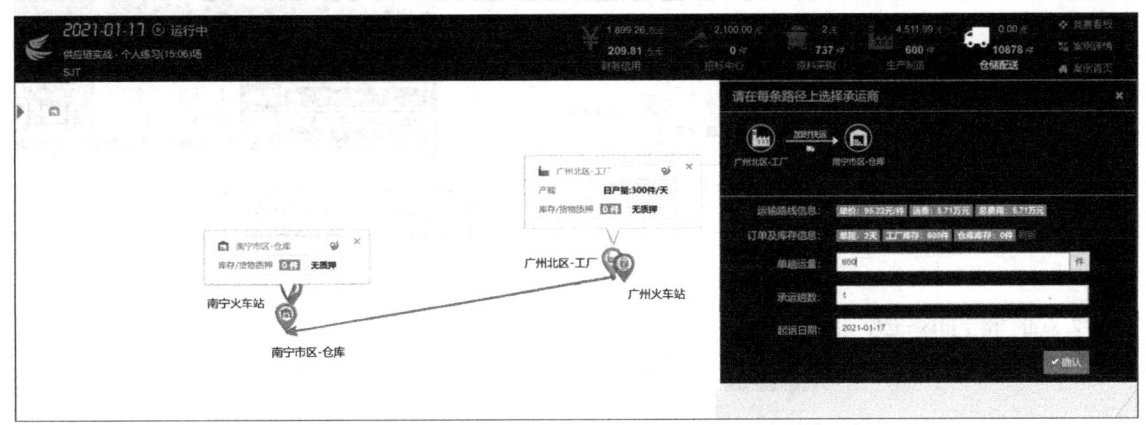

图3-60 确定运输条款并下达运输计划

3.35 下达仓库到客户的运输计划

如果要从仓库安排供货，则需要下达仓库→客户的运输计划，包括规划仓库→客户的运输路线，选择承运商，确定运输条款并下达运输计划。

【操作1】安排供货。如图3-61所示，单击【仓储配送】按钮，然后单击【未供货订单】选项，再单击【安排供货】按钮。进入如图3-62的界面。

我们以如图3-62所示的案例为例进行讲解。该界面的右上角列出了三个节点，分别是广州北区-工厂、南宁市区-仓库、北京基建-北京。下面规划仓库→客户的运输路线。

【操作2】规划仓库→客户的运输路线。单击界面右上角节点列表中的"南宁市区-仓库"，单击地图中的"南宁市区-仓库"图标，单击界面右上角节点列表中的"北京基建-北京"，单击地图中的"北京基建-北京"图标，结果如图3-63所示。

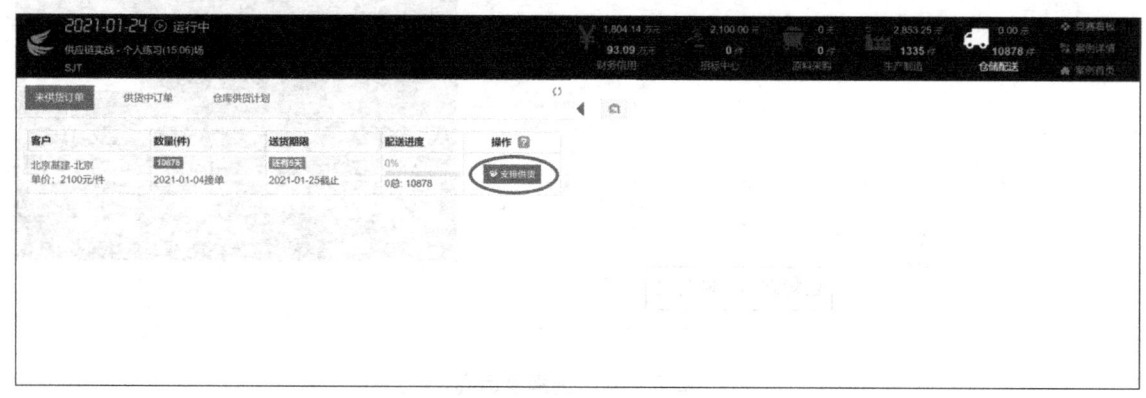

图3-61 安排供货

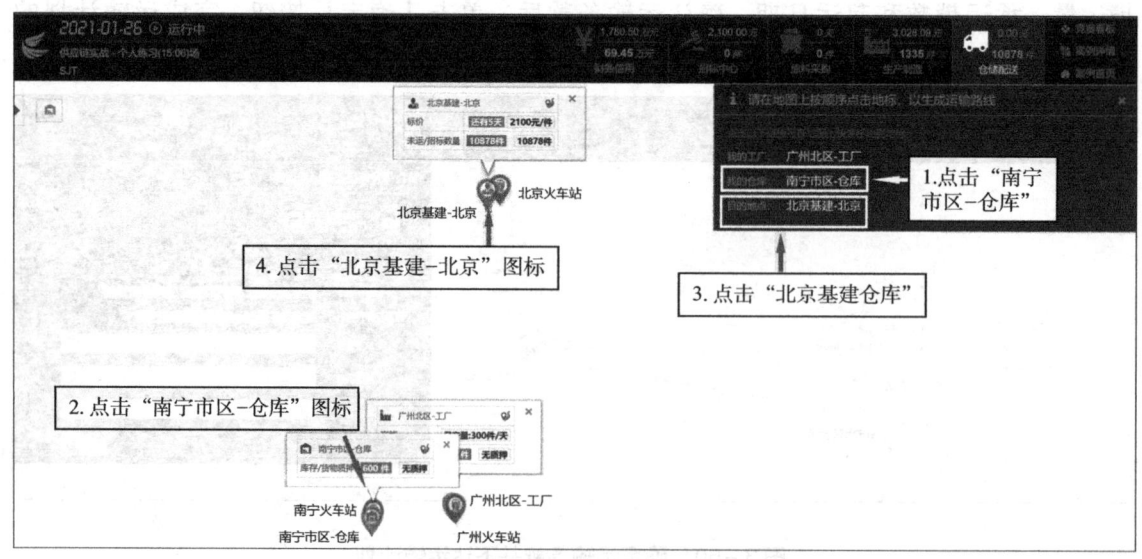

图3-62 规划仓库→客户的运输路线

图3-63中，一条带有箭头的红色线由南宁市区-仓库指向北京基建-北京，说明仓库→客户的运输路线规划成功。界面的右上角列出了三个承运商的运输信息，包括承运商、单趟时间和单价和起运数量/费用。

【操作3】从图3-63中所列的承运商列表中，单击选中的承运商，进入图3-64所示界面。该界面显示了该承运商的运输路线、订单及库存信息。

【操作4】确定运输条款下达运输计划。如图3-63所示，物流经理根据计划，填写单趟运量、承运趟数和起运日期，确认运输条款后，单击【确定】按钮，完成运输计划的下达。

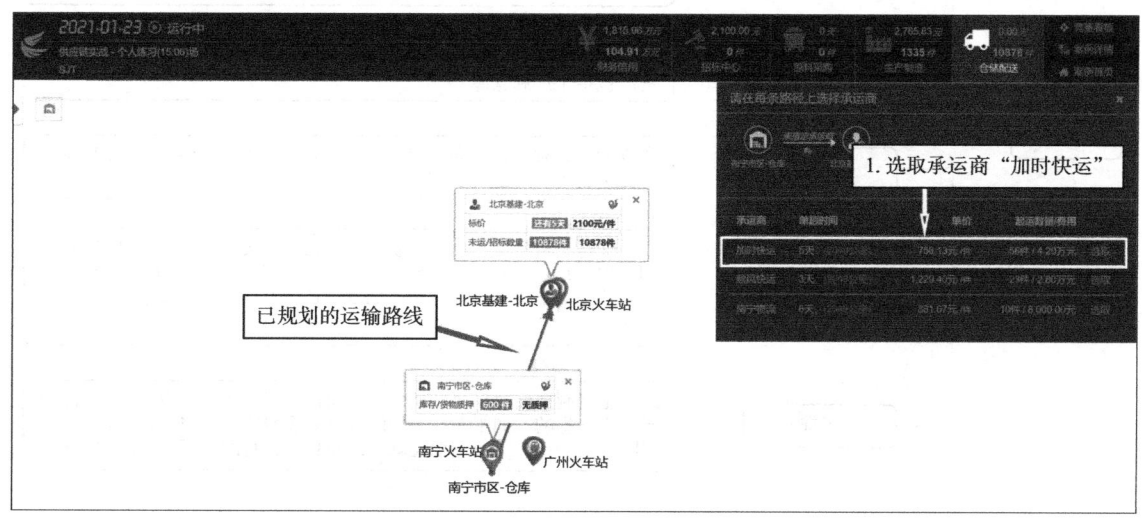

图3-63 选择承运商

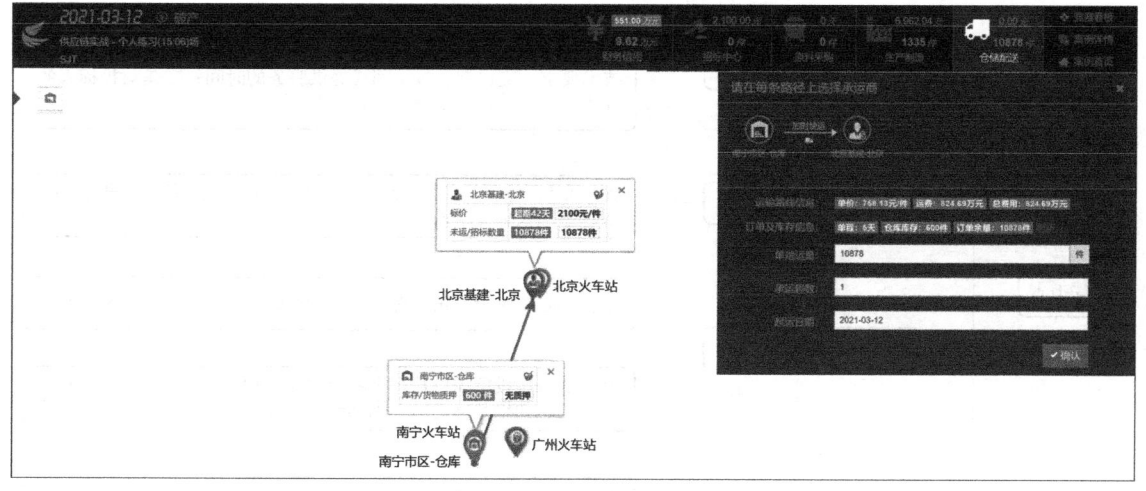

图3-64 确定运输条款并下达运输计划

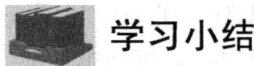
学习小结

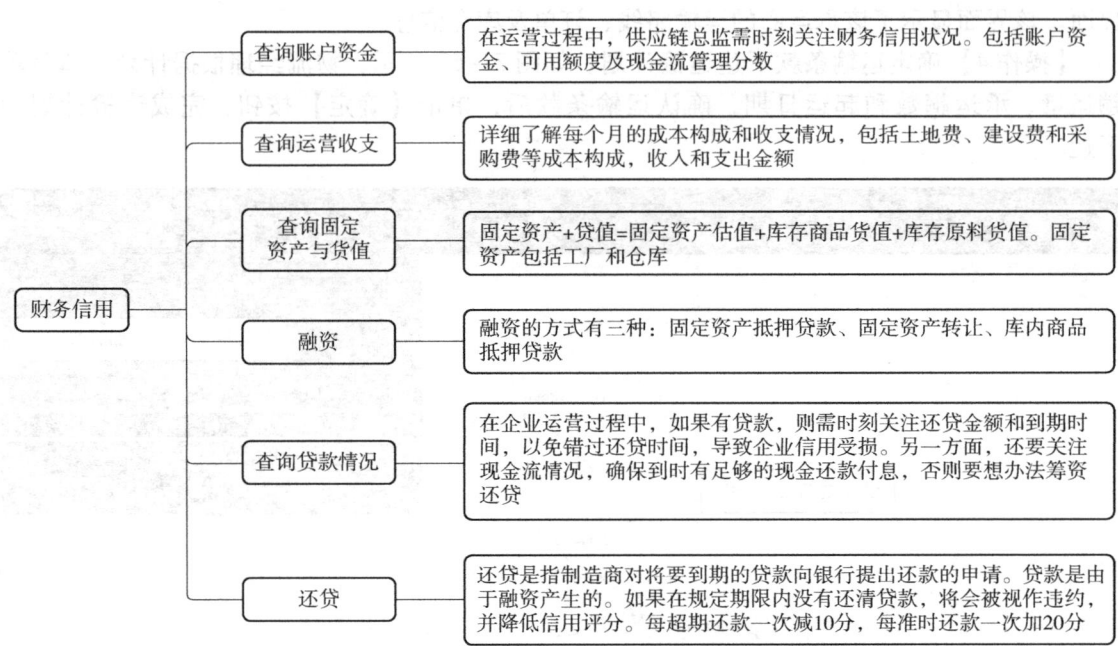

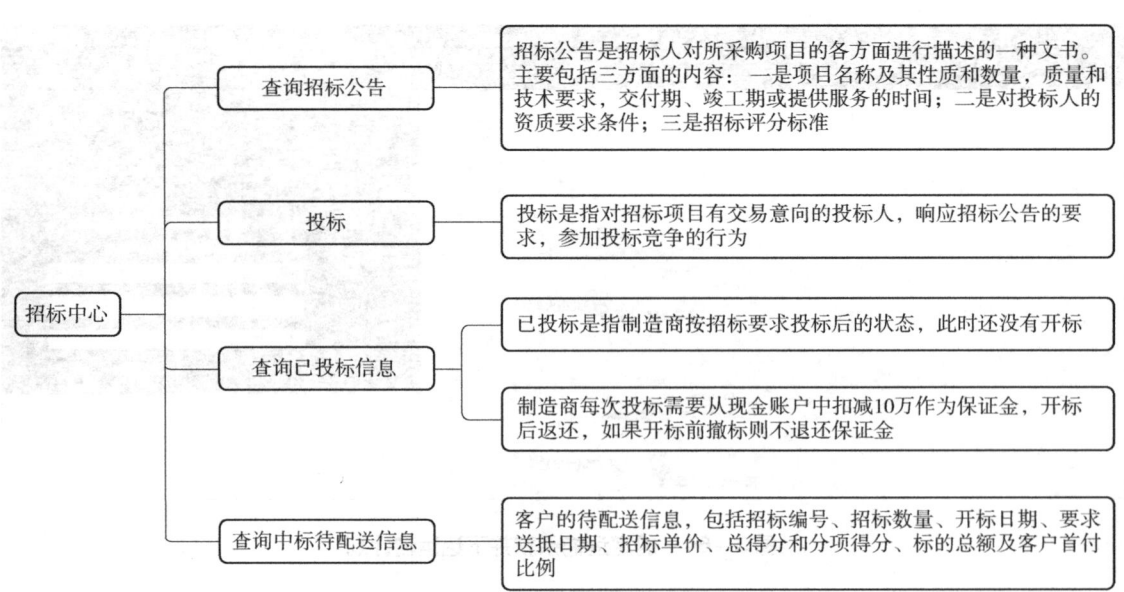

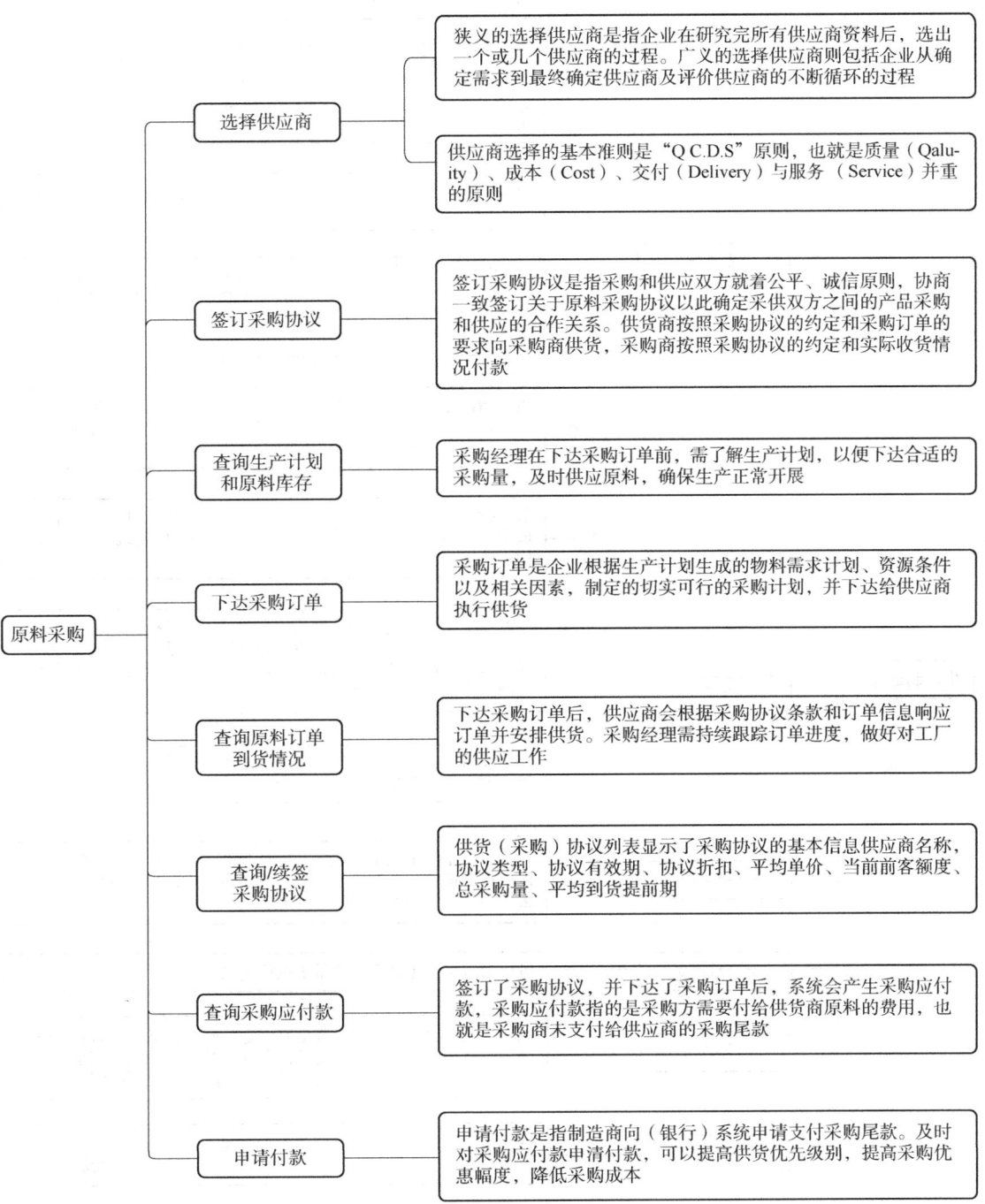

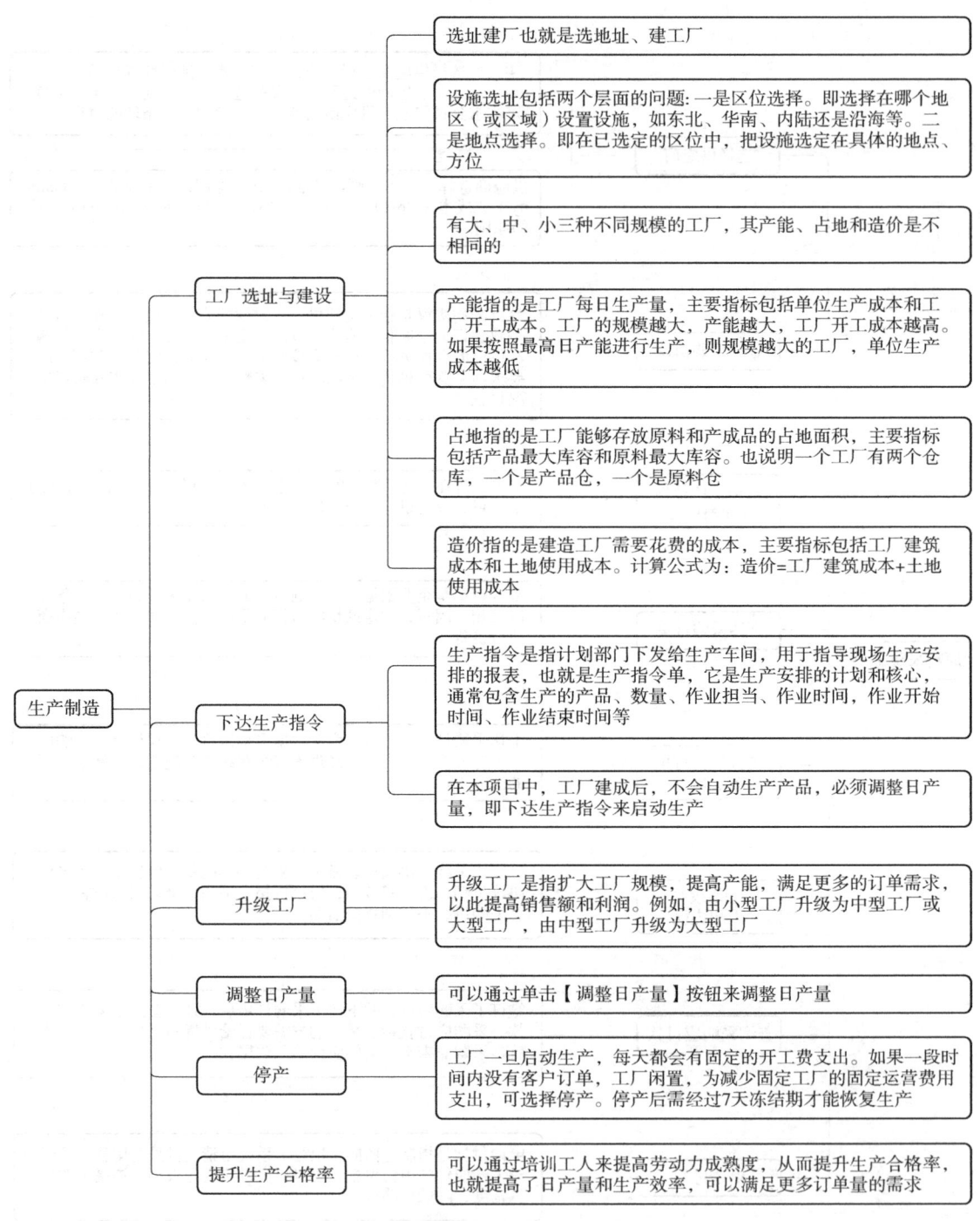

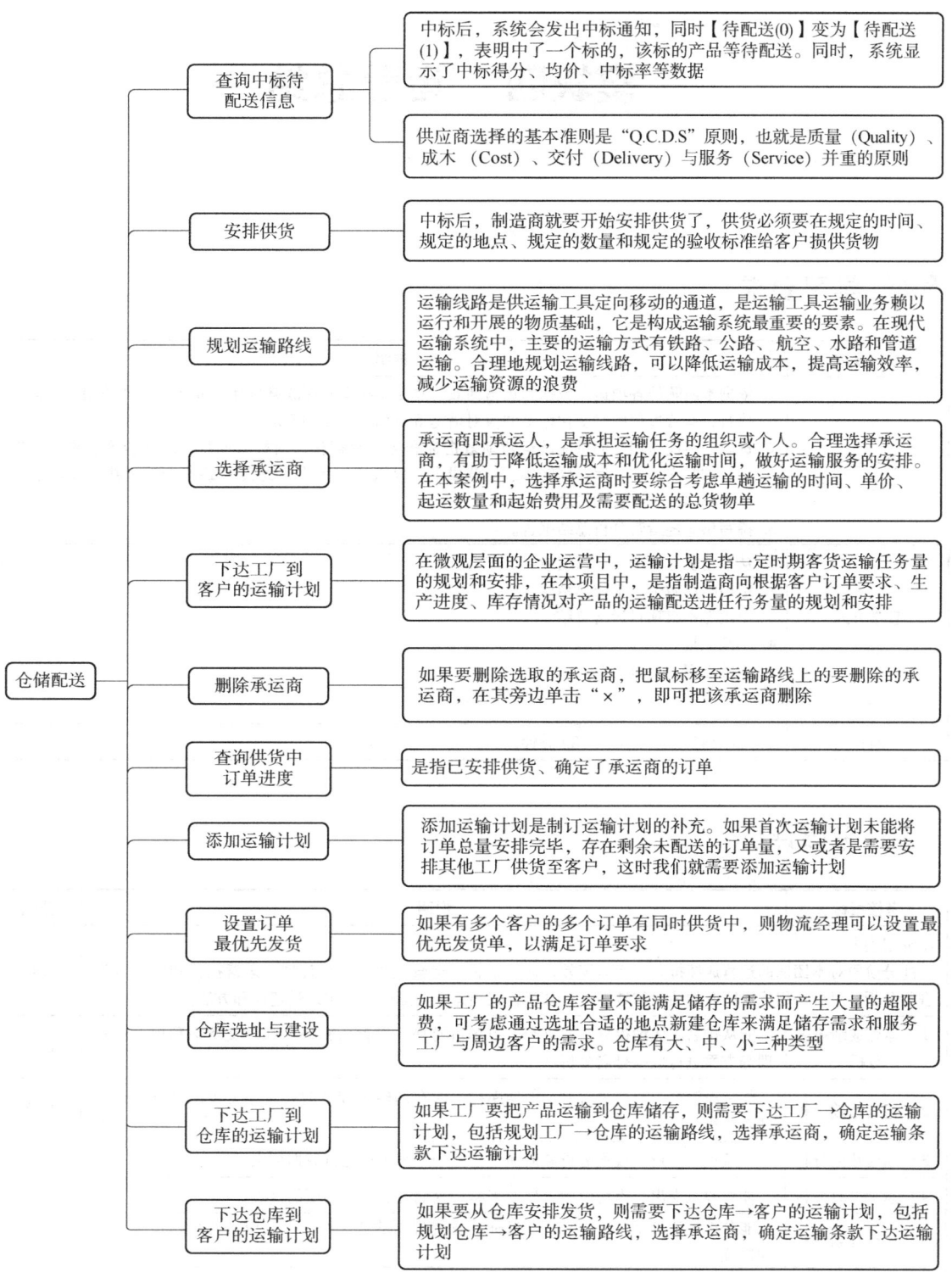

模块四 运营总结

 学习要求

学习要求	说明
学习目标	1. 依据本团队的各项运营数据和运营绩效，总结本次运营在战略目标、策略、计划的制订，运营执行，运营过程中对变化做出的应对措施等方面的优点和不足。 2. 选取一组优秀团队的供应链运营绩效指标和运营数据作为对标参照物，从净资产、市场占有率、准时交货率、库存周转率、运营成本、投入产出等多个维度做缺陷分析，找出差距和原因，提出改进建议和方法。 3. 撰写供应链运营分析总结报告。
教学方式	1. 从多角度分析项目运营绩效。 2. 组内学员做个人工作总结。 3. 小组做本组项目运营总结。 4. 小组汇报。 5. 教师点评，交流提升。
学时	4 学时。
时长	4 学时×45 分钟/学时=180 分钟。

 考核评价

考核指标	说明	分值
1. 运营分析 　　能分阶段对本团队的运营成绩排名、运营绩效、运营数据、运营报表、运营计划、运营执行和团队合作进行分析；对标一组优秀团队的绩效和数据进行分析，找出差距与原因，提出改进建议和方法。		共 64 分
（1）运营成绩排名分析	能从排名、成绩得分、净资产、市场占有率、库存周转率、准时交货率和现金流管理等方面进行成绩排名分析。	8 分
（2）运营绩效分析	能从净资产、市场占有率、平均库存、库存周转率和准时交货率五个维度进行运营绩效分析。	8 分
（3）运营数据分析	能从市场分析、成本分析和流通分析三个维度进行运营数据分析。	8 分
（4）运营报表分析	能对收入支出、市场营销、生产采购、仓储配送四个维度的报表进行分析。	8 分
（5）运营计划分析	能分析运营策略和计划与运营目标、发展规划的适配性，以及应对变化的快速反应和措施。	8 分
（6）运营执行分析	能对运营执行的常规工作与运营目标、计划和运营规则等方面的适应性进行分析。	8 分
（7）团队合作分析	能对自我表现和团队合作的各方面进行分析。	8 分

续表

考核指标	说明	分值
（8）个人学习分析	能客观地对自身学习的各方面进行分析总结。	8 分
2. 撰写运营分析总结报告 能根据以上分析，撰写语句流畅、逻辑清晰、结构完整的供应链运营分析及总结报告。		共 36 分
（1）项目概要		6 分
（2）项目实施		20 分
（3）项目精进		10 分
合计		100 分

为深入分析、对比和总结项目运营的各方面情况，我们选取了一个市场中有八家企业参与竞争、运营周期为 1 年的场景进行分析总结。

4.1 运营绩效分析

【操作】单击导航栏中的【竞赛看板】按钮，进入绩效数据页面。

系统从净资产、市场占有率、平均库存、库存周转率和准时交货率五个维度考察项目运营的绩效。下面将对这五个维度一一进行讲解、分析。

4.1.1 净资产

净资产是企业资产超过负债的部分，即全部资产减去全部负债后的净值。它由两大部分组成：一部分是企业开办当初投入的资本（在本项目中是 2000 万元），另一部分是企业在经营中创造的。

图 4-1 是八个企业①的净资产图示。纵向表示的是八个竞争企业，横向表示的是每个企业的净资产。每个企业都可以从该图中了解其他企业的净资产状况。显然，SCM-L 是净资产最多的企业，排第二的是 SCM-K；除此之外，有四个企业的净资产为负值，有两个企业的净资产为正值。

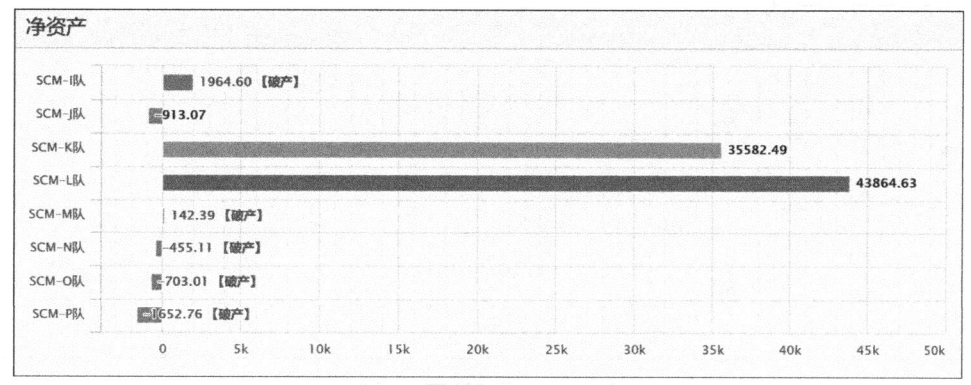

图 4-1 八个企业的净资产图示

---

① 注：八个企业分别指 SCM-I 队、SCM-J 队、SCM-K 队、SCM-L 队、SCM-M 队、SCM-N 队、SCM-O 队和 SCM-P 队。

下面，我们选取 SCM-K 的财务数据来讲解、分析各种资产、负债的逻辑关系，以及如何计算得出企业的净资产。企业的资产和负债数据可从【财务信用】选项中获取。

【操作1】单击导航栏中的【返回竞赛】按钮，进入图 4-2 所示的【财务信用】界面。默认显示账户资金的收入和成本支出情况。

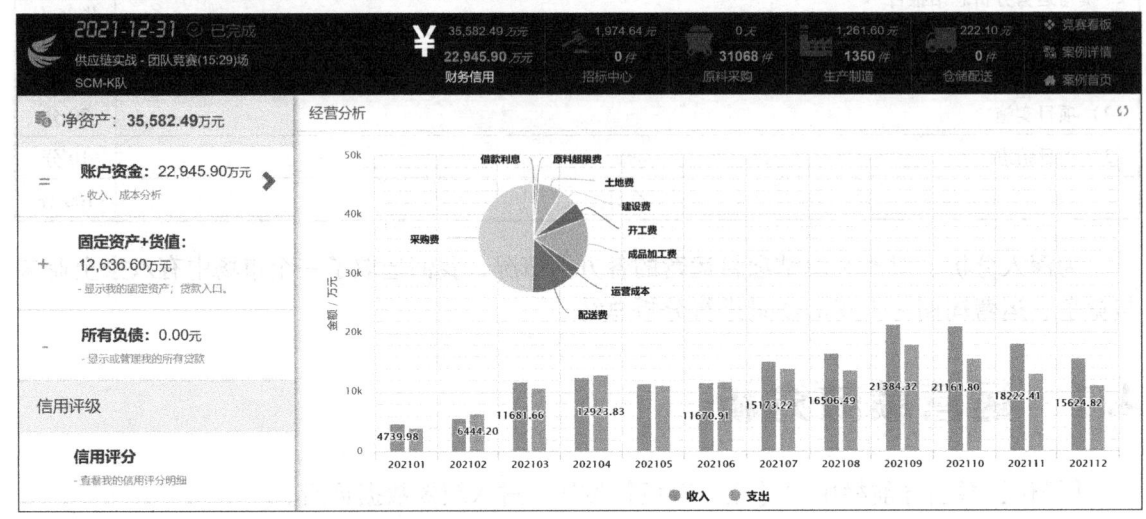

图 4-2 账户资金

图 4-2 显示了在项目运营结束时，SCM-K 的净资产为 35 582.49 万元，账户资金为 22 945.90 万元，固定资产+货值为 12 636.60 万元，所有负债为 0.00 万元。我们分别进入这些项目查看明细。

【操作2】单击图 4-2 页面左侧列表中的【固定资产+货值】选项，进入如图 4-3 所示的页面。

图 4-3 固定资产+货值

图 4-3 显示了以下三个固定资产：

南昌北区-工厂（大型），净值为 3 224.20 万元（总值 5 488.00 万元 - 折旧 2 263.80

万元 = 净值 3 224.20 万元），产品库存货值为 121.50 万元（库存 1 350 件 × 900 元/件 = 121.50 万元），原料库存货值为 746.57 万元；

南昌南区 - 工厂（大型），净值为 3 430.00 万元，产品库存货值为 0.00 万元，原料库存货值为 564.18 万元；

南昌中区 - 工厂（大型），净值为 3 910.20 万元，产品库存货值为 0.00 万元，原料库存货值为 639.94 万元。

本项目中，资产和负债的计算公式如下：

- 净资产 = 总资产 - 负债；
- 总资产 = 流动资产 + 固定资产；
- 流动资产 = 账户资金 + 产品库存货值 + 原料库存货值；
- 固定资产 = 厂房净值 + 仓库净值；
- 负债 = 贷款 + 应付利息 + 应付采购款。

将以上资产负债信息填入表 4 - 1 中。

表 4 - 1 资产计算表 单位：万元

项目	SCM - I	SCM - J	SCM - K	SCM - L	SCM - M	SCM - N	SCM - O	SCM - P
1. 流动资产	-727.40	474.94	25 018.09	33 630.80	-541.73	149.94	-667.62	-1.16
账户资金	-727.40	95.45	22 945.90	31 593.62	-545.56	-4.85	-667.62	-1.16
产品库存货值	0.00	379.44	121.50	1 313.46	3.78	147.24	0.00	0.00
原料库存货值	0.00	0.054	1 950.69	723.72	0.054	7.55	0.00	0.00
2. 固定资产	2 692.00	563.85	10 564.40	10 233.84	686.00	1 868.02	1 376.00	0.00
厂房净值	2 692.00	563.85	10 564.40	9 793.40	686.00	1 868.02	1 376.00	0.00
仓库净值	0.00	0.00	0.00	440.44	0.00	0.00	0.00	0.00
3. 总资产	1 964.60	1 038.79	35 582.49	43 864.64	144.27	2 017.96	708.38	-1.16
4. 负债	0.00	1 951.86	0.00	0.00	1.88	2 473.08	1 411.39	1 651.6
贷款	0.00	1 347.43	0.00	0.00	0.00	1 500.00	0.00	1000
应付利息	0.00	449.51	0.00	0.00	0.00	209.2	0.00	276.34
应付采购款	0.00	154.92	0.00	0.00	1.88	763.88	1 411.39	375.26
4. 净资产	1 964.60	-913.07	35 582.49	43 864.64	142.39	-455.12	-703.01	-1 652.76

从表 4 - 1 可以看到，SCM - I、SCM - M、SCM - N、SCM - O 和 SCM - P 破产的原因是账户资金为负值，即资金链断裂。

4.1.2 市场占有率

市场占有率也称为市场份额，是指某企业某一产品（或品类）的销售量（或销售额）在市场同类产品（或品类）中所占比重，反映企业在市场中的地位。通常市场占有率越高，企业竞争力越强。

市场占有率一般有两类表示方法：一类是用企业销售量占总体市场销售量的百分比表示；另一类是用企业销售量占竞争者销售量的百分比表示。在本项目中，市场占有率的计算公式如下：

$$市场占有率 = 总销售量/市场总量 \times 100\%$$

其中，市场总量是指市场总需求量。

图4-4用饼图展示了每个企业的市场占有率。八个企业的市场份额总和为49.88%，仍有50.12%的市场需求未被满足，对企业来说还有很大的市场发展空间。

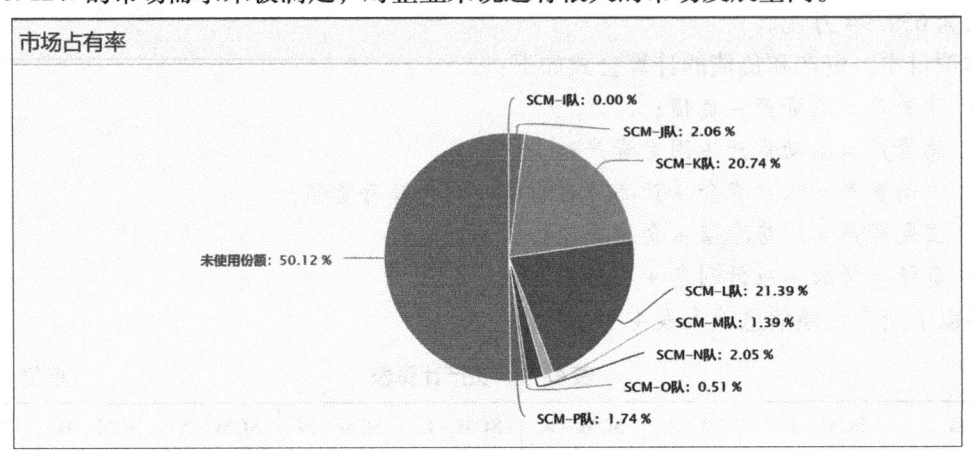

图4-4 市场占有率

我们从【客户资料】列表中统计得到市场总量是371.4万件，将"4.3.2 市场营销分析"中的【完成总量】作为每个企业的总销售量，计算每个企业的市场占有率。

以SCM-J为例，该企业的总销售量是7.65万件，其市场占有率的计算过程是：市场占有率 = 7.65/371.4×100% = 2.06%，各企业市场占有率如表4-2所示。

表4-2 各企业市场占有率　　　　　　　　　　　　　　单位：万件

指标	SCM-I	SCM-J	SCM-K	SCM-L	SCM-M	SCM-N	SCM-O	SCM-P
总销售量（完成总量）	0	7.65	77.03	79.47	5.18	7.62	1.88	6.48
市场占有率	0.00%	2.06%	20.74%	21.40%	1.39%	2.05%	0.51%	1.74%

4.1.3　平均库存和库存周转率

在流动资产中，存货的流动性对企业的流动比率有重要影响，因此对存货的流动性的分析很重要。

平均库存是指一定时期内某种物资的平均库存数量。在本项目中，平均库存计算公式如下：

$$平均库存 = \sum(每天库存量 + 每天在途货物量)/系统截至当前的"有效运行天数"$$

例如：1号工厂有1 000件库存，2号工厂有500件库存，在途有1 000件，3号工厂有1 500件库存，在途有500件，那么这三天的平均库存 = (1 000 + 500 + 1 000 + 1 500 + 500)/3 = 1 500(件)。

如何判断当天是否为有效运行，需至少满足以下一个条件：

（1）当天设置生产计划；

（2）当天有配送计划并正常发运；

(3) 当天有采购原料;
(4) 当天有建造或升级工厂或仓库。

假设:

1月1日建厂,采购——当天有效运行;

1月2日停产且无其他活动——当天无效运行;

1月3日原料到货,未设置生产计划且无其他活动——当天无效运行;

1月4日设置生产计划,且无其他活动——当天有效运行;

则在1月1日~4日的4天中,有效运行天数为2天。

库存周转率是指在一定时期内存货周转的次数,是反映存货周转快慢程度的指标。库存周转率越大,表明销售情况越好。在原料保质期及资金允许的条件下,可以适当增加其库存控制目标天数,以保证合理的库存。反之,可以适当减少其库存控制目标天数。另外,库存周转率高,说明占用资金的货物能马上被使用或销售出去,资金获利的效率就高,即收回的资金可以再投入使用从而使企业不断获利。因此衡量库存绩效最常用的管理指标是库存周转率。

在本项目中,平均库存和库存周转率均对产品而言,计算公式如下:

$$库存周转率 = 总销售量/平均库存$$

在这里,库存周转率主要用于获利能力分析。库存管理者需要时常监视库存周转率,进而不断调整管理对策。

图4-5是八个企业的平均库存和库存周转率。可以看到SCM-L的平均库存最高,为14 242件。相比其他企业,该企业的存货占流动资金的比例高,降低了资金的流动性。另外,较高的平均库存也会增加库存持有成本。库存持有成本是指一定时期内,保有和管理单位货物的费用开支,包括运行成本(主要是仓储成本)、机会成本(主要是存货占用的资金带来的机会成本)和风险成本(如保险费、损耗或报废造成的损失)。

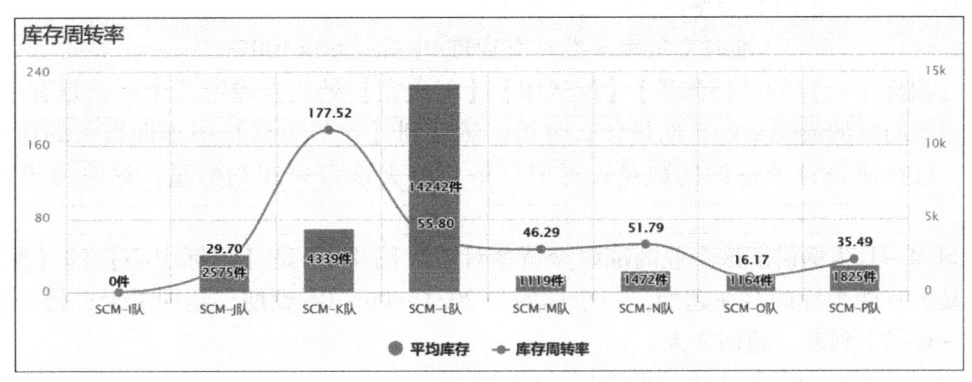

图4-5 八个企业的平均库存和库存周转率

从图4-5可以看到,SCM-K的库存周转率最高,为177.52次。相比其他企业,该企业的库存控制水平高,资金获利效率高。我们以SCM-K为例,讲解库存周转率的计算。

如图4-5所示,SCM-K在一年运营期的平均库存为4 339件,已知该企业的总销售量为77.03万件(见4.3.2市场营销分析),其计算过程为:

库存周转率 = 770 300/4 339 ≈ 177.52(次),各企业库存周转率如表4-3所示。

表4-3 各企业库存周转率

指标	SCM-I	SCM-J	SCM-K	SCM-L	SCM-M	SCM-N	SCM-O	SCM-P
总销售量/千件（完成总量）	0	76.5	770.3	794.7	51.8	76.2	18.8	64.8
平均库存/千件	0	2.575	4.339	14.242	1.119	1.472	1.164	1.825
库存周转率/次	0	29.70	177.52	55.80	46.29	51.79	16.17	35.49

4.1.4 准时交货率

准时交货率是指在一定时间内准时交付产品的数量占中标总量的百分比。准时交货率低，说明其协作配套的生产能力达不到要求，或者是对生产过程的组织管理跟不上供应链运行的要求；准时交货率高，说明企业生产能力强，生产管理水平高。

图4-6显示，SCM-K和SCM-L的准时交货率分别为100.00%和99.77%，在同行中排名第一、二，而SCM-M的准时交货率最低（SCM-I除外），为67.70%。

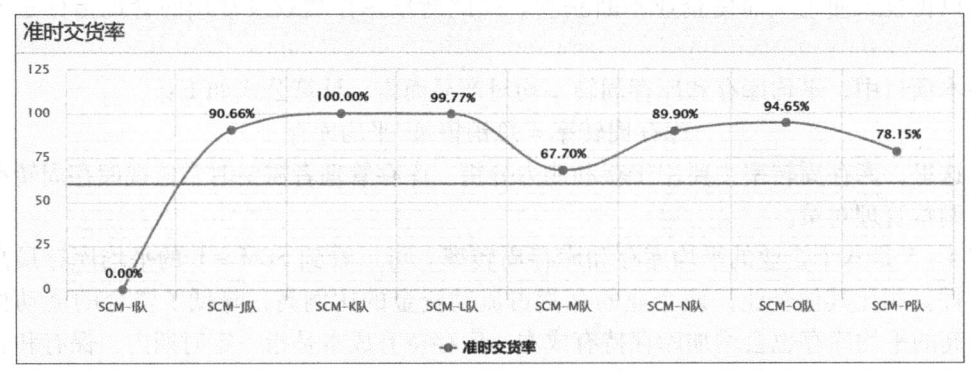

图4-6 准时交货率

在本项目中，准时交货率的计算公式如下：

$$准时交货率 = 准时交货量/中标总量 \times 100\%$$

在【招标中心】的【待配送】【配送中】【配送完】处先查看哪几个标的是有违约的，这几个违约的标的最晚交付日期是什么时候，然后到【我的历程】中查询当天的违约成本是多少，反算出该订单违约的数量，再用订单量减去该订单违约数量，最终得出准时交货量。

以SCM-L为例讲解该企业的准时交货率计算。图4-7是【招标中心】的【配送完】列表，显示有两个标的存在超期，一个标的是2021-06-06到期，超期1天；另一个标的是2021-6-21到期，超期2天。

我们到【我的历程】查询这两个标的的违约金。

图4-8显示了超期1天的标的，在2021-06-07的违约金为2.35万元。

图4-9和图4-10分别显示了超期2天的标的，在2021-06-22的违约金为1.48万元，在2021-06-23的违约金为1.48万元。

在SCM-L的所有标的中，仅这两个标的存在超期配送违约情况。

总违约金 = 2.35 + 1.48 + 1.48 = 5.31(万元)。

超期交货量 = 53 100/(2 100×1%) = 2 529(件)，则

准时交货量 = 中标总量 - 超期交货量 = 794 700 - 2 529 = 792 171(件)。

图4-7 标的配送超期列表

图4-8 超期1天的标的违约金

图4-9 超期2天的标的违约金1

准时交货率 = 792 171/794 700 × 100% = 99.68%。

各企业的准时交货率如表4-4所示。

【注】两个标的产品单价均为2 100元，每天的违约金=超期交货量×产品单价×1%。

图 4-10 超期 2 天的标的违约金 2

表 4-4 各企业的准时交货率

指标	SCM-I	SCM-J	SCM-K	SCM-L	SCM-M	SCM-N	SCM-O	SCM-P
违约金/万元	0.00	175 000	0.00	53 100	32 000	76 000	0.00	222 000
超期交货量	0.00	8 334	0	2 382	1 525	3 620	0	10 572
中标总量/件	0.00	78 200	77 030	794 700	70 700	76 200	19 900	68 000
准时交货量	0.00	69 866	77 030	792 318	69 175	72 580	19 900	57 428
准时交货率	0.00	89.34%	100.00%	99.68%	97.84%	95.25%	100.00%	84.45%

4.2 运营数据分析

系统从市场、成本和流通三个维度，对一个市场中的多个竞争企业的项目运营数据进行对比，每个企业都可以从中了解竞争对手和自身在这三个维度的情况。

【操作】单击导航栏中的【数据分析】按钮，默认进入如图 4-11 所示的【市场分析】页面。在该页面的左侧，是【市场分析】【成本分析】和【流通分析】三个维度选项，右侧展示的是三个维度对应的数据图。

4.2.1 市场分析

市场分析是指对市场中的多个竞争企业每个月的中标标的数量和价格进行数据展示，每个企业都可以从中了解竞争对手和自身在中标量和中标价格的情况。

标量分析：是指每个月、每个企业的中标量对比分析，如图 4-12 所示。

标价分析：是指每个月、每个企业的中标单价对比分析，如图 4-13 所示。

每个月的标量和标价可以在【招标中心】查询。

1. 标量分析

如图 4-12 所示，从横向的时间发展来看，随着运营时间从 1~12 月，中标企业的数量越来越少：2 月有七个企业中标，3~7 月均有六个企业中标，10 月有四个企业中标，11 月有三个企业中标，12 月份只有两个企业 SCM-K、SCM-L 中标。企业的资金流断裂，导致无以为继，市场占有率萎缩是必然的，这从"4.4.3 现金流分析"中显示的各个企业的现金流趋势可以得到证实。

模块四 运营总结

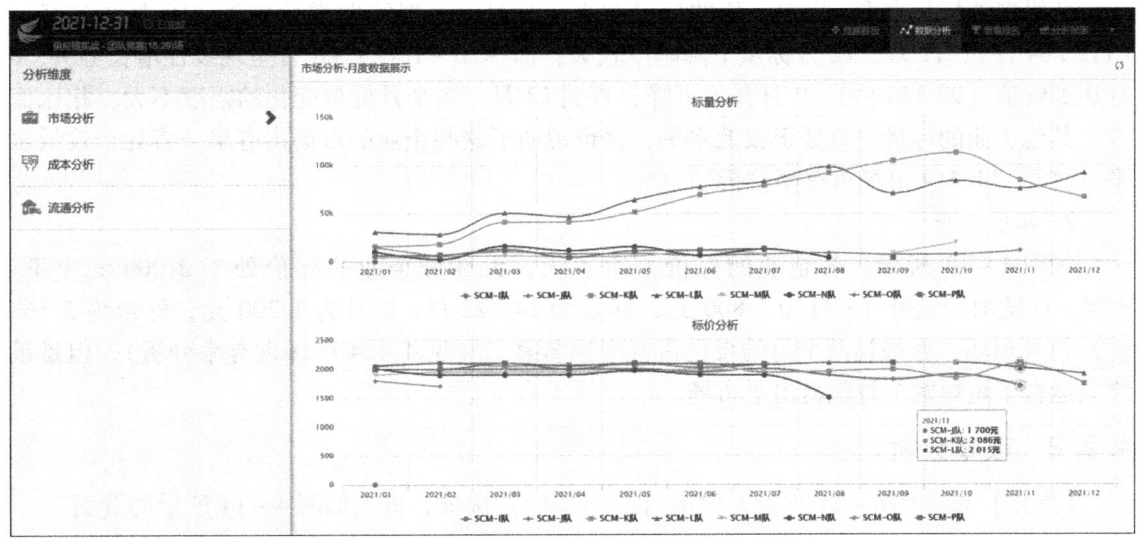

图4-11 市场分析

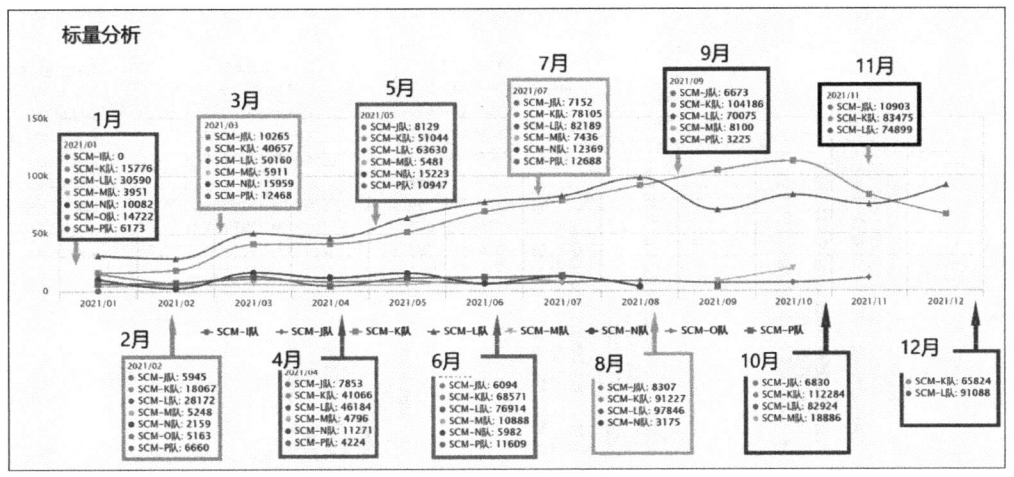

图4-12 标量分析

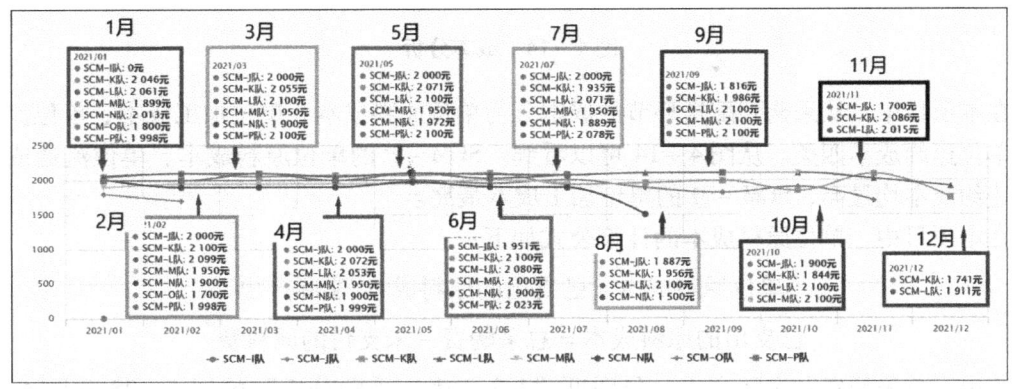

图4-13 标价分析

从纵向的标量来看，SCM-K 的标量在 1~10 月，呈现线性增长势头，10 月达到峰值（112 284 件），11 月、12 月标量下降幅度较大；而 SCM-L 在 1~8 月呈现线性增长势头，8 月达到峰值（97 836 件），9 月开始下降，直到 12 月，每个月标量变化的幅度不大。相比而言，其他企业的标量一直处于较低水平，这也说明了这些企业的市场占有率一直处于较低水平（详见"4.4.4 市场占有率分析"）。

2. 标价分析

如图 4-13 所示。各企业的标价差距不大，大部分企业的标价处于 2 000 元上下。SCM-O 试图用低价（1 月为 1 800 元，标量为 14 722 件；2 月为 1 700 元，标量为 5 163 件）打开市场，在最初两个月的市场占有率排名第二（见 4.4.4 市场占有率分析），但是最终只运行了短短两个月就退出了市场。

4.2.2 成本分析

【操作】单击图 4-11 页面左侧的【成本分析】选项，进入如图 4-14 所示的页面。

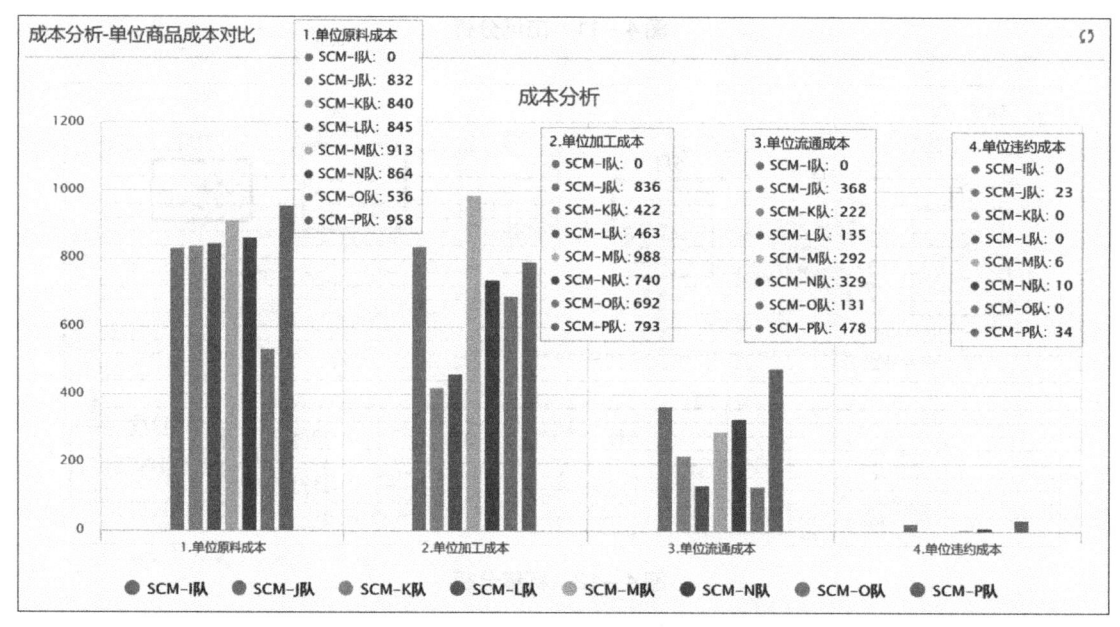

图 4-14 成本分析

在本项目中，从采购到配送环节的成本分为单位原料成本、单位加工成本、单位流通成本和单位违约成本四类。从图 4-14 可以看到，SCM-P 的单位原料成本、单位流通成本和单位违约成本均最高，SCM-M 的单位加工成本最高。

在本项目中，单位原料成本的计算公式如下：

单位原料成本 = 已支出的原料成本/实际产出

已支出的原料成本 = 总采购费 - 未支付的原料费

其中，总采购费和实际产出，分别见"4.3.3 生产采购分析"的图 4-28 和图 4-30，未支付的原料采购费可以在负债中查询。表 4-5 为单位原料成本分析。

表4-5 单位原料成本分析

指标	SCM-I	SCM-J	SCM-K	SCM-L	SCM-M	SCM-N	SCM-O	SCM-P
总采购费/万元	0.00	6 870	64 803	68 375	4 734	7 492	2 488	6 787
未支付的原料费/万元	0.00	154.92	0.00	0.00	1.88	763.88	1 411.39	377.98
实际产出/万件	0.00	8.07	77.16	80.93	5.19	7.62	2.01	6.69
单位原料成本/元	0.00	832	840	845	913	883	536	958

在本项目中，单位加工成本的计算公式如下：

单位加工成本 = (加工成本 + 运营成本 + 原料堆存费 + 原料超限费 + 培训费)/总产量

其中，加工成本见"4.3.1 收入支出分析"中的图4-21。运营成本、培训费见"4.3.1 收入支出分析"中的图4-22。原料堆存费、原料超限费见图"4.3.1 收入支出分析"中的图4-23。总产量也就是实际产出，具体见"4.3.2 市场营销分析"中的图4-25。

各企业的单位加工成本如表4-6所示。

表4-6 各企业的单位加工成本

指标	SCM-I	SCM-J	SCM-K	SCM-L	SCM-M	SCM-N	SCM-O	SCM-P
运营成本/万元	7.00	2 361.00	4 202.00	4 850.00	1 975.00	1 731.00	409.00	1 791.00
加工费/万元（开工费+生产费）	0.00	3 958.00	26 393.00	27 574.00	2 944.00	3 748.00	865.00	3 382.00
原料堆存费/万元	0.00	85.82	954.34	1 143.83	57.82	89.90	30.05	68.97
原料超限费/万元	0.00	62.27	996.63	3 881.40	78.36	171.9	86.47	65.20
培训费/万元	21.00	277.00	0.00	0.00	68.00	21.00	0.00	0.00
合计	27.00	8.07	77.16	80.93	5.19	7.79	2.01	6.69
总产量/万件（实际产出）	0.00	8.07	77.16	80.93	5.19	7.79	2.01	6.69
单位加工成本/元	0.00	836	422	463	987	740	692	793

在本项目中，流通成本是指产品从工厂向客户流通过程中产生的各种费用，包括配送成本、产品堆存费和产品超限费。

单位流通成本的计算公式如下：

单位流通成本 = (配送成本 + 产品堆存费 + 产品超限费)/完成总量

配送成本见"4.3.1 收入支出分析"中的图4-21。产品堆存费、产品超限费见"4.3.1 收入支出分析"中的图4-23。完成总量是指已完成配送的产品数量，见"4.3.2 市场营销分析"中的图4-25。

各企业的单位流通成本计算结果如表4-7所示。

表4-7 各企业的单位流通成本

指标	SCM-I	SCM-J	SCM-K	SCM-L	SCM-M	SCM-N	SCM-O	SCM-P
配送成本/万元	0.00	2 576	17 078	10 186	1 472	2 486	242	3 055
产品堆存费/万元	0.00	25.84	24.91	372.21	15.27	15.70	3.38	24.08
产品超限费/万元	0.00	210.51	4.81	205.83	23.85	7.93	0.15	16.27
合计/万元	0.00	2 812.35	17 107.72	10 764.04	1 511.12	2 509.63	245.53	3 095.35
完成总量/万件	0.00	7.65	77.03	79.47	5.18	7.62	1.88	6.48
单位流通成本/元	0.00	368	222	135	292	329	131	478

在本项目中，单位违约成本的计算公式如下：

单位违约成本 = 违约成本/中标总量

其中，违约成本是指所有未及时交付产品而产生的违约金，数据见"4.3.1 收入支出分析"中的图4-21。中标总量见"4.3.2 市场营销分析"中的图4-25。

各企业的单位违约成本如表4-8所示。

表4-8 各企业的单位违约成本

指标	SCM-I	SCM-J	SCM-K	SCM-L	SCM-M	SCM-N	SCM-O	SCM-P
违约金/万元	0.00	175.00	0.00	5.00	32.00	76.00	0.00	222.00
中标总量/万件	0.00	7.82	77.03	79.47	7.07	7.62	1.99	6.80
单位违约成本/元	0.00	23	0	0	5	10	0	33

4.2.3 流通分析

在本项目中，流通是指产品从生产线下线后，进入仓库或直接运输配送给客户的流转过程。在产品进入仓库的仓储环节，会产生堆存费；在运输配送环节，会产生物流配送费。本项目从库存和配送两个方面进行流通分析。

库存分析是指主要对平均库存和单位堆存成本进行分析，如图4-15所示。

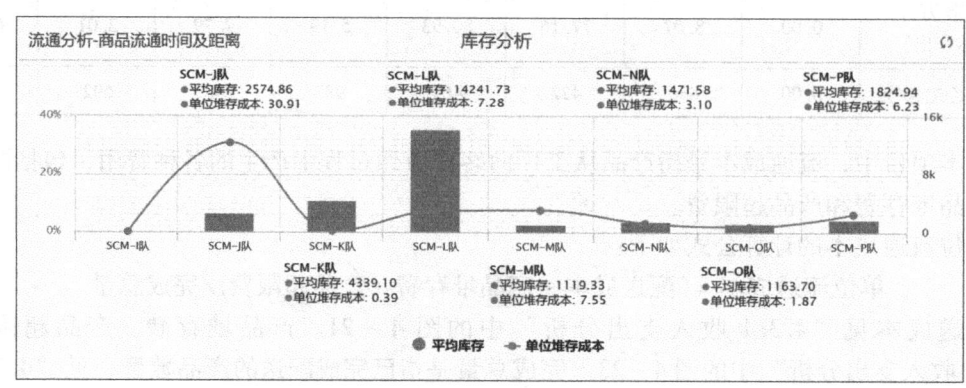

图4-15 库存分析

在本项目中,单位堆存成本的计算公式如下:

单位堆存成本 =(产品堆存费 + 产品超限费)/完成总量

其中,产品堆存费、产品超限费见"4.3.1 收入支出分析"中的图4-23。完成总量见"4.3.2 市场营销分析"中的图4-25所示。

各企业的单位堆存成本如表4-9所示。

表4-9 各企业的单位堆存成本

指标	SCM-I	SCM-J	SCM-K	SCM-L	SCM-M	SCM-N	SCM-O	SCM-P
产品堆存费/万元	0.00	25.84	24.91	372.21	15.27	15.70	3.38	24.08
产品超限费/万元	0.00	210.51	4.81	205.83	23.85	7.93	0.15	16.27
总堆存费/万元	0.00	236.35	29.72	578.04	39.12	23.63	3.53	40.35
完成总量/万件	0.00	7.65	77.03	79.47	5.18	7.62	1.88	6.48
单位堆存成本/元	0.00	30.90	0.39	7.27	7.55	3.10	1.88	6.23

如图4-16所示,配送分析主要对单位配送距离、单位完成天数和单位配送成本进行分析。单位配送成本与单位距离呈正相关,即单位配送距离越远,单位配送成本越高。单位完成天数的计算公式如下:

单位完成天数 = [Σ(配送完成日期 - 中标日期)]/已完成配送量

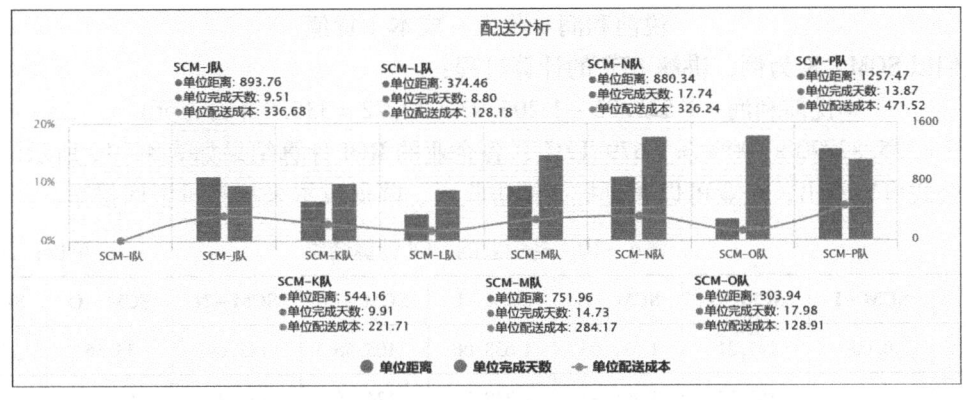

图4-16 配送分析

4.3 运营报表分析

4.3.1 收入支出分析

投资回报率(Return On Investment,ROI)是指企业从一项投资活动中得到的经济回报,是衡量一个企业盈利状况的指标,也是衡量一个企业经营效果和效率的一项综合性指标。

图4-17展示了各企业的投资金额、收入、成本、货值、利润和ROI数据。除了SCM-K和SCM-L两家企业的利润、ROI均为正,其他企业的利润、ROI均为负,因为这些企业的成本支出大于收入,因而利润为负值,导致ROI为负值,说明这些企业运营的项目入不敷出。

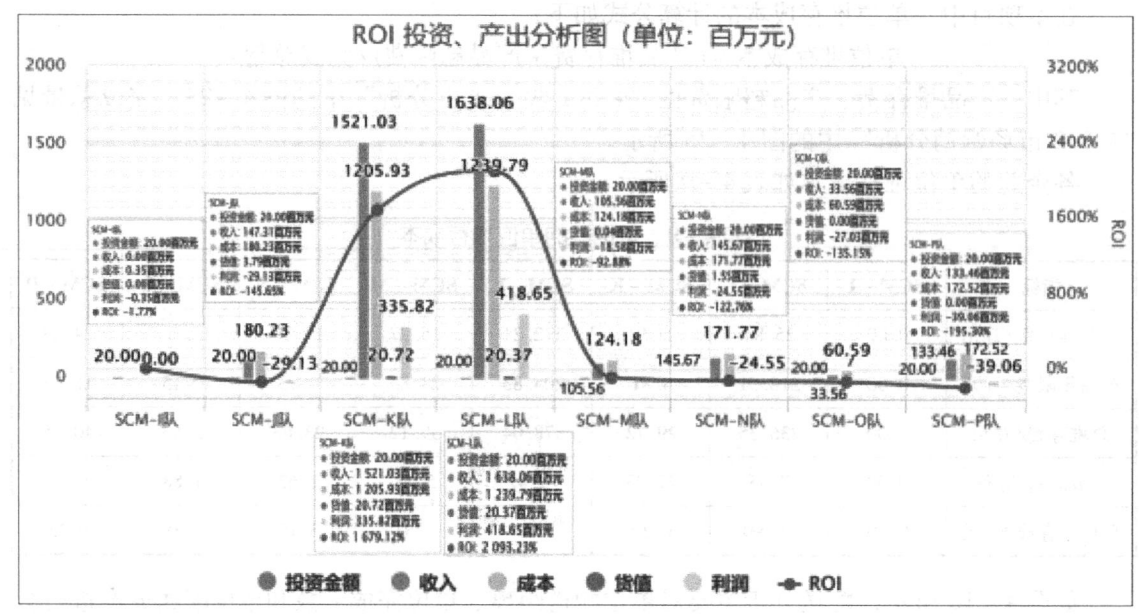

图 4-17 收入支出分析

在本项目中，ROI 的计算公式如下：

$$ROI = 税前利润/投资金额 \times 100\%$$

$$税前利润 = 收入 - 成本 + 货值$$

我们以 SCM-K 为例，讲解 ROI 的计算过程：

$$税前利润 = 1\,521.03 - 1\,205.93 + 20.72 = 335.82(百万元)$$

$ROI = 335.82/20 \times 100\% = 1\,679.12\%$，各企业的 ROI 计算结果如表 4-10 所示。

从公式可以看出，企业可以通过提高销售收入、降低成本来提高投资回报率。

表 4-10 各企业的 ROI 计算结果   单位：百万元

指标	SCM-I	SCM-J	SCM-K	SCM-L	SCM-M	SCM-N	SCM-O	SCM-P
收入	0.00	147.31	1 521.03	1 638.06	105.56	145.67	33.56	133.36
成本	0.35	180.23	1 205.93	1 239.79	124.18	171.77	60.59	172.52
货值	0.00	3.79	20.72	20.37	0.04	1.55	0.00	0.00
税前利润	-0.35	-29.13	335.82	418.64	-18.58	-24.55	-27.03	-39.16
投资金额	20.00	20.00	20.00	20.00	20.00	20.00	20.00	20.00
ROI	-1.75%	-145.65%	1 679.10%	2 093.20%	-92.90%	-122.75%	-135.15%	-195.80%

图 4-18 所示的净资产与图 4-19 所示的净资产分项统计分析见"4.1.1 净资产"的表 4-1。

图 4-20 所示的是直接成本和间接成本比较。

直接成本。商务印书馆《英汉证券投资词典》解释：直接成本（Direct Cost），生产某种产品或提供某项服务时支付的直接费用，如原料、人员工资支出等。从生产角度，在生产费用发生时，直接成本是能直接计入某一成本计算对象的费用。某一时期（如一年）的直接成本总额随产量的变化而变化，且随产量的增加大体上成正比增加，故直接成本又称为可变成本。企业生产经营过程中所消耗的原料、备品配件、外购半成品、生产工人工资通常属于直接成本。

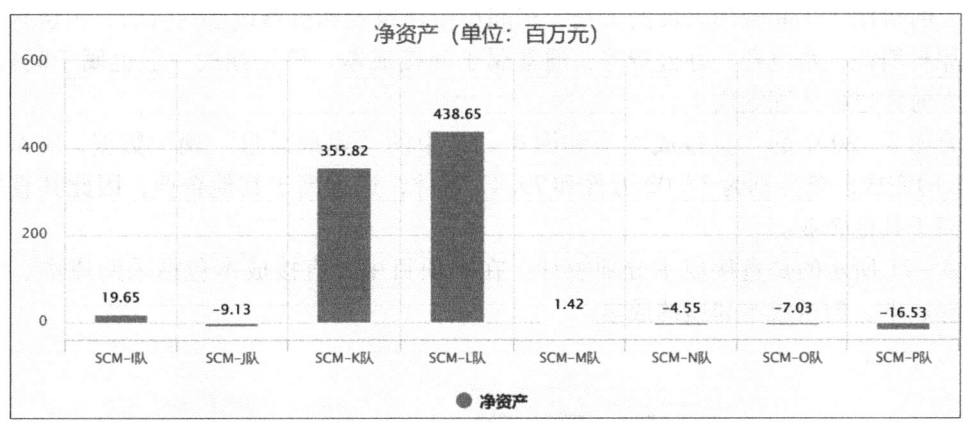

图 4-18　净资产

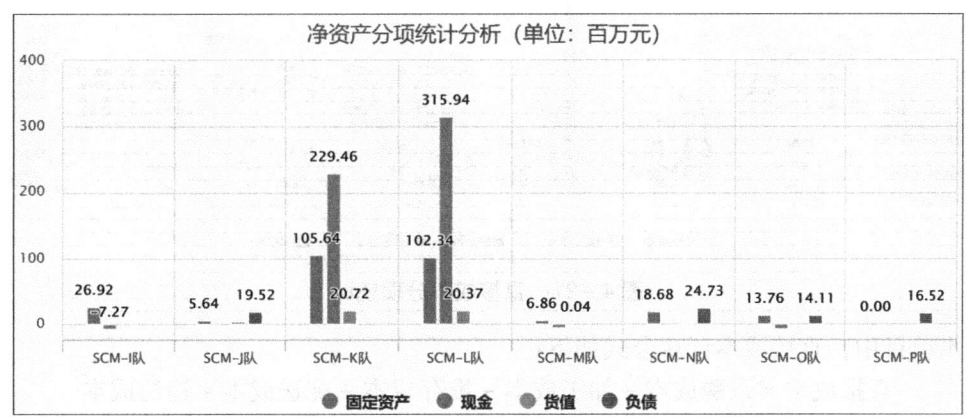

图 4-19　净资产分项统计分析

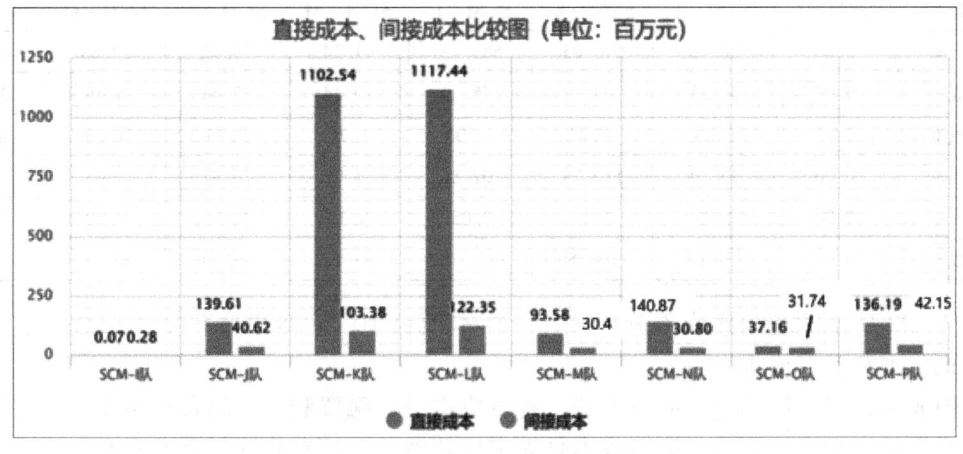

图 4-20　直接成本和间接成本比较

间接成本。间接成本是指生产费用发生时，不能或不便于直接计入某一成本计算对象，而需先按发生地点或用途加以归集，待月终选择一定的分配方法进行分配后才计入有关成本计算对象的费用。车间管理人员的工资、车间房屋建筑物和机器设备的折旧、租赁费、修理费、机原料消耗、水电费、办公费等，通常属于间接成本。停工损失一般也属于间接成本。间接成本通常也称为固定成本。

结合图 4-20 中的"直接成本"和图 4-25 中的"完成总量"两项数据，SCM-K 和 SCM-L 的完成总量分别为 77.03 万件和 79.47 万件，远远高于其他企业，因此其直接成本也远远高于其他企业。

图 4-21 所示的是直接成本分项统计。在本项目中，直接成本包括采购成本、加工成本、堆存成本、配送成本和违约成本。

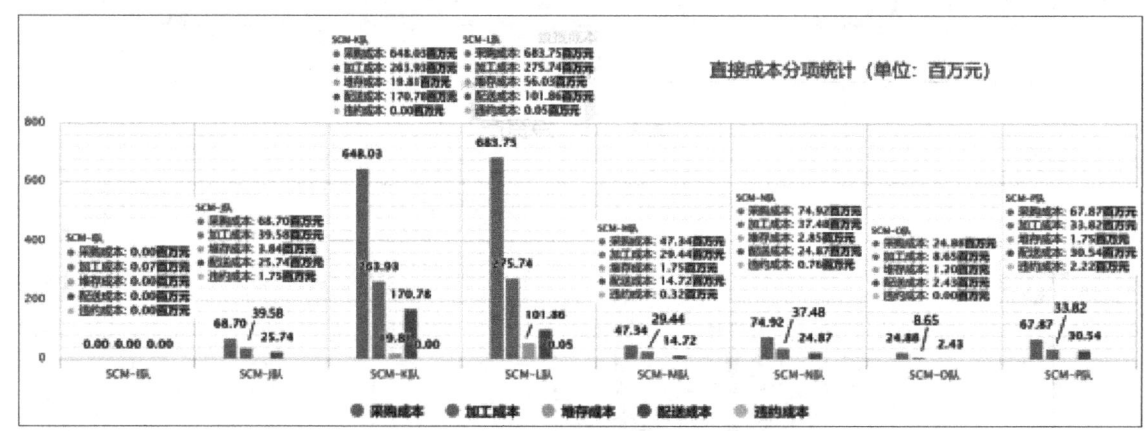

图 4-21 直接成本分项统计

在本项目中，直接成本计算公式如下：

直接成本 = 采购成本 + 加工成本 + 堆存成本 + 配送成本 + 违约成本

各企业的直接成本分项统计如表 4-11 所示。

表 4-11 各企业的直接成本分项统计　　　　　　　　单位：百万元

指标	SCM-I	SCM-J	SCM-K	SCM-L	SCM-M	SCM-N	SCM-O	SCM-P
采购成本	0.00	68.70	648.03	683.75	47.34	74.92	24.88	67.87
加工成本	0.07	39.58	263.93	275.74	29.44	37.48	8.65	33.82
堆存成本	0.00	3.84	19.81	56.03	1.75	2.85	1.20	1.75
配送成本	0.00	25.74	170.78	101.86	14.72	24.87	2.43	30.54
违约成本	0.00	1.75	0.00	0.05	0.32	0.76	0.00	2.22
直接成本	0.07	139.61	1102.55	1117.43	93.57	140.88	37.16	136.2

图 4-22 所示的是间接成本分项统计。在本项目中，间接成本包括折旧成本、利息成本、培训成本和运营成本。

折旧成本是指工厂和仓库的折旧费。利息成本是指融资利息。培训成本是指提升工人生产合格率需要支付的培训费。运营成本是固定运营费，工厂和仓库运营费总和。

在本项目中，间接成本计算公式如下：

间接成本 = 折旧成本 + 利息成本 + 培训成本 + 运营成本

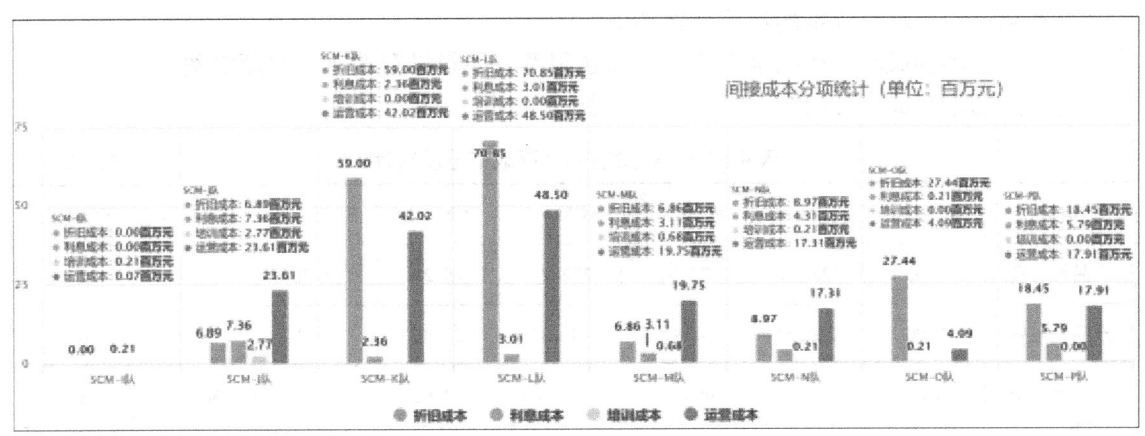

图 4-22 间接成本分项统计

各企业的间接成本分项统计如表 4-12 所示。

表 4-12 各企业的间接成本分项统计　　　　　　　　单位：百万元

指标	SCM-I	SCM-J	SCM-K	SCM-L	SCM-M	SCM-N	SCM-O	SCM-P
折旧成本	0.00	6.89	59.00	70.85	6.86	8.97	27.44	18.45
利息成本	0.00	7.36	2.36	3.01	3.11	4.31	0.21	5.79
培训成本	0.21	2.77	0.00	0.00	0.68	0.21	0.00	0.00
运营成本	0.07	23.61	42.02	48.50	19.75	17.31	4.09	17.91
间接成本	0.28	40.63	103.38	122.36	30.4	30.8	31.74	42.15
总产量/万件（实际产出）	0.00	8.07	77.16	80.93	5.19	7.79	2.01	6.69
单位间接成本/元	/	503	134	151	586	395	1579	630

将成本分为直接成本与间接成本，便于采取不同的方法来降低产品成本。从本项目的直接成本构成来看，可从降低采购成本、控制库存量、减少违约次数、降低配送成本等方面着手降低直接成本。对于间接成本，可从加强费用的预算管理、降低运营成本着手来降低间接成本。

图 4-23 显示的是堆存成本分类统计。在本项目中，堆存成本包括产品堆存费、产品超限费、原料堆存费和原料超限费。

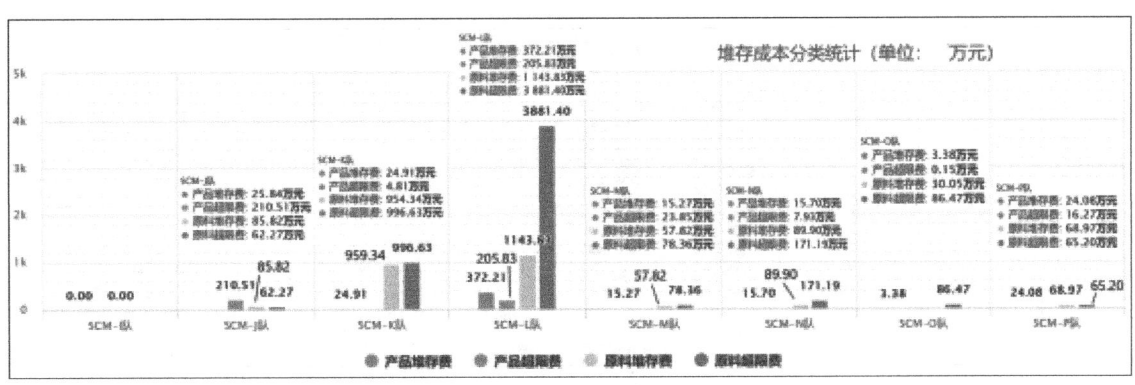

图 4-23 堆存成本分类统计

在本项目中,堆存成本的计算公式如下:

堆存成本 = 产品堆存费 + 产品超限费 + 原料堆存费 + 原料超限费

各企业的堆存成本分项统计如表4-13所示。

表4-13 各企业的堆存成本分项统计　　　　　　　　　　　　　　单位:万元

指标	SCM-I	SCM-J	SCM-K	SCM-L	SCM-M	SCM-N	SCM-O	SCM-P
产品堆存费	0.00	25.84	24.91	372.21	15.27	15.70	3.38	24.08
产品超限费	0.00	210.51	4.81	205.83	23.85	7.93	0.15	16.27
原料堆存费	0.00	85.82	954.34	1 143.83	57.82	89.90	30.05	68.97
原料超限费	0.00	62.27	996.63	3 881.40	78.36	171.19	86.47	65.20
堆存成本	0	384.44	1 980.69	5 603.27	175.3	284.72	120.05	174.52

从中可以看出,要降低堆存成本,必须要严格控制库存。

4.3.2 市场营销分析

如图4-24、图4-25、图4-26、图4-27所示,从市场占有率、中标均价、中标总量、完成总量、中标总额、收入总额、中标率和履约率多个维度进行市场营销分析。

其中,市场占有率分析见"4.1.2 市场占有率"。

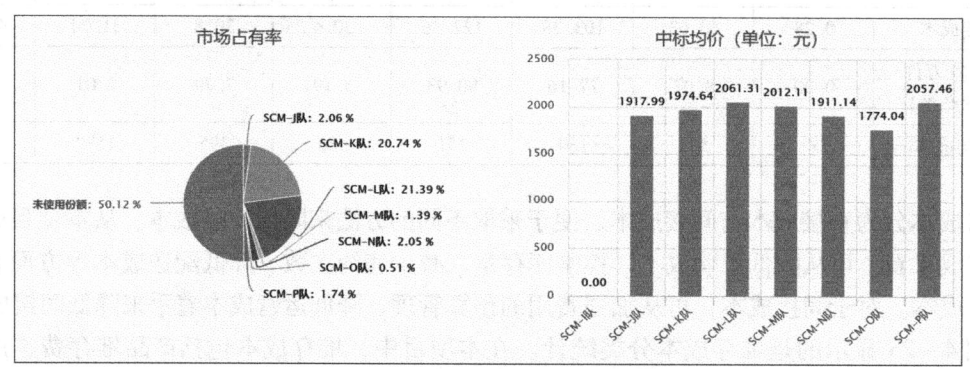

图4-24 市场占有率和中标均价

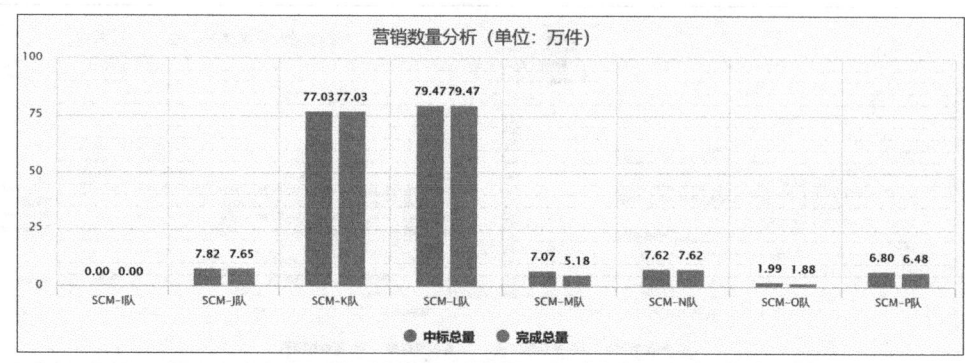

图4-25 中标总量和完成总量

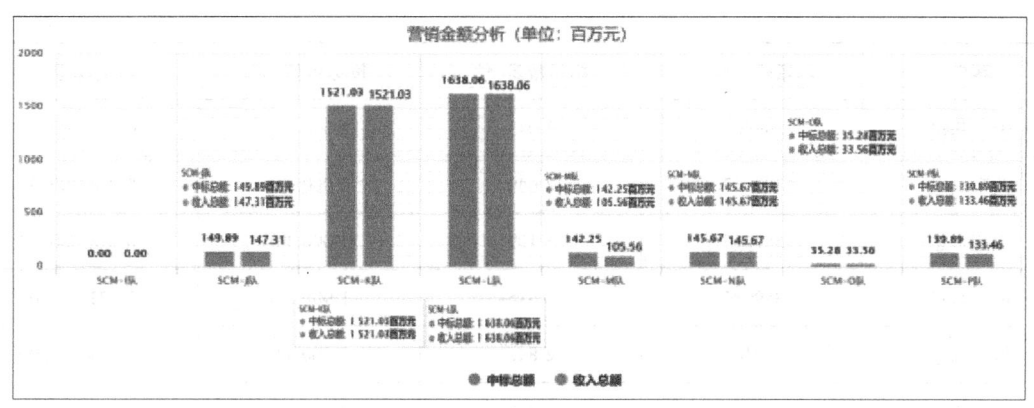

图 4-26 中标总额和收入总额

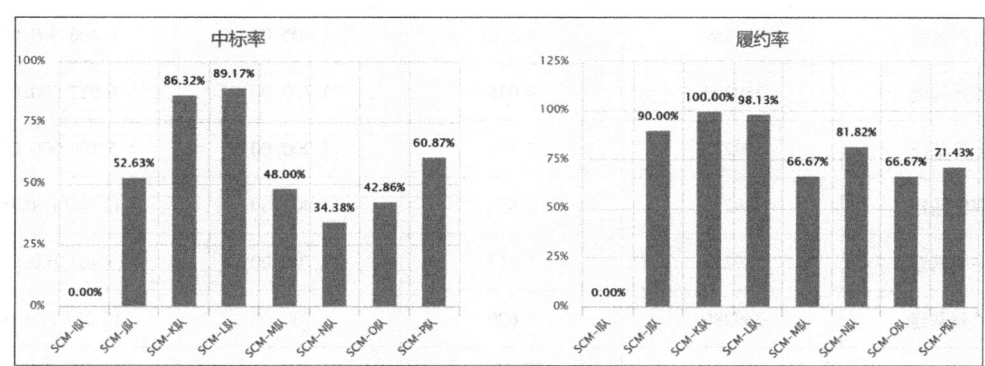

图 4-27 市场营销分析

中标均价是指一个企业的所有中标标的的总价与中标总量的比值。

在【招标中心】的【待配送】【配送中】【配送完】中查询每个标的的招标数量和投标单价。中标均价的计算公式如下：

$$中标均价 = \sum(招标数量 \times 投标单价) / \sum 招标数量$$

以 SCM - J 为例，计算该企业的中标均价。该企业的中标标的的招标数量和投标单价、中标均价的计算结果如表 4-14 所示。

表 4-14 中标均价分析

客户	招标编号	招标数量/件	投标单价/元	标的总额/元
南宁基建	388911	2 591	2 000.00	5 182 000.00
海口基建	388896	3 354	2 000.00	6 708 000.00
长沙基建	388959	4 153	2 000.00	8 306 000.00
南宁基建	388920	6 112	2 000.00	1 222 4000.00
呼和浩特基建	388965	3 723	2 000.00	7 446 000.00
兰州基建	388963	4 130	2 000.00	8 260 000.00
重庆基建	389043	2 437	2 000.00	4 874 000.00

续表

客户	招标编号	招标数量/件	投标单价/元	标的总额/元
南宁基建	389005	3 043	2 000.00	6 086 000.00
西宁基建	389033	2 649	2 000.00	5 298 000.00
成都基建	389083	3 109	2 000.00	6 218 000.00
南宁基建	389087	2 985	1 900.00	5 671 500.00
银川基建	389141	2 842	2 000.00	5 684 000.00
乌鲁木齐基建	389139	4 310	2 000.00	8 620 000.00
福州基建	389152	3 637	2 000.00	7 274 000.00
贵阳基建	389159	4 670	1 800.00	8 406 000.00
福州基建	389203	4 075	1 700.00	6 927 500.00
上海基建	389211	2 598	2 000.00	5 196 000.00
南宁基建	389251	6 830	1 900.00	12 977 000.00
昆明基建	389275	3 213	1 700.00	5 462 100.00
兰州基建	389289	7 690	1 700.00	13 073 000.00
合计		78 151		149 893 100.00
中标均价			1 917.99	

营销数量分析是从中标总量（中标的产品总数量）和完成总量（完成配送的产品总数量）角度分析。中标总量决定了中标总额，完成总量决定了收入总额。

在本项目中，中标总额和收入总额的计算公式如下：

$$中标总额 = 中标总量 \times 中标均价$$
$$收入总额 = 完成总量 \times 中标均价$$

各企业的营销金额分析如表4-15所示。

表4-15 各企业的营销金额分析

指标	SCM-I	SCM-J	SCM-K	SCM-L	SCM-M	SCM-N	SCM-O	SCM-P
中标均价/元	0.00	1 917.99	1 974.64	2 061.31	2 012.11	1 911.14	1 774.04	2 057.46
中标总量/万件	0.00	7.82	77.03	79.47	7.07	7.62	1.99	6.80
完成总量/万件	0.00	7.65	77.03	79.47	5.18	7.62	1.88	6.48
中标总额/百万元	0.00	149.99	1 521.07	1 638.12	142.26	145.63	35.30	139.91
收入总额/百万元	0.00	146.73	1 521.07	1 638.12	104.23	145.63	33.35	133.32

在本项目中，中标率和履约率是按标的个数计算，而不是按中标货物总量计算的。计算公式如下：

中标率 = 中标标的数/投标标的数 × 100% = 中标标的数/(未中标的数 + 中标标的数) × 100%

履约率 = 按时送完标的数/中标标的数 × 100%

中标标的数 = 待配送标的数 + 配送中标的数 + 配送完标的数

其中，未中标的数、待配送标的数、配送中标的数、配送完标的数和按时送完标的数均可在【竞赛看板】的【招标中心】查询。

各企业的中标率和履约率如表4-16所示。

图4-16　各企业的中标率与履约率　　　　　　　　　　　单位：个

指标	SCM-I	SCM-J	SCM-K	SCM-L	SCM-M	SCM-N	SCM-O	SCM-P
未中标的数	0	18	16	13	11	21	3	3
中标标的数	0	20	101	107	12	11	3	14
投标标的数	0	38	117	120	21	32	6	6
按时送完标的数	0	18	101	105	6	9	2	10
中标率	0.00%	52.63%	86.32%	89.17%	47.62%	34.38%	50.00%	50.00%
履约率	0.00%	90.00%	100.00%	98.13%	60.00%	81.82%	66.67%	71.43%

4.3.3　生产采购分析

图4-28从总采购费、原料堆存费、原料超限费和超限费占比四个方面进行采购分析。

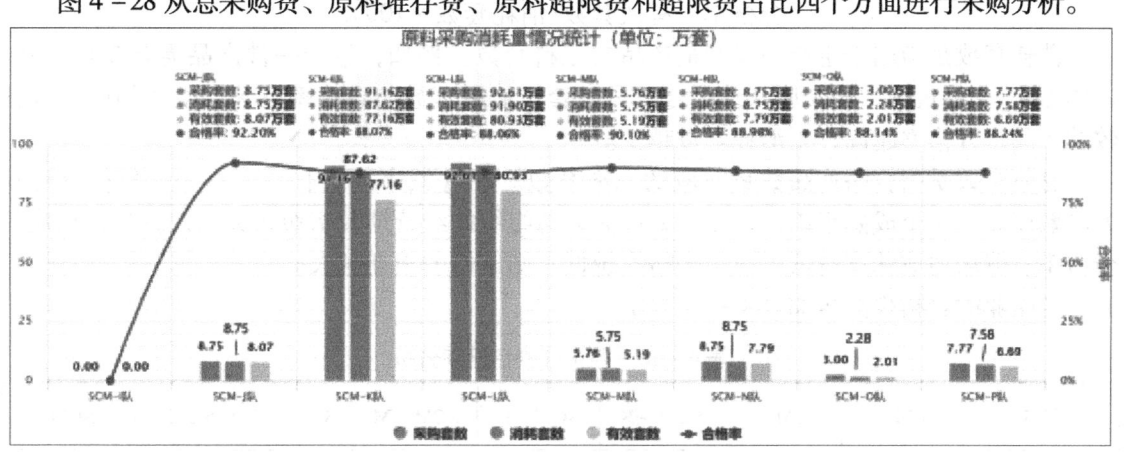

图4-28　原料成本统计

超限费是指工厂中的原料数量超过工厂原料仓的库容限定值后产生的堆存费。超限费占比的计算公式如下：

超限费占比 = 原料超限费/(原料堆存费 + 原料超限费) × 100%

各企业的超限费占比统计如表4-17所示。

表4-17　各企业的超限费占比统计　　　　　　　　　　　单位：百万元

指标	SCM-I	SCM-J	SCM-K	SCM-L	SCM-M	SCM-N	SCM-O	SCM-P
原料堆存费	0.00	0.86	9.54	11.44	0.58	0.90	0.30	0.69
原料超限费	0.00	0.62	9.97	38.81	0.78	1.71	0.86	0.65
合计	0.00	1.48	19.51	50.25	1.36	2.61	1.16	1.34
超限费占比	0.00%	41.89%	51.10%	77.23%	57.35%	65.52%	74.14%	48.51%

图4-29从采购套数、消耗套数、有效套数和合格率四个指标对生产过程的原料采购消耗情况进行统计。

采购套数是指下单采购订单的原料套数（1套=2件芯片+1件机箱+1件电源）。

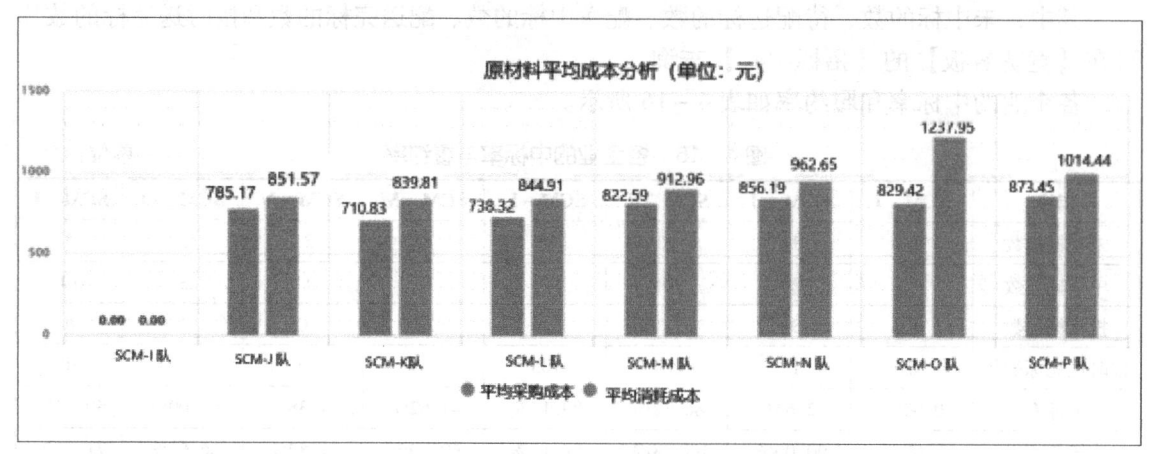

图4-29 原料采购消耗量情况统计

在本项目中，合格率等于有效套数与消耗套数的比值，计算公式为

$$合格率 = 有效套数/消耗套数 \times 100\%$$

消耗套数是指用于生产一定产量产品的原料套数。例如，生产一件产品需要2件芯片、1件电源、1件机箱，这个原料的组合就是一套。消耗套数与合格率有关，生产相同有效套数的产品，合格率越高，则消耗套数越少。

有效套数是指合格产品数量对应的原料套数。在【城市列表】中，有一个指标是劳动力成熟度。在一个成熟组织内，专业人员能力与组织的经营绩效密切相关。该参数影响成品合格率。劳动力成熟度越低，成品合格率越低，则原料的损耗越大。

各企业的合格率分析如表4-18所示。

表4-18 各企业的合格率分析

指标	SCM-I	SCM-J	SCM-K	SCM-L	SCM-M	SCM-N	SCM-O	SCM-P
消耗套数/万套	0.00	8.75	87.62	91.90	5.75	8.75	2.28	7.58
有效套数/万套	0.00	8.07	77.16	80.93	5.19	7.79	2.01	6.69
合格率	0.00	92.23%	88.06%	88.06%	90.26%	89.03%	88.16%	88.26%

在本项目中，平均采购成本和平均消耗成本的计算公式如下：

$$平均采购成本 = 总采购费/采购套数$$
$$平均消耗成本 = 总采购费/有效套数$$

其中，总采购费见图4-28，采购套数和有效套数见图4-29。原料平均采购成本和平均消耗成本分析如表4-19所示。

可见，平均消耗成本大于或等于平均采购成本。

表4-19 原料平均采购成本和平均消耗成本分析

指标	SCM-I	SCM-J	SCM-K	SCM-L	SCM-M	SCM-N	SCM-O	SCM-P
总采购费/万元（采购成本）	0.00	6 870.00	64 803.00	68 375.00	4 734.00	7 492.00	2 488.00	6 787.00
采购套数/万套	0.00	8.75	91.16	92.61	5.76	8.75	3.00	7.77
平均采购成本/元	0.00	785.14	710.87	738.31	821.88	856.23	829.33	873.49
有效套数/万套	0.00	8.75	87.62	91.90	5.75	8.75	2.28	7.58
平均消耗成本/元	0.00	851.30	839.85	844.87	912.14	961.75	1 237.81	1 014.50

图4-30所示的是最大产能、计划产能和实际产出分析。

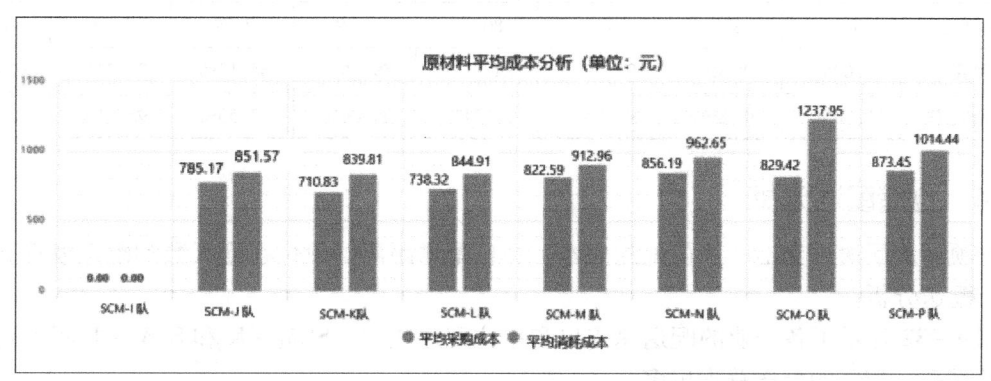

图4-30 最大产能、计划产能和实际产出分析

最大产能是由工厂规模决定的生产能力,大型工厂的最大产能是300件/天,中型工厂的最大产能是600件/天,大型工厂的最大产能是1 200件/天。计划产能是指每日生产计划的总和。实际产出是指合格产品的数量。原料的有效套数与产品实际产出相等,见图4-29的有效套数和图4-30的实际产出。

在本项目中,最大产能≥计划产能≥实际产出。

图4-31显示的是产能利用率与生产满足率分析。产能利用率也称为设备利用率,是总产出对生产设备的比率,就是实际生产能力到底有多少在运转发挥生产作用。对于制造企业来说,产能利用率是一个很重要的指标,它直接关系到企业生产成本的高低。若产能利用率高,则单位产品的固定成本就低,故要对竞争对手的产能利用率情况进行分析。

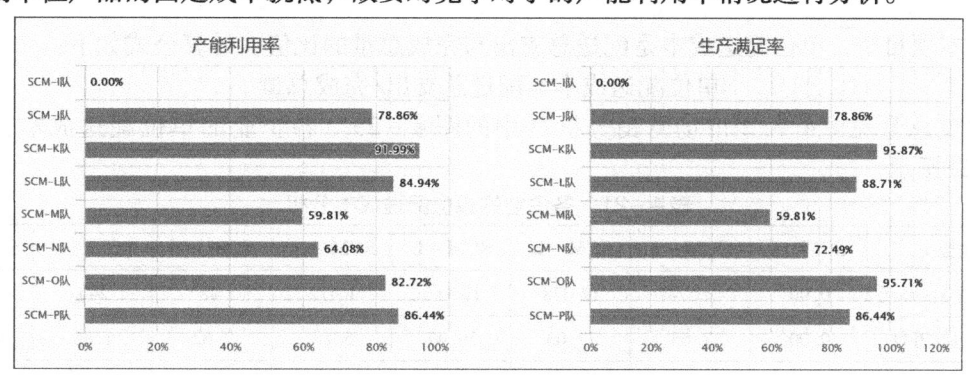

图4-31 产能利用率与生产满足率分析

生产满足率是实际产出与计划产能的比率，反映了原料在生产过程中是否有断货。在本项目中，产能利用率和生产满足率的计算公式如下：

$$产能利用率 = 实际产出/最大产能 \times 100\%$$

$$生产满足率 = 实际产出/计划产能 \times 100\%$$

各企业的产能利用率和生产满足率分析如表 4-20 所示。

表 4-20 各企业的产能利用率与生产满足率分析

指标	SCM-I	SCM-J	SCM-K	SCM-L	SCM-M	SCM-N	SCM-O	SCM-P
最大产能	0.00	10.23	83.88	95.28	8.67	12.15	2.43	7.74
计划产能	0.06	10.23	80.49	91.23	8.67	10.74	2.10	7.74
实际产出	0.00	8.07	77.16	80.93	5.19	7.79	2.01	6.69
产能利用率	0.00%	78.89%	91.99%	84.94%	59.86%	64.12%	82.72%	86.43%
生产满足率	0.00%	78.89%	95.86%	88.71%	59.86%	72.53%	95.71%	86.43%

4.3.4 仓储配送分析

本项目从配送总支出、单位配送成本、单位配送距离、单位在途天数和配送浪费五个维度进行配送分析。

图 4-32 显示了各企业的配送总支出和单位配送成本，SCM-K 和 SCM-L 两个企业的完成总量高，相应的配送总支出多。

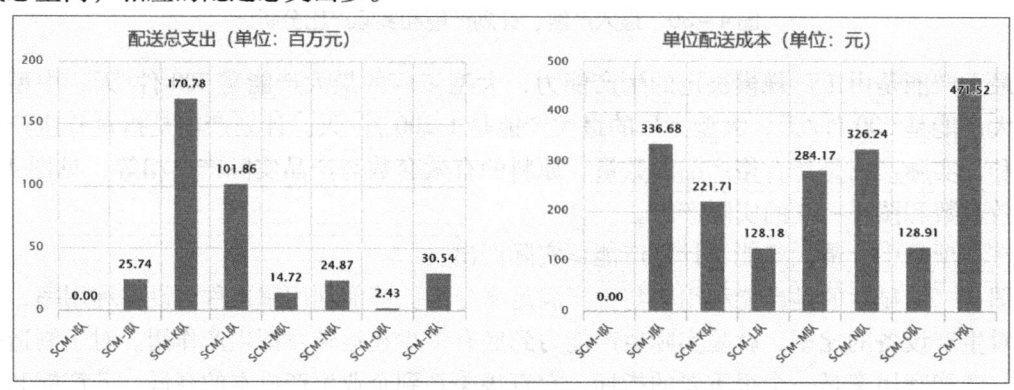

图 4-32 各企业的配送总支出和单位配送成本

在本项目中，单位配送成本是配送总支出与完成总量的比值。计算公式如下：

$$单位配送成本 = 配送总支出/完成总量$$

完成总量见"4.3.2 市场营销分析"中的图 4-25。各企业的单位配送成本分析如表 4-21 所示。

表 4-21 各企业的单位配送成本分析

企业	SCM-I	SCM-J	SCM-K	SCM-L	SCM-M	SCM-N	SCM-O	SCM-P
配送总支出/万元	0.00	2 574	17 078	10 186	1 472	2 487	243	3 054
完成总量/万件	0.00	7.65	77.03	79.47	5.18	7.62	1.88	6.48
单位配送成本/元	0.00	336.47	221.71	128.17	284.17	326.38	129.26	471.30

单位配送距离的计算公式：

$$单位配送距离 = \sum(每次运输的数量 \times 每次运输的距离)/完成总量$$

单位在途天数的计算公式：

$$单位在途天数 = \sum(每次运输的数量 \times 每次运输的在途天数)/完成总量$$

各企业的单位配送距离和单位在途天数统计如图 4-33 所示。

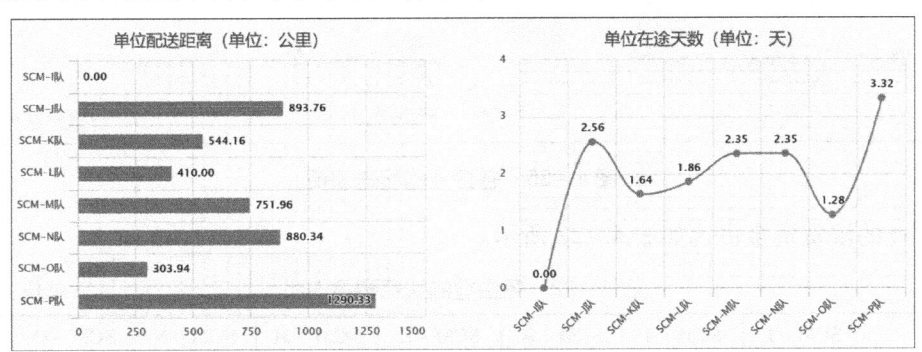

图 4-33　各企业的单位配送距离和单位在途天数统计

当某一趟的实际运输量少于物流承运商要求的起运数量时，产生配送浪费，其计算公式如下：

$$配送浪费 = (起运数量 - 实际运输量) \times 运输单价$$

也就是说，在制造商的运输计划中，如果某一趟的实际运输量少于起运数量而造成物流承运商运力的浪费，则这个浪费要由制造商来承担。

如图 4-34 所示，假设制造商选择承运商"加时快运"方式完成配送，则起运数量是 240 件，当某一趟的实际运输量是 200 件时，配送浪费计算公式如下：

$$配送浪费 = (240 - 200) \times 175.01 = 7\,000(元)$$

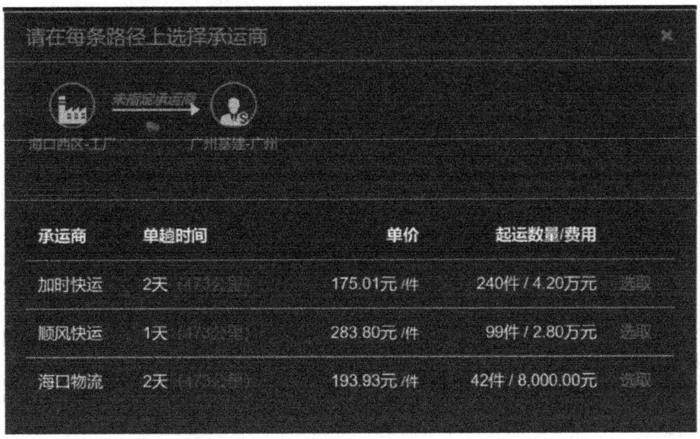

图 4-34　物流承运商的运输条款

各企业的配送浪费如图 4-35 所示。显然，SCM-L 配送浪费最为严重，为 6.74 百万元，浪费资金占比为 6.62%；SCM-K 排第二，为 3.81 百万元，浪费资金占比为 2.23%。要减少配送浪费，需要根据运输条款计划运输批量。

在本项目中，浪费资金占比是指浪费资金占配送总支出的比例。计算公式如下：

$$浪费资金占比 = 浪费资金/配送总支出 \times 100\%$$

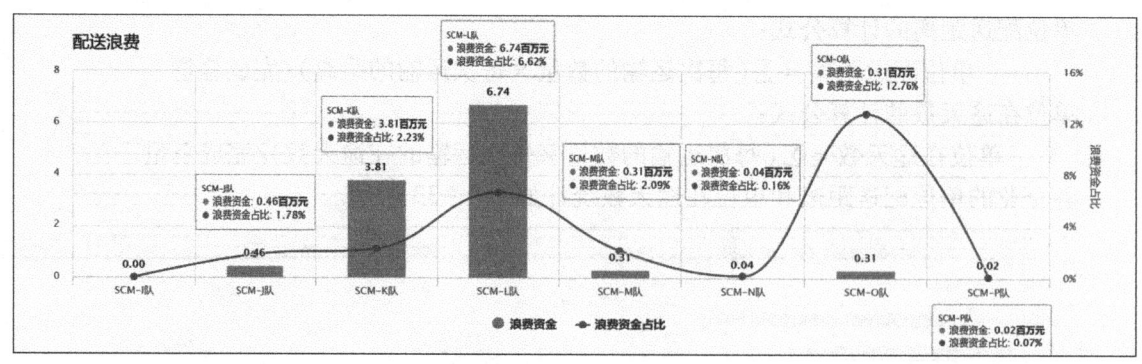

图4-35 各企业的配送浪费

各企业的浪费资金占比如表4-22所示。

表4-22 各企业的浪费资金占比 单位：百万元

企业	SCM-I	SCM-J	SCM-K	SCM-L	SCM-M	SCM-N	SCM-O	SCM-P
配送总支出	0.00	25.74	170.78	101.86	14.72	24.86	2.42	30.55
浪费资金	0.00	0.46	3.81	6.74	0.31	0.04	0.31	0.02
浪费资金占比	0.00%	1.79%	2.23%	6.62%	2.11%	0.16%	12.81%	0.07%

4.4 运营趋势分析

4.4.1 运营绩效排名

当项目完成后，可单击【查看排名】按钮，进入如图4-36所示页面。

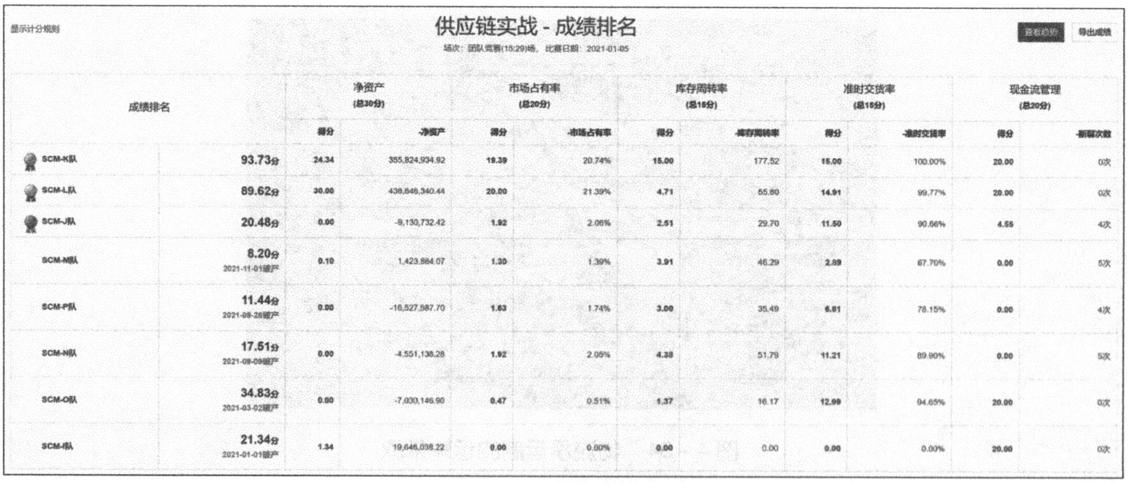

图4-36 运营绩效排名

该页面显示了各个企业的成绩排名，该成绩是五项指标的得分合计，包括【净资产】（总30分）、【市场占有率】（总20分）、【库存周转率】（总15分）、【准时交货率】（总15分）、【现金流管理】（总20分），这些指标在一定程度上反映了各企业的供应链运营管理水平。此外，每项指标的总分比重反映了该指标对总体绩效影响的重要程度。例如，净资产总分是 30 分，说明净资产对总体绩效的影响最大。

如果要更直观地了解每个企业在每个周期的运营情况，在【查看排名】界面导航栏中，单击【查看趋势】按钮，进入【趋势分析】页面，如图 4-37 所示。所有的趋势数据以周为单位展示，包括净资产、现金流、市场占有率、准时交货率、库存周转率、30 天库存周转率、产销比、平均库存、中标单价、流通成本和信用评分十一个趋势分析报表。下面我们逐个讲解这些趋势。

4.4.2 净资产分析

图 4-37 展示了各企业每周的净资产数据。总体上，业绩排名第一、二的 SCM-K 和 SCM-L 企业，其净资产呈现持续增加的趋势，同时，SCM-K 每周净资产都比 SCM-L 低，这就决定了 SCM-K 的净资产得分（24.34 分）最终比 SCM-L（30 分）低。而其他企业的净资产一直处于相对较低水平（不超过 2,000 万元）。

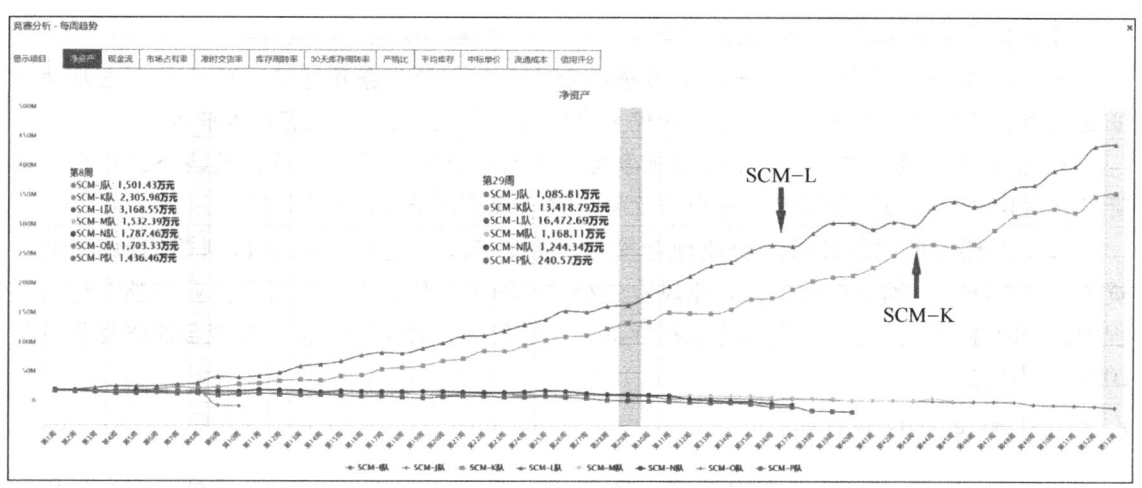

图 4-37　各企业每周的净资产数据

4.4.3 现金流分析

现金流是指投资项目在其整个寿命期内所发生的现金流出和现金流入的全部资金收付数量。现金流对企业的作用就如血液对人体，它是企业生存的根本，资金链断裂也就意味着企业的消亡。如图 4-38 所示，在一年运营过程中，只有 SCM-K 和 SCM-L 两个企业的现金流为正，且保持增长；其他企业的现金流基本在 0 附近徘徊，也就是说这些企业一直在濒临破产的边缘。

现金流量分析有助于揭示企业财务状况的变动及其原因，说明企业现金的来源和去向，揭示资产、负债和权益变动的原因，便于分析经营活动、投资活动、筹资活动的获现能力和偿还能力等，有助于预测企业发展趋势。在本项目中，我们通过对现金流量进行分析，至少可以对企业的以下两个方面进行判断和评价。

（1）对获取现金能力的评价。SCM-K 和 SCM-L 两个企业的现金流均为正，且保持增长，说明它们的经营活动和投资活动获取现金的能力是持续增强的。

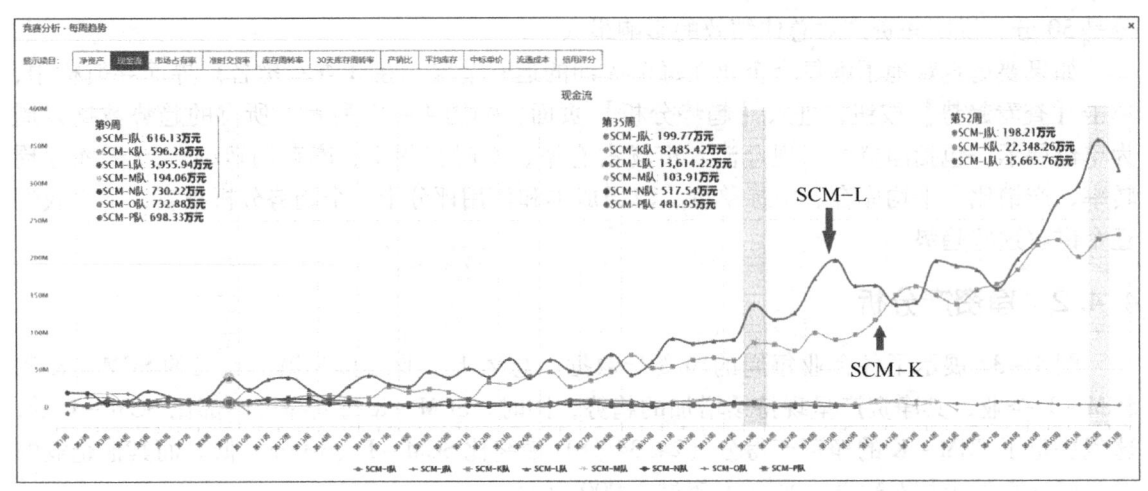

图4-38 现金流分析

【注】在本项目中，可以从以下两个角度评价企业获取现金的能力：

- 每元销售净现金流入，是指应用净现金流入与主营业务销售流入的比值，它反映企业通过销售获取现金的能力。每元销售现金净流入＝净现金流入/主营业务收入。
- 全部资产现金回收率，是指营业净现金流入与全部资产的比值，反映企业运用全部资产获取现金的能力。全部资产现金回收率＝经营现金净流量/全部资产。

（2）对偿债能力的评价。企业现金流量正常、充足、稳定，能支付到期的所有债务，资金运作有序，不确定性越少，企业风险越小。SCM-K和SCM-L两个企业在整个运营过程中，按时还贷，没有欠供应商的原料货款，没有发生过资金链断裂，故现金流管理得分为20分（满分）。

4.4.4 市场占有率分析

通常企业产品的市场占有率越高，竞争力越强。从图4-39可以看到，SCM-K和SCM-L两个企业的市场占有率持续增长。其中，SCM-L从第三周开始有较大增幅，一直处于市场领先地位，SCM-K排名第二；从第43周开始直到第53周，两家企业的市场占有率差距大大缩小。

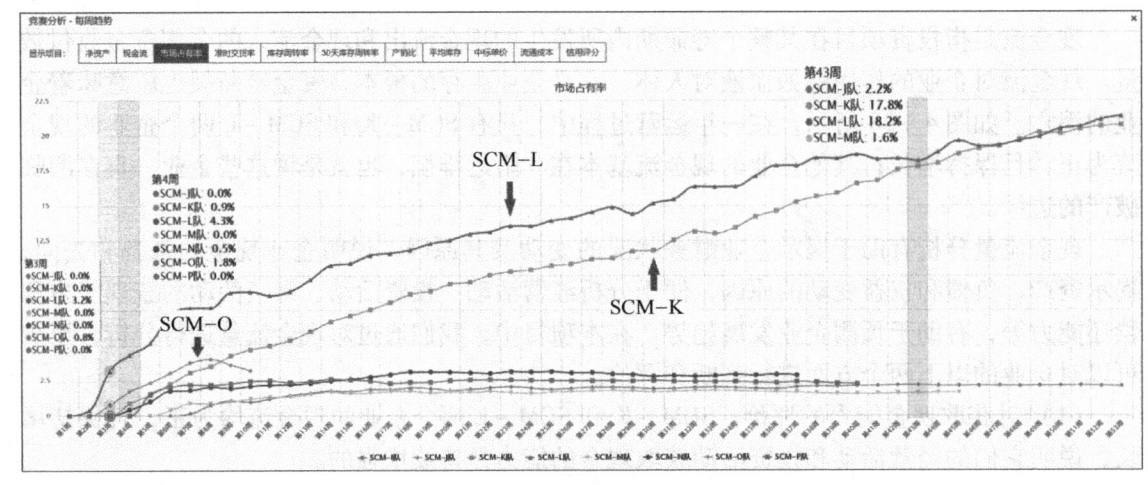

图4-39 市场占有率分析

4.4.5 准时交货率分析

从图4-40可以看到，SCM-K和SCM-L两个企业能维持较高的准时交货率（分别为100.00%和99.77%），而且准时交货率的稳定性强，在同行中处于高水平，使得它们的运营绩效排名因子"准时交货率"获得高分（分别为15分（满分）和14.91分）。而SCM-J（第9~30周）、SCM-M（第8~44周）、SCM-N（第8~30周）、SCM-P（第5~25周）的准时交货率波动性大，一定程度上反映了企业的生产能力和生产过程的组织管理跟不上供应链运行的要求，因此影响了"准时交货率"的得分。

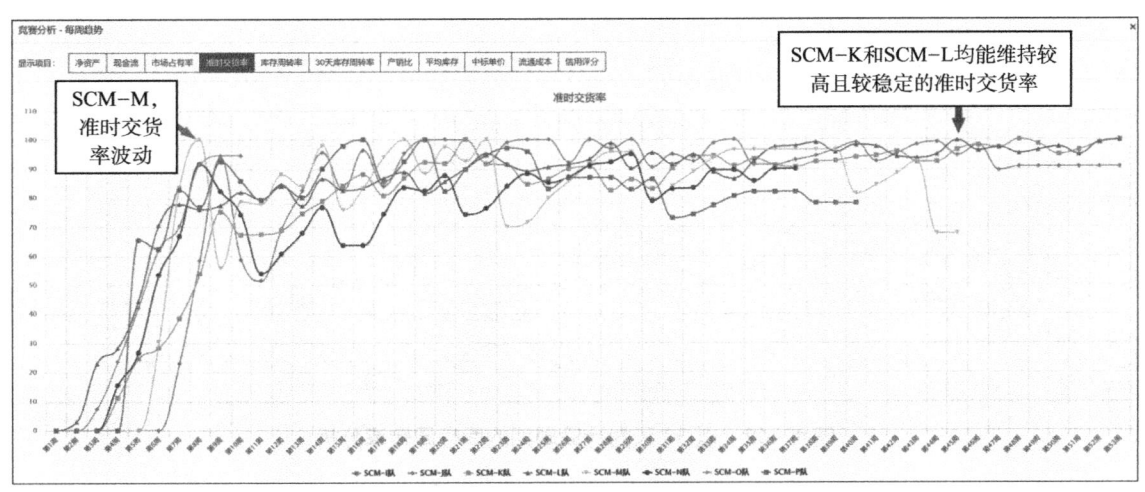

图4-40 准时交货率分析

4.4.6 库存周转率分析

图4-41所示的是以年为计算周期的库存周转率分析。可以看到，SCM-K的库存周转率持续提升，平均为177.5次/年，说明该企业存货的周转速度快，获利能力强。相比之下，SCM-L的库存周转率提升的速度非常慢，平均为55.8次/年，平均库存为14 242件，也就是说该企业存货的周转速度慢，获利能力比SCM-K差很多。

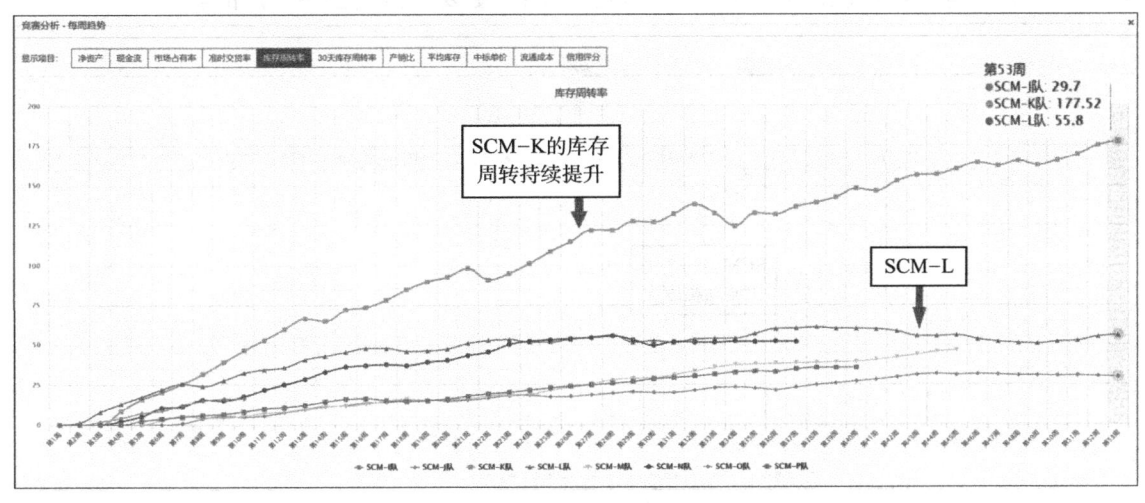

图4-41 以年为计算周期的库存周转率分析

4.4.7　30天库存周转率分析

图4-42所示的是以30天为计算周期的库存周转率分析。30天周转率,就是截止到当前时间,向前30天的库存周转率。假如,图4-42显示的第12周,SCM-K的30天库存周转率为28.58,显示该数值的时间刚好是第12周的3月12日,30天库存周转率的数值是统计2月11日~3月12日这段时间的周转率均值得来的。

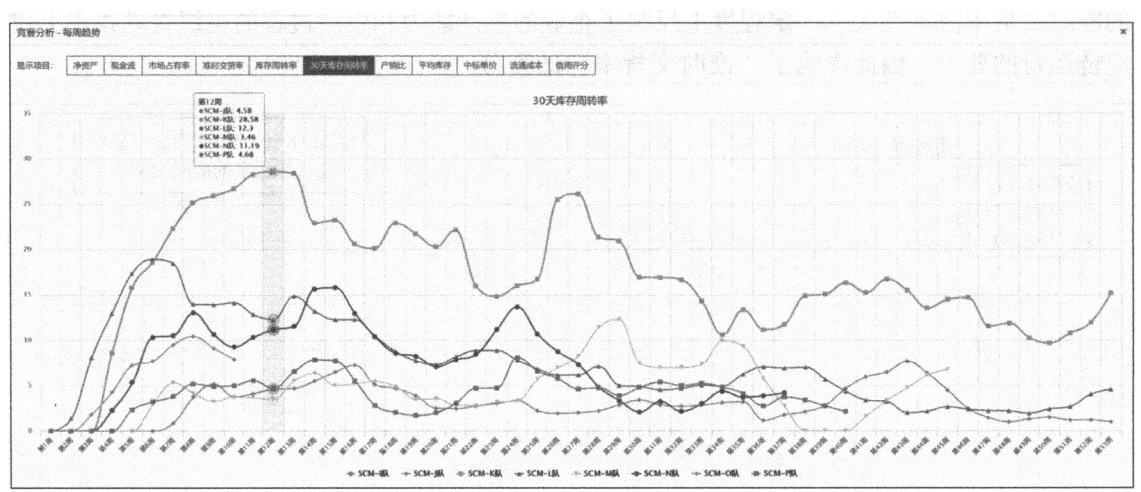

图4-42　以30天为计算周期的库存周转率分析

4.4.8　产销比分析

产销比也称为产销率,是指在一定时间内已销售产品数量与已生产产品数量的比值。如图4-43所示。

在本项目中,产销比的计算公式如下:

$$产销比 = 总销售量 / 总产量(实际产出) \times 100\%。$$

这个指标反映了生产与销售的衔接程度,比率越高,说明产品符合市场需要的程度越高。企业需要有市场意识,不仅看生产了多少产品,更要看销出去多少产品。

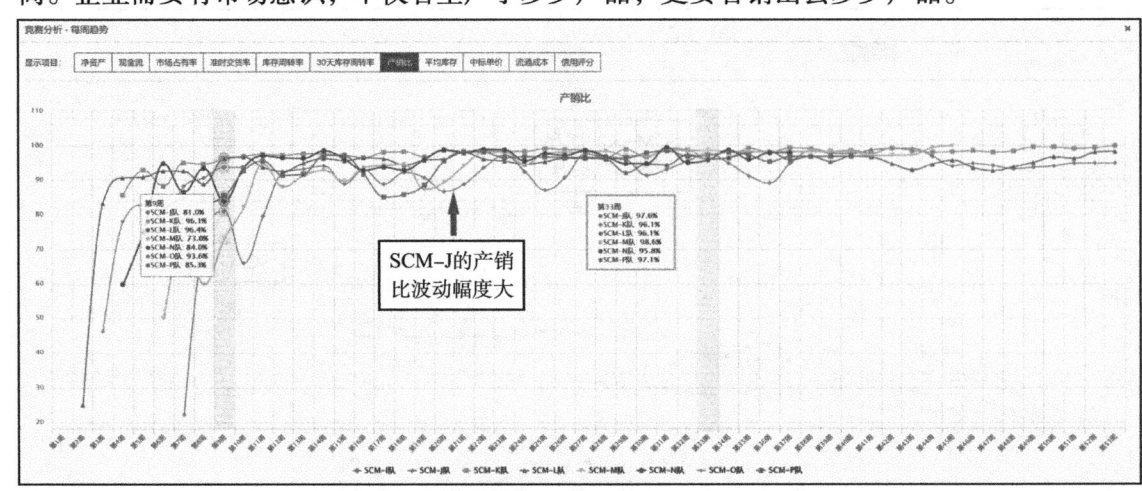

图4-43　产销比分析

4.4.9　平均库存分析

图 4-44 显示，SCM-L 的平均库存持续增加，居高不下，导致其年平均库存量为 14 242 件。高库存量，一方面一定程度上能保障供应，满足客户需求；另一方面会增加库存成本，积压资金，降低资金的流动性。如何制订和控制适当的库存量，才能既保证销售顺利进行，又能避免积压资金？

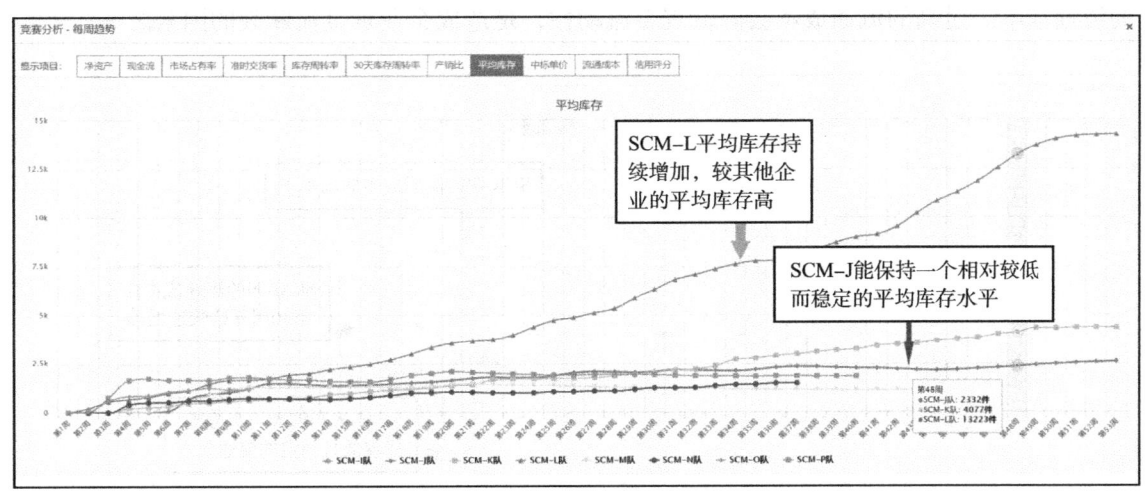

图 4-44　平均存货分析

4.4.10　中标单价分析

如图 4-45 所示，SCM-L 一直以较高的单价投标并中标，而 SCM-O 以低价策略进入市场，试图快速提高市场占有率；SCK-K 从第 28 周开始持续降低投标单价，目的是提高市场占有率。我们再回看"4.4.4 市场占有率分析"，SCK-K 大概从第 37 周开始，与 SCM-L 的市场占有率差距才开始逐渐缩小。低价策略是企业进入市场、提高市场占用率的常用手段，但是需要以产品利润率为基础确定价格，否则盲目低价，将导致企业经营失血而资金链断裂。

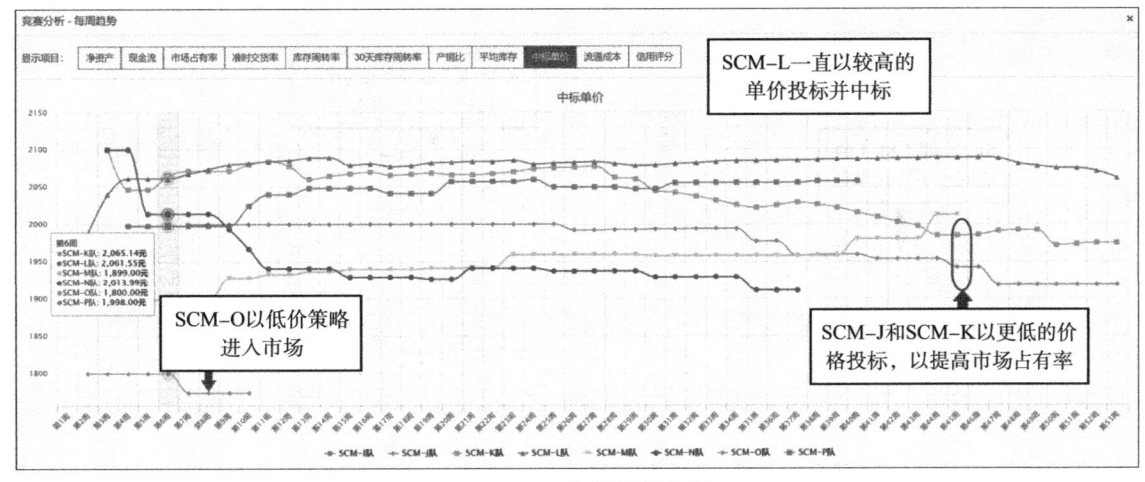

图 4-45　中标单价分析

4.4.11 流通成本分析

如图 4-46 所示，SCM-P 的流通成本在项目运营期间居高不下，单位流通成本为 478 元（见 4.2.2 成本分析），在同行中名列第一；排在第二位的是 SCM-J，单位流通成本为 368 元。造成两个企业流通成本高的主要影响因素是两个企业的单位配送成本在同行中均处于高位，分别为 471.52 元和 336.68 元。相对而言，SCM-K 和 SCM-L 能保持较低且稳定的流通成本。过高的流通成本会降低现金流动性，是造成企业资金流断裂的因素之一。

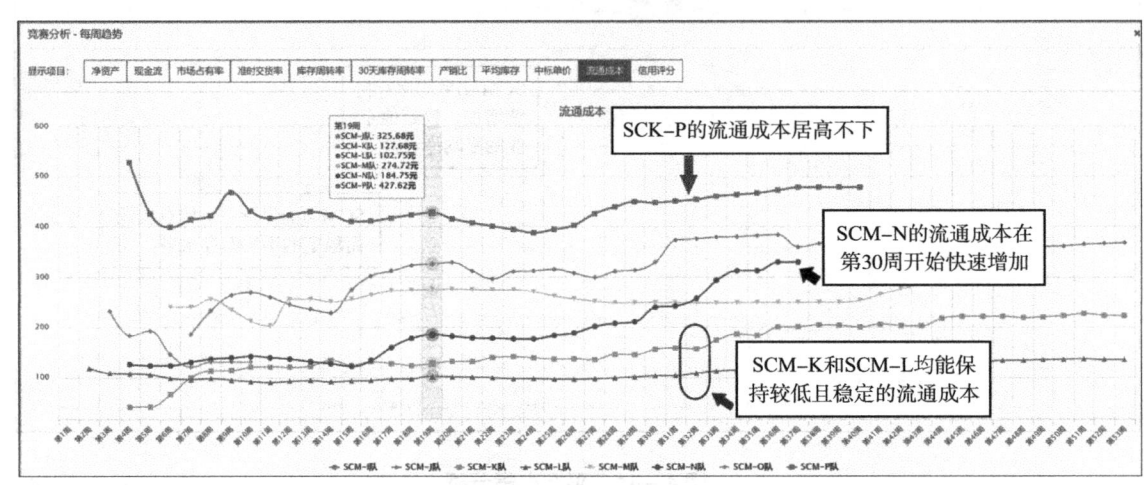

图 4-46 流通成本分析

4.4.12 信用评分分析

图 4-47 所示的信用分是每周五（当天）的信用分值。该信用分是依据"模块一运营准备——1.2.3 贷款规则——表 1-8 影响信用评级的因素"计算得来的，是对企业运营的各方面的信用情况的综合反映。评分因素包括负债比例、营运资金、净资产、库存周转率、市场占有率、贷款历史、交货违约、市场信用和队伍素质。

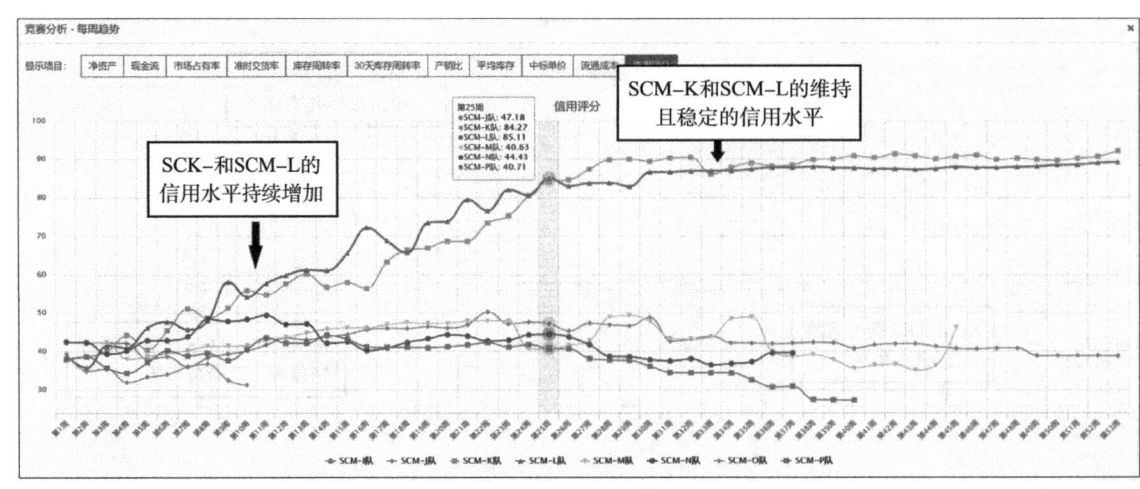

图 4-47 信用水平分析

图 4-47 显示了 SCM-K 和 SCM-L 的信用水平在同行中一直位于前列。从第 1 周开始至第 25 周,两个企业的信用水平持续提升,之后保持较高且稳定的信用水平。而 SCM-N、SCM-P 的信用水平分别在第 14、15 周开始呈下降趋势。金融机构根据企业的信用评分划分信用等级,不同的信用等级决定了企业融资利率的高低(具体见表 1-7 基于信用评级的利率浮动表)。

4.5 团队分析

4.5.1 我的历程

如图 4-48 所示,在新发布的供应链时代系统中,把【我的历程】选项放在【团队分析】中,便于学员随时查看某个时间点的现金流情况。

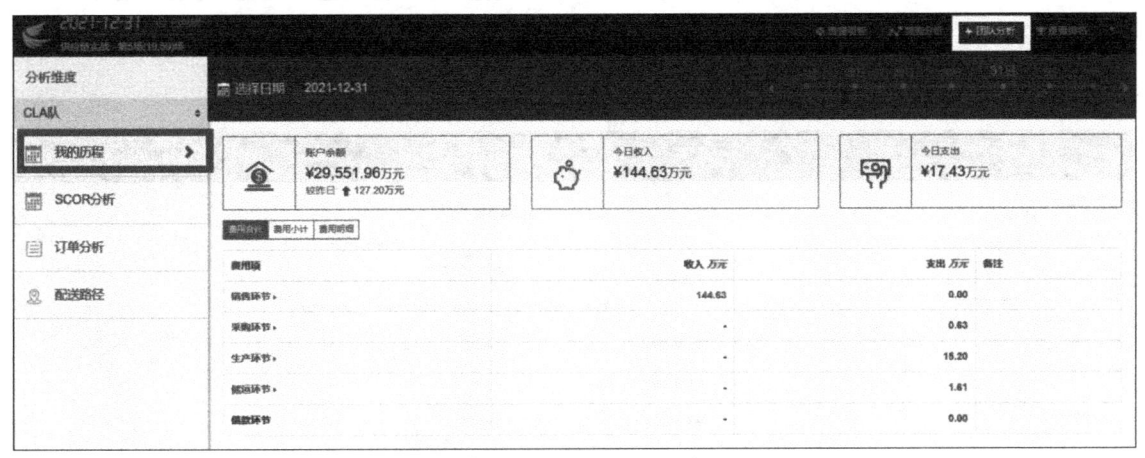

图 4-48 【我的历程】现金流信息

4.5.2 SCOR 分析

在新发布的供应链时代系统中,把之前版本中的某些分析项目分类归总到 SCOR 分析的五个指标中,使企业更加直观、清晰地了解自身运营绩效的各个方面,从而更有针对性地进行持续改善。

1. SCOR 分析雷达图(简称"雷达图")

雷达图以中心原点为基准向外放射多条分支,一条分支表示一个评价指标(维度),每个分支上有多个度量值。雷达图主要应用于对企业经营状况的综合评价,如生产性、收益性、流动性、安全性和成长性等。

如图 4-49 所示。在本项目中,使用雷达图对企业运营的五个一级指标(维度)进行评价,分别是供应链可靠性、供应链响应性、供应链敏捷性、供应链成本管理和供应链资产管理。雷达图直观地展示和对比了每个维度的五个度量值,分别是总分、我的得分、平均得分、最高得分和最低得分，这些得分来源于图 4-50 的 SCOR 分析一级指标数据。从中可以了解"我的得分"与其他四个度量值的差距，从而对自身运营绩效的劣势和优势建立总体认识，指导下一阶段有针对性地开展运营工作。

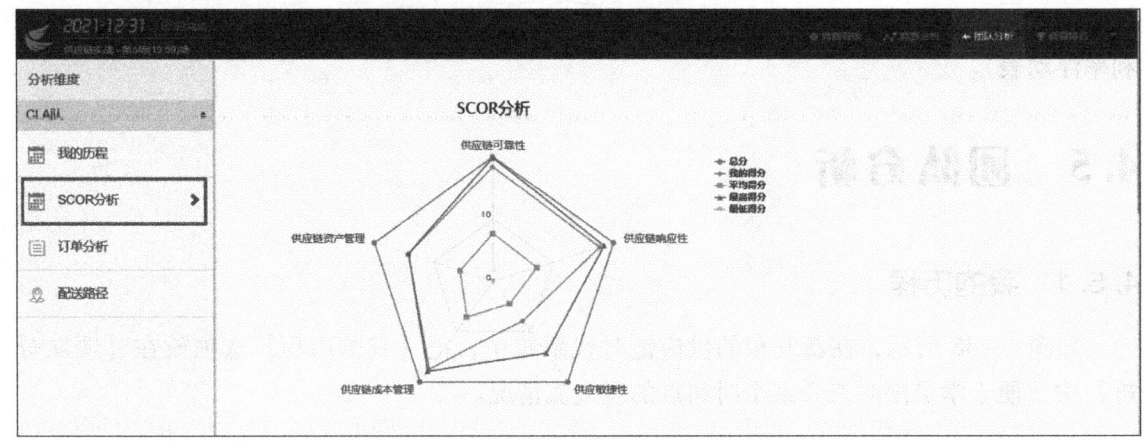

图 4-49　SCOR 分析雷达图

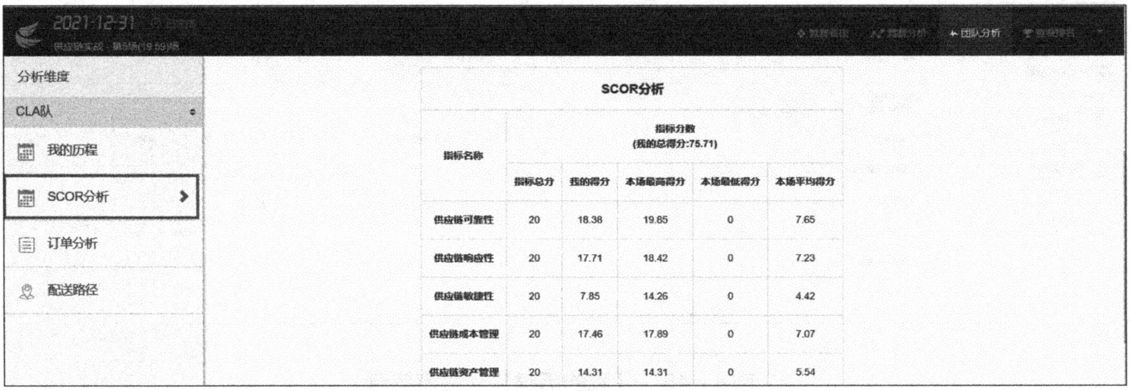

图 4-50　SCOR 分析一级指标数据

【雷达图】

雷达图可以展示分析所得的数字或比率，使读者能够一目了然地查看各类数据指标及数据变化趋势。

雷达图由分支长度/度量和分支标签/维度组成，支持两种数据配置方式。

第一种，维度作为分支标签：维度值是雷达图的分支节点，用于对比度量间的面积分布情况。

分支标签/维度：最多选择一个维度，维度值作为雷达图的分支节点。

分支长度/度量：至少选择一个度量，最多选择十个度量，每个度量都会形成一个雷达面。

第二种，度量作为分支标签：度量值是雷达图的分支节点，用来对比维度值间的面积分布情况。

分支标签/维度：最多选择一个维度，维度值作为雷达图的雷达面。

分支长度/度量：至少选择一个度量，最多选择十个度量，每个度量都会形成一个分支节点。

2. SCOR 二级指标分析

图 4-51 给出了 SCOR 二级指标的构成及其计算公式和得分结果。

SCOR二级指标分析
(Supply-Chain Operations Reference-model)

一级指标	二级指标分数				二级指标说明			
	指标名称	我的指标	我的得分	最高得分	平均得分	指标分值	指标值	成绩计算公式	得分说明
供应链可靠性	准时交货率	0%	0	8.61	2.55	12分	60%	分值*(团队值-指标值)/(1-指标值)	<=指标值的得分0分，最高满分
	生产满足率	0%	0	7.32	1.46	8分	80%	分值*(团队值-指标值)/(1-指标值)	<=指标值的得分0分，最高满分
供应链响应性	产品库存周转率	0	0	2.18	0.6	8分	100	分值*(团队值/指标值)	>=指标值的得分满分，最低0分
	产品平均在途天数	0天	0	4	1.6	4分	7天	分值*(2-(团队值/指标值))	<=指标值的得分满分，最低0分
	原料库存周转率	0	0	3.93	1.51	8分	50	分值*(团队值/指标值)	>=指标值的得分满分，最低0分
供应链敏捷性	平均订单响应天数	0天	0	11.04	2.21	15分	10天	分值*(2-(团队值/指标值))	<=指标值的得分满分，最低0分
	平均采购交货天数	0天	0	5	1.83	5分	5天	分值*(2-(团队值/指标值))	<=指标值的得分满分，最低0分
供应链成本管理	成本利润率	-100%	0	1.71	0.34	6分	50%	分值*(团队值/指标值)	指标值的得分满分，最低0分
	管理成本占比	100%	0	6	2.32	6分	10%	分值*(2-(团队值/指标值))	指标值的得分满分，最低0分
	产品合格率	0%	0	3.81	1.51	4分	95%	分值*(团队值/指标值)	指标值的得分满分，最低0分
	产能利用率	0%	0	4	1.46	4分	95%	分值*(团队值/指标值)	>=指标值的得分满分，最低0分
供应链资产管理	现金周转率	0	0	6	1.88	6分	10	分值*(团队值/指标值)	指标值的得分满分，最低0分
	资产周转率	0	0	6	1.98	6分	10	分值*(团队值/指标值)	指标值的得分满分，最低0分
	资产收益率	-0.4002	0	0.79	0.16	8分	10	分值*(团队值/指标值)	指标值的得分满分，最低0分

图 4-51 SCOR 分析二级指标数据

（1）供应链可靠性。是指在规定时间内，按客户订单要求交付产品、服务或项目的可能性。在本项目中，供应链可靠性由"准时交货率"和"生产满足率"两个二级指标构成。详见"4.1.4 准时交货率"和"4.3.3 生产采购分析"。

（2）供应链响应性。是指对不确定的市场需求做出快速反应，考察的是企业的柔性。它由产品库存周转率、产品平均在途天数和原料库存周转率三个二级指标构成。例如，少批量多批次的生产，有利于提高产品库存周转率。详细解释见"4.1.3 平均库存和库存周转率"和"4.3.4 仓储配送分析"。

（3）供应链敏捷性。是指企业以最终客户的需求为依据来建立、优化或改造现行供应链，使之能对客户需求变化做出快速反应的能力。在本项目中，供应链敏捷性由平均订单响应天数和平均采购交货天数两个二级指标构成，考察的是制造企业与原料供应商建立的原料供需合作关系对客户需求变化做出快速反应的能力。实质是反映了制造商在供应商选择、采购协议条款的确定等采购策略、采购计划和执行及应对变化做出计划调整的快速反应能力。

（4）供应链成本管理。是指企业为支持供应链运营活动的正常开展所支出的费用，包括从采购、生产到销售等过程所发生的一切运营管理成本、原料成本、运输成本、劳动成本和设备成本等。供应链成本管理是一种跨企业的成本管理，其成本范围包括供应链上的企业内部运营成本和企业间的交易成本，优化、降低供应链的总成本是其目标。

在本项目中，供应链成本管理由成本利润率、管理成本占比、产品合格率和产能利用率四个二级指标构成。

成本利润率。净利润是指企业当期总利润减去所得税后的利润留存，一般也称为税后利润或净收入。在本项目中，总成本由原料成本、加工成本、流通成本和违约成本四类成本构成。各类成本的构成与计算过程详见"4.2.2 成本分析"。

- 成本利润率 = 净利润/总成本 × 100%
- 净利润 = 总收入 + 货值 – 总成本 – 初始资金

管理成本占比。管理成本包括运营成本和固定开工费。

- 管理成本占比 = 管理成本/总成本 × 100%
- 管理成本 = 运营成本 + 培训成本
- 产品合格率 = 总产出量/总消耗量 × 100%

总消耗量。是指原料消耗套数。

产能利用率。产能利用率也称设备利用率，是总产出对生产设备产能的比率，就是实际生产能力到底有多少在运转发挥生产作用。对它的解释详见"4.3.3 生产采购分析"。

- 产能利用率 = 实际产出/最大产能 × 100%

（5）供应链资产管理。由现金周转率、资产周转率和资产收益率三个二级指标构成。

现金周转率。是指企业主营业务收入与现金平均余额的比率。持有现金的主要目的是为了满足日常的运营和交易需要，并且作为一个流动储备以补充现金流不足。现金周转率一定程度反映了企业对现金利用效率的高低。现金周转率在具有相同或相似的行业性质和业务性质的企业间进行比较才有意义。

- 现金周转率 = 总销售收入/现金均值

资产周转率。是衡量企业资产管理效率的重要财务指标，是企业在一个经营周期的全部资产从投入到产出的流转速度，反映了企业对全部资产的管理质量和利用效率。在本项目中，资产周转率是指净资产周转率。指标值越高，说明销售能力越强，企业可以通过薄利多销的办法，加速资产的周转，带来利润绝对额的增加。

- 资产周转率 = 总销售收入/净资产平均值

资产收益率。反映股东权益的收益水平。在本项目中，是指净资产收益率，用以衡量企业运用自有资本获得净收益的能力。指标值越高，说明投资带来的收益越高。一般来说，负债增加会导致净资产收益率的上升。

- 资产收益率 = 净利润/净资产平均值 × 100%

4.5.3 订单分析

图4-52显示了每个订单的收入和利润。我们以第一行的数据为例，计算收入和利润如下。

订单收入 = 中标价格 × 完成量 = 1 925.17 × 67 348 = 129 656 349.2(元)

实际收入 = 订单收入 – 违约金 = 129 656 349.2 – 20 500 = 129 635 849.2(元)

单位销售利润 = 利润/完成量 = 38 882 000/67 348 = 577.33(元)

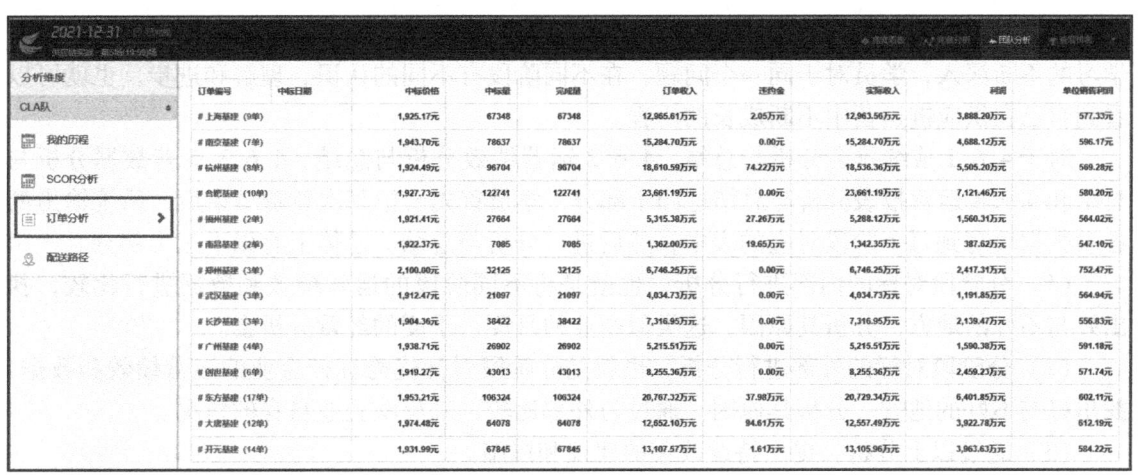

图 4-52　每个订单的收入和利润

4.5.4　配送路径

图 4-53 显示了每个月的需求量，建设和升级厂房的信息、生产与销售信息，以及在地图上展示出产品的配送路径。

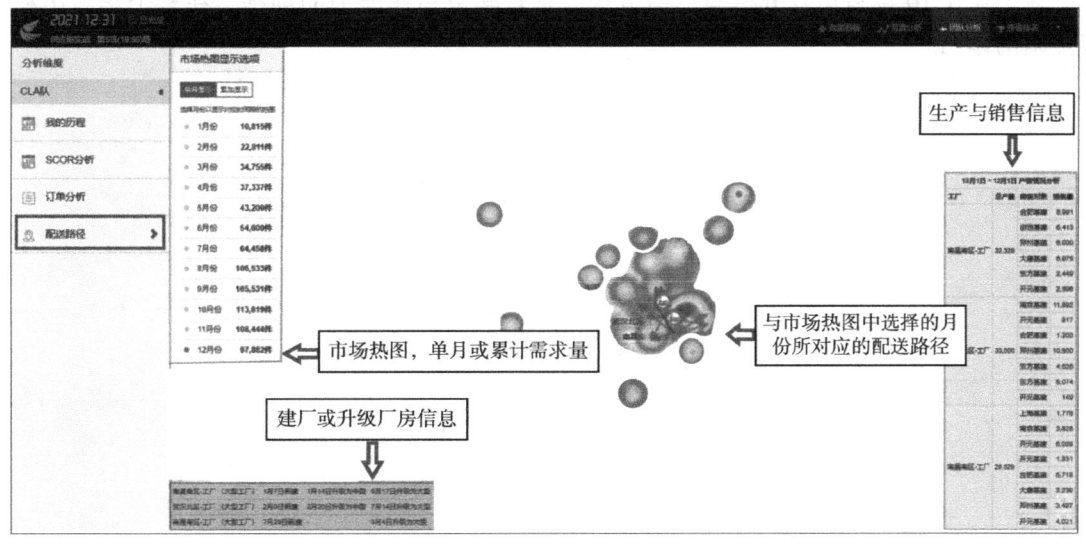

图 4-53　配送路径

4.6　运营分析与总结

学员要根据考核评价的要求开展项目运营的分析和总结，找出优点和不足、差距和原因，提出改进建议和方法。为引导学员更好地分析、总结，我们设计了三阶段分析、总结框架，当学员按照框架中的问题进行分析和总结后，思路就比较清晰了，在此基础上就能比较容易撰写和输出运营分析总结报告了。

我们建议以一次竞赛为一个阶段，三次竞赛就是三个阶段，教师和学员可以根据教学课时，在一个教学周期内，安排2~3次竞赛。三个阶段的分析和总结框架都是一样的，随着学习的不断深入，学员对于同一个问题，在不同阶段有不同的认识、理解和进步，也就可以看到自己在供应链运营中不断成长的历程。

对于4.6.1成绩排名分析与总结，4.6.2运营绩效分析与总结，4.6.3运营数据分析与总结和4.6.4运营报表分析与总结这四个部分，学员首先要把每次竞赛结束后，系统输出的各项数据填写到每个阶段对应的表中，然后进行分析与总结。总体上有以下三个部分。

（1）分阶段对标的内部进行分析，也就是将不同阶段的运营绩效和数据进行比较，找出好与不好的地方，分析其原因，这类似企业的月度、季度的经营分析会。

（2）分阶段对标的外部进行分析，也就是分阶段对标优秀标杆企业的运营绩效和数据，找出好与不好的地方，分析其原因。通过与外部比较，来反映企业自身的情况。

（3）通过以上分析，提出持续改善的建议和措施。

对于4.6.5运营计划分析与总结，4.6.6运营执行分析与总结，4.6.8团队合作分析与总结这三个方面的内容，是从企业运营管理职能的视角分析企业在既定的环境条件、资源条件和规则约束下，如何围绕目标开展运营工作的，体现了企业的运营管理能力和人员组织能力。

对于4.6.8学习成长分析与总结，是学员对自身的学习经历和收获做总体的分析总结，起到对学习内容回顾和升华作用。

对于4.6.10撰写运营分析与总结报告，是对学员写作能力的训练，在整个学习历程中起点睛的作用。

4.6.1 成绩排名分析与总结

姓名		学号		企业编号		岗位	
岗位职责							

一、你队伍的成绩排名、评价指标得分情况（填写各阶段的得分）			
指标	第一阶段	第二阶段	第三阶段
排名			
总成绩得分			
净资产得分			
市场占有率得分			
库存周转率得分			
准时交货率得分			
现金流管理得分			
你队伍的成绩排名分析			
项目	第一阶段	第二阶段	第三阶段
1. 根据排名、各项评价指标得分，与上一阶段进行对比分析			
2. 与优秀竞争对手进行对标分析，找出问题和差距			
3. 根据上述分析，提出改进建议和方法			

4.6.2 运营绩效分析与总结

二、运营业绩情况（填写各阶段的数据）			
指标	第一阶段	第二阶段	第三阶段
（一）净资产			
（二）市场占有率			
（三）平均库存			
（四）库存周转率			
（五）准时交货率			
运营业绩分析			
分析总结	第一阶段	第二阶段	第三阶段
1. 对运营业绩的五个指标，与上一阶段进行对比分析			
2. 与优秀竞争对手进行对标分析，找出问题和差距			
3. 根据上述分析，提出改进建议和方法			

4.6.3 运营数据分析与总结

三、运营数据情况（填写各阶段的数据）			
指标	第一阶段	第二阶段	第三阶段
（一）市场分析			
1. 全年总标量			
2. 全年均标价			
（二）成本分析			
1. 单位原料成本			
2. 单位加工成本			
3. 单位流通成本			
4. 单位违约成本			
（三）流通分析			
1. 产品平均库存			
2. 单位产品堆存成本			
3. 单位配送距离			
4. 单位完成天数			
5. 单位配送成本			
运营数据分析与总结			
分析与总结	第一阶段	第二阶段	第三阶段
1. 对运营数据三个方面的 11 个指标，与上一阶段进行对比分析			
2. 与优秀竞争对手进行对标分析，找出问题和差距			
3. 根据上述分析，提出改进建议和方法			

4.6.4 运营报表分析与总结

四、运营报表情况（填写各阶段的数据）			
指标	第一阶段	第二阶段	第三阶段
（一）收入支出			
1. 投资			
2. 收入			
3. 成本			
4. 货值			
5. 利润			
6. ROI			
（二）市场营销			
1. 中标总量			
2. 完成总量			
3. 中标完成率（完成总量/中标总量）			
4. 中标总额			
5. 收入总额			
6. 中标收入率（收入总额/中标总额）			
7. 中标率			
8. 履约率			
（三）生产采购			
1. 原料成本统计			
（1）总采购成本			
（2）原料堆存费			
（3）原料超限费			
（4）超限费占比			
2. 原料采购消耗统计			
（1）采购套数			
（2）消耗套数			
（3）有效套数			
（4）合格率			
3. 原料平均采购和消耗成本统计			
（1）平均采购成本			
（3）平均消耗成本			
4. 产能与产出统计			
（1）最大产能			

续表

四、运营报表情况（填写各阶段的数据）			
指标	第一阶段	第二阶段	第三阶段
（2）计划产能			
（3）实际产出			
5. 产能利用率与满足率统计			
（1）产能利用率			
（2）产能满足率			
（四）仓储配送			
1. 配送总支出			
2. 单位配送成本			
3. 单位配送距离			
4. 单位在途天数			
5. 配送浪费			
运营报表分析与总结			
分析与总结	第一阶段	第二阶段	第三阶段
1. 对运营报表的四个方面，与上一阶段进行对比分析			
2. 与优秀竞争对手进行对标分析，找出问题和差距			
3. 根据上述分析，提出改进建议和方法			

4.6.5 运营计划分析与总结

五、运营计划分析与总结			
问题	第一阶段	第二阶段	第三阶段
1. 企业战略目标的制订是否考虑到了市场环境？包括市场需求及其发展动向（通过市场预测来了解），竞争对手动向，相关政策（贷款政策），自身资源条件和能力。①都考虑到了；②部分考虑到；③基本没有考虑到。			
2. 运营策略是否与战略目标和发展规划适配？①适配；②部分适配；③不适配			
3. 在规划会议上，是否制订了分阶段（如每个季度）的运营目标？①制订每个阶段的运营目标；②仅制订了第1季度的运营目标；③仅制订了第1和第2季度的运营目标。④仅制订了第1~3季度的运营目标。			
4. 运营规划会议，是否讨论了以下问题并制订了具体的策略和机会：市场选择、客户选择、厂房选址、生产规模、产能规划、生产计划、投标策略和机会、库存策略、采购策略和计划、物流策略和计划、融资计划？①都讨论制订；②部分讨论制订；③没都有。			
5. 企业资金使用规划。包括建设厂房，原料采购的订货费、首付、尾款支付，产品生产，固定运营费，开工费，堆存费和超限费，运输配送费和利息等方面的资金使用规划。 ①能考虑到第1季度的资金规划；②能考虑到第1和第2季度的资金规划； ③能考虑到第1~3季度的资金规划；④能考虑到第1~4季度年的资金规划。			
6. 你对自己负责的运营工作是否制订了相应的运营计划？①制订了；②不知道如何制订。			
7. 团队在运营过程中，能及时洞察市场变化、竞争对手动态、自身的资源条件变化和运营状况，预判市场走势和竞争对手下一步的操作，及时调整或制订相应的运营策略和运营计划，做出灵活而快速的应对措施。 ①能及时洞察变化，及时调整策略和计划，做出应对措施；②能及时洞察变化，但无法做出快速反应； ③不能及时洞察变化，发现时已经过了最佳应对时机。④能洞察变化，因为资源条件不足，无法应对。			
分析与总结	第一阶段	第二阶段	第三阶段
1. 目标制订分析与总结			
2. 运营计划分析与总结			
3. 根据变化而做出调整策略和计划，应对措施分析与总结			

4.6.6 运营执行分析与总结

六、运营执行分析与总结				
问题	第一阶段	第二阶段	第三阶段	
1. 你是否理解运营参数设置对运营操作速度、运营周期、市场需求的影响？①完全理解；②部分理解；③不理解。				
2. 你和团队能否充分理解运营规则，用运营规则指导运营计划和执行，在运营过程中遵循和用好规则，实现供应链运营价值最大化？ ①能理解、遵循、利用好规则，运营效果好； ②部分理解，不能很好遵循和利用规则，运营效果一般； ③没有理解，遵循和利用好规则，运营效果差。				
3. 你和团队是否按照目标和计划，执行运营的常规工作？①完全按照；②部分按照；③不按照。				
4. 团队成员是否熟练操作供应链运营系统，完成运营执行的各项工作？①熟练操作；②一般熟练操作；③不熟练。				
5. 团队成员是否理解供应链运营流程和运行逻辑，理顺各项运营工作之间的关系。 ①所有成员都完全理解，各项运营工作处理得当； ②部分成员理解，各项运营工作关系处理效果一般； ③所有成员都不理解，各项运营工作处理效果差。				
6. 全体成员是否都按照运营计划开展运营工作？①全体成员均按照计划开展；②部分成员按照计划开展。				
分析与总结	第一阶段	第二阶段	第三阶段	
1. 运营执行分析与总结				
2. 对存在的问题提出改进措施				

4.6.7 SCOR 分析与总结

供应链可靠性分析	第一阶段	第二阶段	第三阶段
七-（一）供应链可靠性分析——一级指标			
总分			
我的得分			
最高得分			
平均得分			
七-（一）供应链可靠性分析——二级指标			
准时交货率	第一阶段	第二阶段	第三阶段
指标值			
我的指标			
指标分值			
我的得分			
最高得分			
平均得分			
生产满足率	第一阶段	第二阶段	第三阶段
指标值			
我的指标			
指标分值			
我的得分			
最高得分			
平均得分			
一级指标分析总结			
二级指标分析总结 提出改进措施			

续表

七-（二）供应链响应性——一级指标			
供应链响应性	第一阶段	第二阶段	第三阶段
总分			
我的得分			
最高得分			
平均得分			
七-（二）供应链响应性——二级指标			
产品库存周转率	第一阶段	第二阶段	第三阶段
指标值			
我的指标			
指标分值			
我的得分			
最高得分			
平均得分			
产品平均在途天数	第一阶段	第二阶段	第三阶段
指标值			
我的指标			
指标分值			
我的得分			
最高得分			
平均得分			
原料库存周转率	第一阶段	第二阶段	第三阶段
指标值			
我的指标			
指标分值			
我的得分			
最高得分			
平均得分			
一级指标分析总结			
二级指标分析总结 提出改进措施			

续表

七-（三）供应链敏捷性——一级指标			
供应链敏捷性	第一阶段	第二阶段	第三阶段
总分			
我的得分			
最高得分			
平均得分			
七-（三）供应链敏捷性——二级指标			
平均订单响应天数	第一阶段	第二阶段	第三阶段
指标值			
我的指标			
指标分值			
我的得分			
最高得分			
平均得分			
生产满足率	第一阶段	第二阶段	第三阶段
指标值			
我的指标			
指标分值			
我的得分			
最高得分			
平均得分			
一级指标分析总结			
二级指标分析总结 提出改进措施			

续表

七-（四）供应链成本管理——一级指标			
供应链成本管理	第一阶段	第二阶段	第三阶段
总分			
我的得分			
最高得分			
平均得分			
七-（四）供应链成本管理——二级指标			
成本利润率	第一阶段	第二阶段	第三阶段
指标值			
我的指标			
指标分值			
我的得分			
最高得分			
平均得分			
管理成本占比	第一阶段	第二阶段	第三阶段
指标值			
我的指标			
指标分值			
我的得分			
最高得分			
平均得分			
产品合格率	第一阶段	第二阶段	第三阶段
指标值			
我的指标			
指标分值			
我的得分			
最高得分			
平均得分			
产能利用率	第一阶段	第二阶段	第三阶段
指标值			
我的指标			
指标分值			
我的得分			
最高得分			
平均得分			
一级指标分析总结			
二级指标分析总结 提出改进措施			

续表

七-（五）供应链资产管理——一级指标			
供应链资产管理	第一阶段	第二阶段	第三阶段
总分			
我的得分			
最高得分			
平均得分			
七-（五）供应链资产管理——二级指标			
现金周转率	第一阶段	第二阶段	第三阶段
指标值			
我的指标			
指标分值			
我的得分			
最高得分			
平均得分			
资产周转率	第一阶段	第二阶段	第三阶段
指标值			
我的指标			
指标分值			
我的得分			
最高得分			
平均得分			
资产收益率	第一阶段	第二阶段	第三阶段
指标值			
我的指标			
指标分值			
我的得分			
最高得分			
平均得分			
一级指标分析总结			
二级指标分析总结提出改进措施			

4.6.8 团队合作分析与总结

八、团队合作分析与总结			
问题（请把选项填写在每个阶段对应的位置）	答题		
（一）自我表现分析	第一阶段	第二阶段	第三阶段
1. 你对本岗位的工作职责是否理解？①完全理解；②部分理解；③不理解。			
2. 你是否按照规定的运营流程和岗位职责完成运营任务？①完全按照；②部分按照；③没有按照。			
3. 你是否积极且全程参与整个运营过程？①积极全程参与；②积极部分参与；③应付参与；④没有参与。			
4. 你是否能独立处理运营过程中遇到的问题？①能独立处理；②能部分处理；③完全不能独立处理。			
5. 当你在运营过程中遇到难题或需要讨论决策的问题时：①主动与团队一起讨论解决；②不管后果随便处理			
6. 你是否参照给定的运营规则，指导本人有质量的开展本职工作？①完全按照，工作质量良好，本职工作能为企业运营提高经济效益；②部分按照，工作质量一般，本职工作对提高企业经济效益的成效不大；③没有按照，工作质量差，本职工作并没有给企业经济效益带来成效。			
（二）团队合作分析与总结（请把选项填写在每个阶段对应的位置）	第一阶段	第二阶段	第三阶段
1. 团队成员是否都积极参与了运营战略目标的制订？①都积极参与；②仅部分成员参与；③没有开会讨论。			
2. 团队成员是否一致认可企业运营战略目标？①一致认可；②仅部分成员认可；③我不认可。			
3. 团队成员如何参与决策？①大家充分讨论，取得一致意见；②大家没有充分讨论，随意决策；③由运营总监或其中一人说了算，各成员没有充分表达决策意见。			
4. 当团队成员意见不统一时，如何处理？①随意决策；②由运营总监决策；③僵持导致无法决策。			
5. 团队成员沟通合作，跨部门协同解决问题情况：①沟通良好，积极合作，协同解决问题；②沟通和合作一般，较少协同解决问题；③很少沟通，勉强合作，难以协同解决问题；④基本不沟通、不合作，独自解决问题。			
6. 团队成员互相帮助、共同解决问题的情况：①主动互助；②互不搭理。			
分析总结	第一阶段	第二阶段	第三阶段
1. 自我表现评价总结			
2. 团队合作评价总结			
3. 对存在的问题提出改进措施			

4.6.9 学习成长分析与总结

九、学习成长分析与总结				
问题（请把选项填写在每个阶段对应的位置）		第一阶段	第二阶段	第三阶段
1. 你对运营规则的理解能力：①有很大提升；②有部分提升；③没有提升。				
2. 你的规则意识：①有很大提升；②有部分提升；③没有提升。				
3. 你的团队协作能力：①有很大提升；②有部分提升；③没有提升。				
4. 你的沟通能力：①有很大提升；②有部分提升；③没有提升。				
5. 你的岗位业务能力：①有很大提升；②有部分提升；③没有提升。				
6. 你对供应链相关知识的学习收获：①有很大收获；②有部分收获；③没有收获。				
7. 你对供应链运营内容的理解：①充分理解；②部分理解；③不理解。				
8. 你的运营计划能力：①有很大提升；②有部分提升；③没有提升。				
9. 你的运营执行能力：①有很大提升；②有部分提升；③没有提升。				
10. 你对市场环境、竞争对手态势变化的洞察力：①有很大提升；②有部分提升；③没有提升				
11. 你对市场环境、竞争对手态势变化做出快速反应能力：①有很大提升；②有部分提升；③没有提升				
12. 你的运营分析能力：①有很大提升；②有部分提升；③没有提升。				
13. 本阶段的学习，对你的做事方式和方法是否有启发：①很大启发；②部分启发；③没有启发				
14. 要经营好企业，合作伙伴的选择是否重要：①非常重要；②重要；③一般重要；④不重要				
分析与总结	第一阶段		第二阶段	第三阶段
1. 学习收获分析与总结				
2. 对存在问题提出改进措施				

4.6.10 撰写运营分析与总结报告

学员（制造商）根据 4.5.1~4.5.8 的分析，参照以下框架，撰写运营分析总结报告。

一、项目概要

（一）项目简介

描述项目背景、项目周期和项目目标。

（三）运营目标

描述制造商运营该项目要达到的目标：市场占有率、销售额和利润目标等。

二、项目实施

（一）组织架构

描述制造商企业的组织架构。

（二）团队角色与职责

描述项目运营中的主要角色，包括供应链总监、销售经理、采购经理和物流经理的工作职责。

（三）项目进度表

用甘特图描述项目的计划、执行，直到项目结束，全年的工作进度安排。

（四）运营效益分析

对比年初制订的运营目标，描述哪些方面达到了或没有达到目标，找出差距和原因。

（五）对标选择与分析

选取一组优秀团队的供应链运营绩效指标和运营数据作为对标参照物，从净资产、市场占有率等多个维度进行缺陷分析，找出差距和原因。

三、项目精进

（一）项目沟通

描述在下一个运营周期，团队如何根据上一周期运营的情况，彼此达成一致的意见、目标和安排（暗含有部门之间为实现企业的战略目标而彼此做出的一些妥协）。

（二）持续改进建议

检查实施效果，将成功的方面纳入标准，不成功的留待下一运营周期去解决。

学习小结

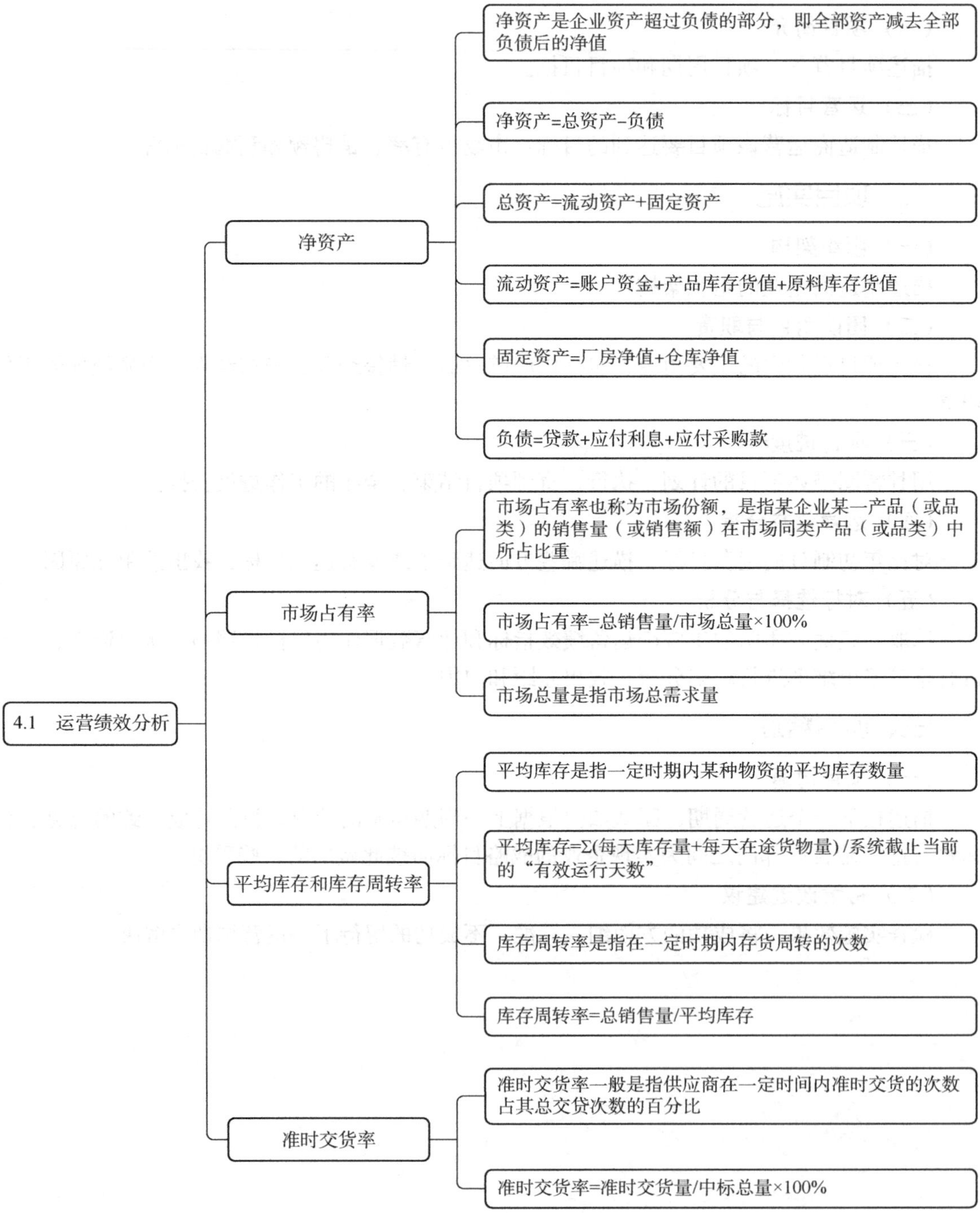

- **4.1 运营绩效分析**
  - **净资产**
    - 净资产是企业资产超过负债的部分,即全部资产减去全部负债后的净值
    - 净资产=总资产−负债
    - 总资产=流动资产+固定资产
    - 流动资产=账户资金+产品库存货值+原料库存货值
    - 固定资产=厂房净值+仓库净值
    - 负债=贷款+应付利息+应付采购款
  - **市场占有率**
    - 市场占有率也称为市场份额,是指某企业某一产品(或品类)的销售量(或销售额)在市场同类产品(或品类)中所占比重
    - 市场占有率=总销售量/市场总量×100%
    - 市场总量是指市场总需求量
  - **平均库存和库存周转率**
    - 平均库存是指一定时期内某种物资的平均库存数量
    - 平均库存=Σ(每天库存量+每天在途货物量)/系统截止当前的"有效运行天数"
    - 库存周转率是指在一定时期内存货周转的次数
    - 库存周转率=总销售量/平均库存
  - **准时交货率**
    - 准时交货率一般是指供应商在一定时间内准时交货的次数占其总交货次数的百分比
    - 准时交货率=准时交货量/中标总量×100%

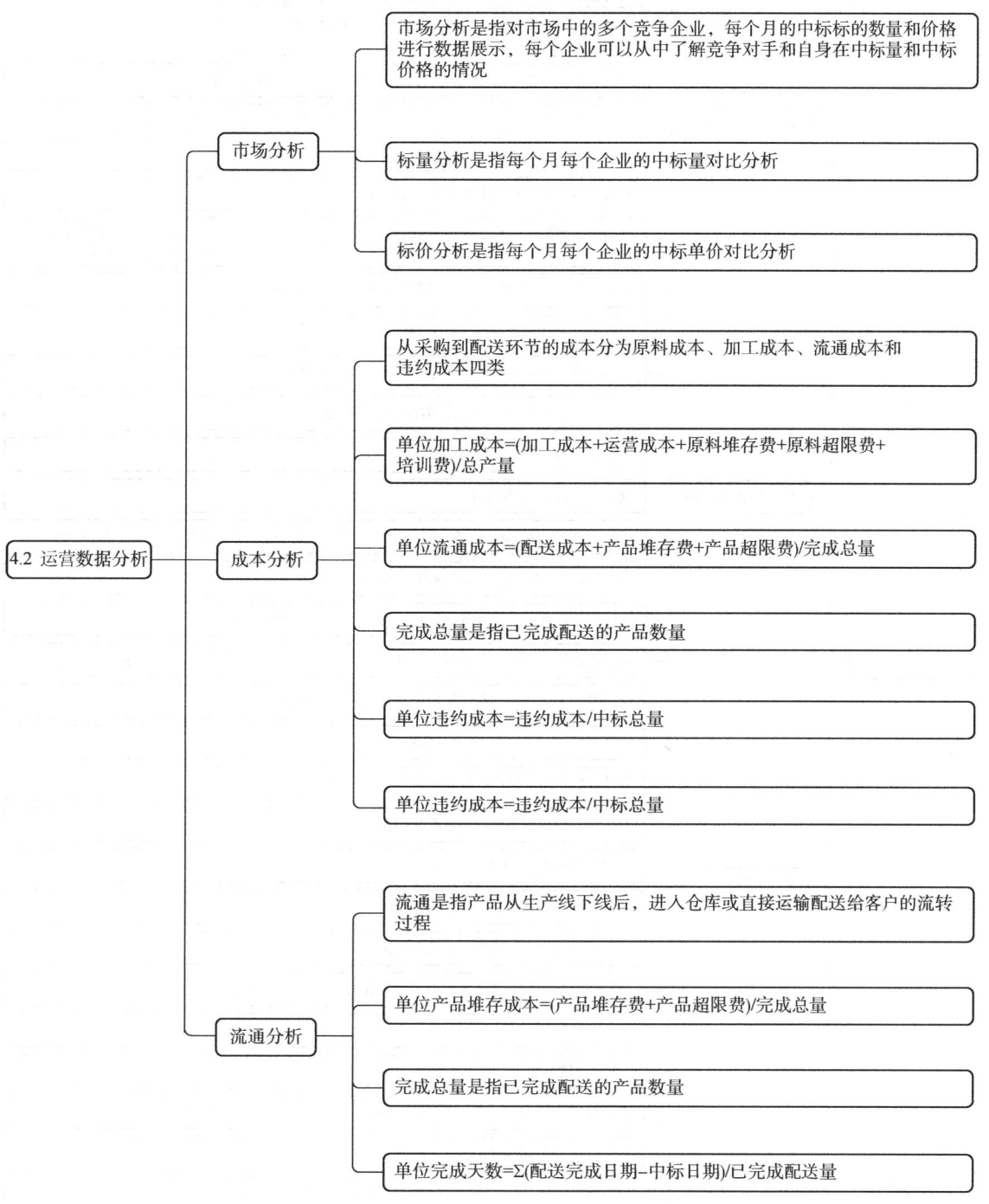

4.3 运营报表分析

收入支出分析

- 投资回报率（Return on Inestment,ROI）是指企业从一项投资活动中得到的经济回报，是衡量一个企业盈利状况的指标，也是衡量一个企业经营效果和效率的一项综合性指标
- ROI=税前利润/投资金额×100
- 税前利润=收入−成本+货值
- 直接成本（Dicecf Cosf），生产某种产品或提供某项服务时支付的直接费用，如原材料、人员工资支出等
- 直接成本=采购成本+加工成本+堆存成本+配送成本+违约成本
- 间接成本是指生产费用发生时，不能或不便于直接计入某一成本计算对象，而需先按发生地点或用途加以归集，待月终选择一定的分配方法进行分配后才计入有关成本计算对象的费用
- 间接成本=折旧成本+利息成本+培训成本+运营成本
- 折旧成本是指工厂和仓库的折旧费；利息成本是指融资利息；培训成本是指提升工人生产合格率需要付出培训费；运营成本是集团运营成本、工厂和仓库运营成本总和
- 堆积成本=产品堆存费+产品超限费+原料堆存费+原料超限费
- 间接成本=折旧成本+利息成本+培训成本+运营成本

市场营销分析

- 中标均价是指企业的所有中标标的总价与中标总量的比值
- 中标均价=Σ(招标数量×投标单价)/Σ招标数量
- 中标总额=总标总量×中标均价
- 收入总额=完成总量×中标均价
- 中标率=中标标的数/投标标的数×100%=中标标的数/(未中标的数+中标标的数)×100
- 履约率=按时送完标的数/中标标的数×100
- 中标标的数=待配送标的数+配送中的数+配送完标的数

生产采购分析

- 超限费是指工厂中的原料数量超过工厂原料仓的库容限定值后产生的堆存费
- 超限费占比=原料超限费/(原料堆存费+原料超限费)×100
- 合格率=有效套数/消耗套数×100
- 有效套数是指合格产品数量所对应的原料套数
- 消耗套数是指用于生产一定产量产品的原料套数
- 平均采购成本=总采购费/采购套数
- 平均消耗成本=总采购费/有效套数
- 最大产能是由工厂规模决定的生产能力
- 计划产能是在充分考虑客户需求、自身资源和能力的情况下，设定的生产能力
- 最大产能≥计划产能≥实际产出
- 产能利用率=实际产出/最大产能×100
- 生产满足率=实际产出/计划产能×100

仓储配送分析

- 单位配送成本=配送总支出/完成总量
- 配送浪费，当某一趟的实际运输量少于物流承运商要求的起运数量时，产生配送浪费
- 配送浪费=(起运数量−实际运输量)×运输单价
- 单位配送成本=配送总支出/完成总量

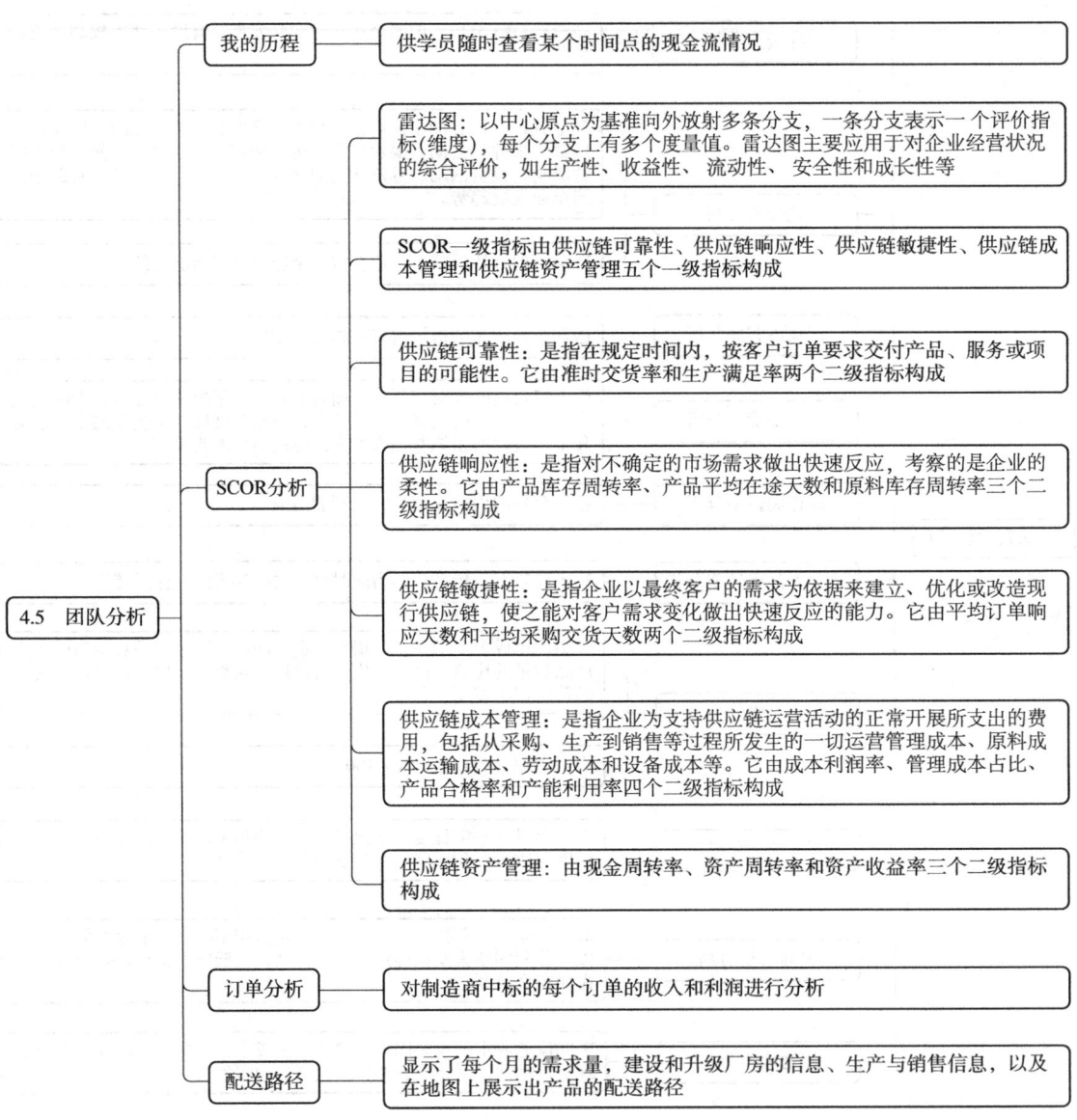

模块四 运营总结

4.6 运营趋势与总结

- **成绩排名分析与总结**
  - 了解本企业得分情况
  - 分析总结，包括：与上阶段对比分析、对标竞争对手的分析、提出改进建议和方法

- **运营绩效分析与总结**
  - 从净资产、市场占有率、平均库存、库存周转率、准时交货率五个方面对本企业的运营绩效进行分析
  - 分析总结，包括：与上阶段对比分析、对标竞争对手的分析、提出改进建议和方法

- **运营数据分析与总结**
  - 从市场分析、成本分析、流通分析三个方面对本企业的运营数据进行分析
  - 分析总结，包括：与上阶段对比分析、对标竞争对手的分析、提出改进建议和方法

- **运营报表分析与总结**
  - 从收入支出、市场营销、生产采购、仓储配送四个方面对本企业的运营报表数据进行分析
  - 分析总结，包括：与上阶段对比分析、对标竞争对手的分析、提出改进建议和方法

- **运营计划分析与总结**
  - 从企业战略目标制定，运营策略，运营规划会议的内容，企业资金使用规划，运营计划，运营过程中对市场、竞争对手动态、自身资源条件变化的洞察和应对等方面对本企业的运营计划进行分析。
  - 分析总结，包括：与上阶段对比分析、对标竞争对手的分析、提出改进建议和方法

- **运营执行分析与总结**
  - 从运营参数设置、运营规则、运营执行、运营系统操作使用、供应链运营流程和运行逻辑等方面对本企业的运营执行进行分析，对存在问题提出改进措施

- **SCOR分析与总结**
  - 对SCOR的五个一级指标，包括供应链可靠性、供应链响应性、供应链敏捷性、供应链成本管理、供应链资产管理的得分情况进行分析
  - 对SCOR的五个一级指标下的二级指标进行分析
  - 分析总结，包括：与上阶段对比分析、对标竞争对手的分析、提出改进建议和方法

- **团队合作分析与总结**
  - 从学员自我表现和团队合作方面进行分析总结，对存在的问题提出改进措施

- **学习成长分析与总结**
  - 从运营规则理解能力、规则意识、团队协作能力、岗位业务能力、知识学习收获、运营内容的理解、运营计划能力、运营执行能力、市场敏感性和洞察力、快速反应能力、运营分析能力、合作伙伴选择等方面，学员对自我成长进行分析总结，对存在的问题提出改进措施

- **撰写运营报告**
  - 从项目概要、项目实施和项目精进三个方面组织材料，撰写运营分析总结报告

附录1 术语词典

序号	名称	页码	序号	名称	页码
	A		35	堆存成本	55，126
1	ABC 分析法	51	36	堆存费	27
	B		37	多人市场	7
2	爆发型市场曲线	7		F	
3	备货型生产	32	38	浮动利率	20，22
4	标价分析	117	39	负债	22
5	标量分析	117		G	
6	波动性市场曲线	7	40	工业供应链	3
7	成绩评定规则	28	41	供货量阶梯价格	58，75
8	城市	15	42	供应链	3
9	初始资金	27	43	供应链成本管理	144
	C		44	供应链管理	4
10	采购	5	45	供应链可靠性	144
11	采购订单	77	46	供应链敏捷性	144
12	采购套数	131	47	供应链响应性	144
13	采购协议	23	48	供应链中的库存	56
14	产能	71	49	供应链资产管理	145
15	产能调整	24	50	供应链总监	6
16	产能规划	50	51	固定开工费	44
17	产能利用率	132	52	固定资产	21，27
18	产销比	139		H	
19	超限费	27，56，130	53	合格率	25，64
20	承运商	85	54	合作经验分	14
21	初始加工成本	44	55	合作类型	57
	D			J	
22	贷款利率	20	56	基层作业计划与控制决策	41
23	单人市场	7	57	基于信用评级的利率浮动	20
24	单位配送成本	133	58	基准利率	20，22
25	当前产能	15	59	计划	4
26	地价	12	60	计划产能	132
27	等待天数	24	61	加工成本	12
28	抵押	21	62	价格分	14
29	订单响应天数	58，75	63	间接成本	125
30	订货首付比例	58，78	64	建设费	27
31	订货型生产	32	65	建造成本	12
32	定量订货法	58	66	交付能力分	14
33	定期订货法	59	67	交付能力分计分办法	17
34	独家合作	57	68	经济订货批量 EOQ	58

续表

序号	名称	页码	序号	名称	页码
69	净资产	110	105	市场总量	113
	K			T	
70	开放时间	12	106	投标	17，80
71	开工费	28	107	投标保证金	27
72	库存成本	55	108	投资回报率 ROI	122
73	库存范围	15	109	推拉结合供应链	33
74	库存种类	55	110	推式供应链	32
75	库存周转率	65，114	111	退货	5
	L			W	
76	拉式供应链	31	112	完成总量	129
77	浪费资金占比	134	113	物料	43
78	劳动力成本系数	12	114	物料清单 BOM	43
79	劳动力成熟度	12	115	物流	30
80	雷达图	142，143		X	
81	临时采购	25	116	现货库存	15
82	零售供应链	3	117	现金流	16，136
83	流通成本	120	118	现金流量表	61
84	履约能力	15	119	现金周转率	145
	M		120	项目	2
85	目标客户	51	121	项目组织	2
	P		122	消耗套数	131
86	培训费	27	123	销售经理	6
87	配送	5	124	协议采购	22
88	配送费	28	125	协议有效期	57
89	配送浪费	134	126	协议总调价幅度	75
90	平均库存	113	127	信息流	31
	R		128	信用水平分	14
91	日产量	25	129	需求预测	14
92	融资	18		Y	
	S		130	业务流	30
93	30 天库存周转率	139	131	应付款	91
94	SCOR 模型	4	132	营运资金	22
95	商流	29	133	影响信用评级的因素	20
96	设施选址	47	134	有效套数	131
97	生产	5	135	原料超限费	27
98	生产经理	6	136	原料堆存费	27
99	生产满足率	133	137	月最低供货量	58，75
100	生产指令	72	138	运输成本	60
101	市场规模	7	139	运输方式	60
102	市场曲线	7	140	运输计划	87
103	市场热图	8	141	运输线路	82
104	市场占有率	112	142	运营成本	27，125

续表

序号	名称	页码	序号	名称	页码
	Z		155	智慧供应链	3
143	造价	72	156	中层战术决策	41
144	占地	71	157	周期型市场曲线	7
145	战略合作	57	158	准时交货率	115
146	账期	24	159	资产收益率	145
147	招标	16	160	资产周转率	145
148	招标公告	17	161	资金流	30
149	招标评分标准	14	162	最大产能	44
150	折旧	26	163	最大欠款额	23
151	折旧成本	125	164	最低供货价格	15
152	折扣比例	24	165	最低首付	15
153	直接成本	123	166	最快响应时间	15
154	质押	21			

附录2 计算公式

序号	名称	页码	序号	名称	页码
	C			J	
1	产能利用率	133	28	加工成本	12
2	采购费	27	29	价格分	17
3	产品合格率	144	30	间接成本	125
4	产销比	131	31	建设费	27
5	超限费	27	32	建造成本	12
6	超限费占比	130	33	净资产	112
7	成本利润率	144		K	
8	成品加工费	28	34	开工费	28
	D		35	库存周转率	114
9	单位堆存成本	122		L	
10	单位加工成本	120	36	浪费资金占比	134
11	单位流通成本	120	37	流动资产	112
12	单位配送成本	133	38	履约率	130
13	单位配送距离	134		P	
14	单位完成天数	122	39	培训费	27
15	单位违约成本	121	40	配送费	28
16	单位销售利润	145	41	配送浪费	134
17	单位原料成本	119	42	平均采购成本	131
18	单位在途天数	134	43	平均价	18
19	订单收入	145	44	平均库存	113
20	堆存成本	127	45	平均消耗成本	131
	F			S	
21	负债	112	46	生产满足率	133
	G		47	实际收入	145
22	固定资产	27,112	48	市场占有率	112
23	固定资产折旧	27	49	收入总额	129
24	管理成本	144	50	首付款	18
25	管理成本占比	144	51	税前利润	123
	H			T	
26	合格率	131	52	投标人得分	18
27	合作经验分	17	53	投资回报率ROI	123

173

续表

序号	名称	页码	序号	名称	页码
54	土地使用成本	12	61	直接成本	125
	W		62	中标标的数	130
55	违约金	26，28	63	中标均价	128
56	尾款	18	64	中标率	130
	X		65	中标总额	129
57	现金利用率	145	66	准时交货率	15
58	"销售收入"		67	资产利用率	145
59	信用水平分	17	68	资产收益率	145
	Z		69	总资产	112
60	造价	72	70	最低分	18